宋慧宇　刘铭　著

# 协作共治视角下公共安全治理机制创新研究

Research on the
**Innovation of Public Security
Governance Mechanism**
from the Perspective of Cooperative
Governance

社会科学文献出版社
SOCIAL SCIENCES ACADEMIC PRESS (CHINA)

20 世纪 90 年代以来，"治理"一词在社会科学领域被广泛应用，成为描述公共部门（行政）改革的流行词语，并且其内涵被各个学科的学者不断充实，形成比较成熟的理论体系。治理理论的出现与世界各国政府的改革实践息息相关，寻求更为简洁、开放、民主而富有效率的政府已经成为一种世界性趋势。

治理代表着公共事务管理中关系和方式的变革，其重构了政府、市场和社会的关系，是一种政府与社会（企业、组织和个人）共同参与的网络状、合作型的政府干预社会模式，同时，治理可以看作一种以公共利益为目标的公共管理过程或者是一种有别于传统的运用公共权力的方式。党的十八届三中全会和十八届四中全会提出将推进和促进"国家治理体系和治理能力现代化"作为全面深化改革的总目标；党的十八届五中全会提出"加强和创新社会治理，推进社会治理精细化，构建全民共建共享的社会治理格局"；党的十九届四中全会提出"坚持和完善共建共治共享的社会治理制度，保持社会稳定、维护国家安全"；党的二十大提出"健全共建共治共享的社会治理制度，提升社会治理效能"：中国已经逐步将"治理"理论引入政府现代化改革的实践，为政府、市场和社会协作共治模式的构建提供了强有力的支撑。同时，中国经过 40 多年经济体制改革造就了大量具有独立利益和自主意识的企业、组织和个人，促进了市场和社会力量的兴起，为政府从管制走向治理打下了基础。

公共安全问题很具有代表性，部分公共安全问题会引发政府治理信任危机，导致社会质疑公共安全危机应对的过程和效果，甚至容易使民众滋生不满情绪。当然，带有指责和愤怒的评价并不能说明当下政府治理行为的优劣，但是，我们同样不能回避在公共安全层面，政府有效供给和社会需求之间仍存在一定的差距和矛盾。当前公共安全方面存在的问题与很多因素有关，但一些隐藏于背后的政府干预和治理滞后、疏漏和不力问题也同样存在。在风险社会和转型社会的双重挑战下，完全由政府提供公共安全产品和服务已经不能满足当前公共安全需求的多样性、有效性和持续性。在具有高度复杂性和异常性特征的公共安全问题面前，承认政府能力的有限性与有限政府的理念相吻合，政府只有确保权力、职能和规模的界限适度，才能将有限的全部能力用于履行必须由自身承担的管理职责。

新时期中国的公共安全治理模式改革必须跟上经济改革和社会发展的变迁，应在勇于除旧立新的同时保障公共安全治理过程稳定和逐步演变；在强化社会资源和力量参与的同时，减轻因政府权力下放和分享而产生的负外部性，同步更新理念、制度、运行，促进形成政府、市场和社会的良性互动。协作共治模式是对传统政府单中心治理模式的改革创新，它将单纯依赖政府的单一主体模式转变为以相互依存关系为基础的多主体合作模式，这是符合当前风险社会和社会力量蓬勃发展背景和形势的顺势而为，不仅是解决政府自身治理能力局限性问题的内在要求，也是整个社会和市场力量逐渐增强的外在要求。

本书着重探讨了协作共治视角下公共安全治理机制的几个维度：参与者及其关系问题，治理结构及其运行问题以及治理的协作方式问题。我们比较同意"绩效因领域和机构而各异"这句话。因此，在分析公共安全总体治理机制的同时，本书选取了社会治安、网络空间安全等领域进行深入研究，对其协作共治的实践状态和发展趋势进行具体分析。最后，为了解公共安全治理及其社会参与的现状，我们进行了两项实证调查，包括"社会公众对公共安全治理现状的认知及对参与治理的评价"和"社会公众对青少年犯罪现状的认知及对参与青少年犯罪预防和矫治的评价"，并将调查结果的一手资料与治理理论相结合进行分析和提炼，为公共安全协作共治模式的构建提供了有力的数据支撑。

　　谱写中国式现代化建设新篇章，政府和社会公众必须直面和解决中国当代工业化、城市化带来的一系列公共安全问题。而能否成功地应对这一挑战，促进经济社会高质量发展、安全发展，取决于我们是否愿意转换角色以适应新的环境，即社会公众从被动接受命令者转变为主动参与治理者，政府从控制者转变为组织者和引导者。

# 目　录

## 上　编

# 下　编

# 治理的兴起及对中国政府管理方式的影响

政府改革是一个持续不断的过程，而且几乎可以肯定的是，只要政府存在，这一过程就永远不会停止。

——B. 盖伊·彼得斯①

市场和政府之间既不是一种完全市场和不完全政府之间的选择，也不是一种不完全市场和完全政府之间的选择；相反，它是不完全市场和不完全政府之间的结合，也是两者之间的一种选择。

——查尔斯·沃尔夫②

政府、市场和社会的关系问题是影响一国经济和社会可持续发展的重要因素。在 20 世纪的绝大多数时间里，西方发达国家处于市场主导和政府干预此消彼长的循环摇摆之中。从自由主义的失败，到政府干预的局限性，无论是市场失灵还是政府失灵都说明仅仅依靠单一的手段无法完全解决问题，重新审视政府与市场、社会的关系成为 20 世纪 70 年代以来政府治理模

---

① 〔美〕B. 盖伊·彼得斯：《政府未来的治理模式》，吴爱明、夏宏图译，中国人民大学出版社，2001，"中文版序言"。

② 〔美〕查尔斯·沃尔夫：《市场，还是政府——不完善的可选事物间的抉择》，陆俊、谢旭译，重庆出版社，2007，"前言"。

式变革的根源。治理理论是西方国家 20 世纪 70 年代之后兴起的针对市场失灵和政府失灵下政府与市场和社会关系的理论尝试或者说政府再造运动，其目的是使政府更富有活力和效率，更好更优地维护社会公共利益。

全球化趋势的增强使治理问题超越了单个国家层面，中国的行政体制改革也离不开现代政府治理模式改革的大背景。面对全球化和不确定性日益增强、社会公众更加敏感的时代，中国政府管理模式也进入了复杂且全新的阶段，从宏观的角度如何在新的环境下治理好社会以便在竞争中取得优势并让社会保持有质量的持续增长？或者说，从微观的角度如何应对和解决好公众聚焦的社会公共问题？这是发达国家和发展中国家政府都要面对的严峻课题。

# 一 治理理论与实践的兴起

治理是政府干预经济社会的一种模式或方式，其出现存在着相应的历史和制度背景，是自市场经济产生后经过一系列理论与实践演变的结果。

## （一）市场失灵和政府失灵

市场经济作为最有效率的资源配置方式，至今已经成为世界上大多数国家的选择，这就足以说明其优势所在。市场经济产生之初处于发展时期，自由放任主义理论占有统治地位，决定了"夜警国家"和"守夜人"政府的存在，政府对市场经济并不主动实施监管，市场秩序主要靠立法和法庭诉讼手段来维持，政府的职能和任务单一，行政系统也不很发达。

但是，市场经济并非完美无缺。20 世纪 30 年代的世界性经济大萧条动摇了人们对自由市场的信心。垄断和不正当竞争、信息不对称、外部性、公共产品的缺乏等市场失灵现象普遍存在，由市场失灵造成的公共利益损失依靠个体行为很难弥补或者交易成本过高，公共利益的客观存在并不必然导致社会主体间的合作，自由放任的经济生活状态仅凭个人和市场的力量已经无法改变，社会民众和集团呼吁政府积极行动来进行干预和整顿，以缓解市场失灵、维护公共利益。这些为政府干预经济和社会的扩张提供了契机，导致全能政府、福利国家出现，此时，行政系统进入规范化、专业化和职业化的阶段。

公共行政强调专业化和职业化，任用和晋升以功绩为基础，主张把管理科学运用于政府管理，独立于政治和政党之外。① 这种"传统模式的特征是：行政部门处于政治领导人的正式控制之下；建立在严格的官僚制等级模式基础之上；由常任的、中立的和无个性特征的官员任职；只受公共利益的激励；不偏不倚地为任何执政党服务；不是制定政策，而是仅仅执行政治官员作出的决策"②。德国的马克斯·韦伯被认为是现代官僚体制之父，他认为权威和官僚体制的发展代表了现代国家的发展，理性—合法的权威适用于官僚式的组织，③ 权威来自法律和根据法律制定的规定，等级制、择优录用、标准化和非人格化的公务员制度等都体现于其中。这种传统公共行政模式在20世纪20年代就完全确立起来了，并且延续了50年的时间。在这期间，"20世纪40年代至50年代，政府权力和权威在发达和欠发达国家都日趋集中"④，或者说政府干预步入了鼎盛时期。

可是，政府就一定是最优的选择吗？经济和社会形势的剧烈变化使政府越来越难以掌控和管理日趋多样化和复杂化的公共事务，多年固化的行政组织结构趋于呆板、僵硬，根本无法适应激变的社会环境，政府由于自身职能和规模的扩大、赤字的增加也已经远远跟不上社会对公共服务的需求。政府信任度的下降代表着政府干预理论的逐步衰退，"1964年有3/4的美国公众说他们相信联邦政府绝大多数的时候在做正确的事情，而现

---

① 〔美〕乔治·弗雷德里克森：《公共行政的精神》，张成福、刘霞、张璋等译，中国人民大学出版社，2003，第9页。

② 〔澳〕欧文·E.休斯：《公共管理导论》，张成福、王学栋、韩兆柱等译，中国人民大学出版社，2007，第20页。

③ 〔美〕B.盖伊·彼得斯：《政府未来的治理模式》，吴爱明、夏宏图译，中国人民大学出版社，2001，第12页。

④ 〔美〕G.沙布尔·吉玛、丹尼斯·A.荣迪内利：《从政府分权到分权化善治》，载〔美〕G.沙布尔·吉玛、丹尼斯·A.荣迪内利编《分权化治理：新概念与新实践》，唐贤兴、张进军等译，格致出版社、上海人民出版社，2013，第2页。

在①只有 1/4 的美国人承认自己持这种观点"②。政府干预理论的盛行也使公众对政府的期望过高，而期望越高，失望也越大。政府治理模式变革正是源自 20 世纪 70 年代政府管理危机或信用危机：政府内部承担的公共职能随着福利国家的出现而越来越多，在行政不断扩张的同时，权力高度集中、过多的规制和垄断、官僚体制的保守僵化、公务员普遍缺乏创造力和责任感等导致政府功能失调、效率低下；外部经济衰退、全球化的压力、公众服务需求的增加等使得政府不断面对质疑。这些问题同样也反映着国家干预主义的一蹶不振，改革政府治理模式、寻求新的解决问题的途径已经成为国家势在必行的选择。

## （二）治理理论与实践的兴起

压力的存在是有利于政府治理改革的推动器。市场失灵理论和政府失灵理论相继出现后，20 世纪 70 年代起，西方国家开启了一场轰轰烈烈的政府变革运动。这场政府变革运动与以往不同，不仅变革幅度大，而且变革的基本性质不再是政府与市场的二选一，而是拥有更为复杂的结构性网络，体现为政府、市场、社会之间关系的变化，回应、分权、合作、协调、激励、信任等成为公共管理者关注的新焦点。

有学者认为，几十年的干预主义色彩导致两个问题：一是强行干涉的政府主导型发展战略与强调集权化的政治性控制相结合导致停滞不前、效率低下的经济与政府体制，政府对外界要求缺乏回应性，倾向于集权，充斥着腐败现象；二是这些庞大臃肿、奉行强行干涉主义的政府公共部门却在制定和执行政策、履行日常行政职能方面表现出无能为力。针对前一点，20 世纪 80 年代的大部分时间和 90 年代初，许多政府致力于用市场导向的方法促进经济增长，同时，市民社会也组织起来，要求实现民主选举，更多地参与政策制定过程；针对后一点，即对政府能效不高问题的关

---

① 此处"现在"大约指 20 世纪 90 年代。

② 〔美〕小约瑟夫·S. 奈、菲利普·D. 泽利科、戴维·C. 金编《人们为什么不信任政府》，朱芳芳译，商务印书馆，2015，第 5 页。

注更晚些，大约在 20 世纪 90 年代初。最初，经济与政治改革家都认为政府必须实现职能收缩，以便为实现充满活力的经济增长和政治自由提供更多的机会。但是，变革运动忽视了一个至关重要的因素：如果市场想有效运作、民众想拥有基本的权利与自由，我们拥有的国家就必须是强有力的，而不能仅仅是最小化的。在经历了十年减少政府干预的试验之后，经济改革家才明确地认识到增强政府能力的重要性，认识到必须使政府具有提供有效率、有效益的回应性活动的能力，认识到政府不能仅具有管理宏观经济政策的能力，还必须有规范某些形式的市场的能力。① 针对这两点，我们可以将变革具体划分为新公共管理和公共治理两个阶段，最初新公共管理民营化过程中社会参与具有附属性和被动性，到公共治理阶段，社会力量完全成为一极参与公共事务治理，可以说，随着 20 世纪后半叶社会力量的异军突起，重新审视政府与市场和社会的关系成为 20 世纪七八十年代之后特别是 20 世纪 90 年代以来治理模式变革的根源，而且，21 世纪政府与社会的协作共治已经是大势所趋。

**1. 新公共管理运动**

20 世纪 70 年代，整个资本主义世界陷入了"滞胀"危机，高通货膨胀伴随经济衰退、能源危机、严重失业等问题引发了人们对政府干预的强烈抗议，"政府失灵"开启了放松管制的政府变革运动。公共部门引发的这场"新公共管理"运动是对传统官僚制遭受抨击的被迫回应，"政治领导人和公众都认为，他们从公共部门接受的服务是贫乏的、效率低下的、与现实脱节的"②，认为政府对经济社会生活干预过多，机构庞大却行动迟缓僵化，高昂交易成本造成巨大浪费，缺乏竞争的垄断专权导致效率低下等，社会的不满情绪和政治压力日渐加剧。20 世纪 80 年代早期，很多政府都面临着经济增长缓慢、政府机构公共开支庞大的问题，同时公众却对

---

① 〔美〕梅里利·S. 格林德尔：《打造一个好政府的必要性：人力资源、组织与制度》，载〔美〕梅里利·S. 格林德尔编《打造一个好政府——发展中国家公共部门的能力建设》，孟华、李彬译，商务印书馆，2015，第 9～11 页。

② 〔澳〕欧文·E. 休斯：《公共管理导论》，张成福、王学栋、韩兆柱等译，中国人民大学出版社，2007，第 17 页。

政府提供的公共服务越来越不满意，于是官僚制就成为效率、自由和创造力的公敌。

（1）新公共管理的核心理念

新公共管理运动是围绕着自由化和市场化进行的一场政府治道变革，称其为"运动"是对其广泛的影响力和打破传统官僚制的创新性的充分肯定，对其的研究和争论从未停止。1992 年，戴维·奥斯本和特德·盖布勒合著的畅销书《改革政府：企业家精神如何改革着公共部门》风靡美国，其核心思想是用"企业家精神"来克服"官僚主义"——公共部门将以新的方式运用资源来提高效率和效能，并提出"企业化政府"构造依据的十条简单原则，这也成为新公共管理运动的代表性理论。① 美国著名政治学家、行政学家 B. 盖伊·彼得斯教授系统评价了 20 世纪 80 年代以来席卷全球的行政改革运动，总结了四种未来政府的治理模式，其中市场式政府、弹性化政府和解制型政府中的部分内容能够相互兼容，三者共同的观点是以打破僵化的组织结构、提高政府治理效率和效能为目标，这是与新公共管理思想相一致的。② 澳大利亚著名政治学家和公共行政学家欧文·E. 休斯认为，"传统行政模式已经过时，并已被一种新的公共管理模式有效地取而代之。这种变革表现为从行政模式向管理模式、从官僚模式向市场化模式的典范变迁，这种变革也意味着政治和行政领导之间关系的一种更为现实的观点。管理主义改革不仅意味着向公共管理的转变，而且意味着市场与政府、政府与官僚制组织、政府与公民以及官僚制组织与公民之间关系的转变"，并认为这种新公共管理模式是可以与传统公共行政模式并列的新典范。③

综合各家之言，新公共管理的核心理念主要包括：

▲ 绩效管理。以更为量化和更具评估性的方式来提升个体和组织

---

① 〔美〕戴维·奥斯本、特德·盖布勒：《改革政府：企业家精神如何改革着公共部门》，周敦仁等译，上海译文出版社，2021，第 292~312 页。

② 〔美〕B. 盖伊·彼得斯：《政府未来的治理模式》，吴爱明、夏宏图译，中国人民大学出版社，2001，第 25~55、87~105、109~131 页。

③ 〔澳〕欧文·E. 休斯：《公共管理导论》，张成福、王学栋、韩兆柱等译，中国人民大学出版社，2007，第 296、303、305 页。

的管理水平，关注权力和责任的一致性。

▲ 竞争制。在公共部门组织内部以及公共部门与非政府组织之间创造竞争的环境，供公民（消费者）来选择所需要的服务，视公民为顾客。

▲ 产出控制或者结果导向。管理的重点从投入和过程转向产出和结果，重视效率、效能和服务质量。

▲ 分权化结构。将高度集权的等级制组织结构分化为更为专业化、扁平和自治的组织形式，以更接近服务提供对象，通过参与式民主向公民和社区授权。

▲ 公共服务市场化。通过民营化、承包制、内部市场开发等方式充分利用私营部门来提供公共服务，将服务购买者和提供者分离。

▲ 激励机制。通过市场化的激励机制代替命令方式，政府在行政管理中采取市场取向思维，借助市场机构改善公共服务。

（2）新公共管理的经济学基础

政府官僚组织的改革运动深受当时经济学理论变革的影响，或者说，新公共管理运动正是根据经济学的假设和观点来试图对官僚机构进行改革，使其更具活力及更富有效率。可以说，"公共管理典范与其他典范的主要区别在于它是以经济学和私营部门管理为理论基础"[①]。

这一时期伴随着凯恩斯主义经济思想在政府中的作用式微，西方经济学学者开始逐渐向自由放任理论回归，新自由主义学派主要包括：以哈耶克为代表的新奥地利学派，[②] 以米尔顿·弗里德曼为代表的货币主义学派，

---

① 〔澳〕欧文·E. 休斯：《公共管理导论》，张成福、王学栋、韩兆柱等译，中国人民大学出版社，2007，第 305 页。

② 也有学者认为哈耶克属于伦敦学派，如著名的美籍奥地利经济学家哥德弗里德·哈伯勒曾对伦敦学派有过这样的界定：曾在伦敦经济学派执教的哈耶克、罗宾斯等人为首的一批保守经济学家，他们人数不多，但影响很大（罗宾斯后来改变他自己的观点）。我国著名的经济学家胡代光、厉以宁也曾指出："无论从哪一个角度来考察，哈耶克无疑是当代新自由主义最有代表性的理论家。但从哈耶克的学术倾向来看，对他最适当的评价是：他是理论上自成体系的新自由主义经济学家，他同罗宾斯的观点最为接近，把哈耶克和罗宾斯合称为伦敦学派的主要代表人物最为恰当。"胡代光、厉以宁编著《当代资产阶级经济学主要流派》，商务印书馆，1982，第 144 页。

以穆斯、卢卡斯、华莱士等为代表的理性预期学派，以费尔德斯坦为代表的供给学派，以布坎南为代表的公共选择学派，等等。尽管新自由主义各学派在具体理论和观点上存在分歧，① 但各学派的基本主张是一致的：第一，认为市场机制能够发挥自动调节作用，通过自由放任可以实现充分就业和经济的均衡发展；第二，市场的确存在缺陷，但政府失灵的危害更加严重，市场失灵恰恰是政府干预的结果，因此要反对政府不必要的和过度的干预，即使是政府干预也要降到最低限度。新自由主义思想的兴起表明，面对政府的失败，人们对自由市场的信心再度恢复，认为自由市场效率所"带动的经济增长将会通过创造财富与就业，终将解决经济与社会诸问题"②。特别地，公共选择理论是运用于官僚机构的最重要的经济学理论。

以布坎南为代表的学者提出的公共选择理论以经济学的概念、工具和方法来研究政治科学问题，认为经济市场和政治市场的相同之处在于市场主体都是理性"经济人"，以追求自身利益最大化为目标。政府由政治家和官员组成，因此政府监管的决策和行动追求的目标必然受这些政治家和官员的动机支配，而理性"经济人"的假设决定了这些政治家和官员所追

---

① 理性预期学派和以哈耶克为首的新奥地利学派被认为是最坚定和最彻底的自由市场的信仰者和支持者。理性预期学派认为政府的政策能够发挥作用是因为人们还没有来得及做出相应反应，随之理性的"经济人"都尽可能收集充分的信息，针对政策制定者的意图采取应对和预防措施，结果抵消了政策的预期效果，导致政府政策无法发挥预期作用。（R. Lucas and T. Sargent, *Rational Expectations and Econometric Practice*, University of Minnesota Press, 1981.）在新奥地利学派看来，市场是无数个经济个体在不确定的环境下不断收集、加工分散信息并做出有目的的行动决策的动态过程，市场总是处于不均衡状态，正是不确定性和不完全信息使自由市场不仅是必需的，而且是唯一有效率的体制，政府对市场过程的任何人为干预都会扭曲价格信号，导致无效率。（张维迎：《理解经济危机》，《读书》2009 年第 5 期，第 40 页。）货币主义学派弗里德曼主张政府应当实行一种"单一规则"的货币政策，货币增长的速度应当与经济增长速度保持一致，弗里德曼并不绝对反对政府对经济的干预，如他认为经济萧条时期政府应采取积极的货币政策让经济走出低谷。（金硕仁：《政府经济调控与市场运行机制》，经济管理出版社，2000，第 56～57 页。）供给学派认为自由市场在生产过程中会自动创造出对其产品的需求，主张通过减税来刺激劳动和资本的供给，提高劳动生产效率。（Stiglitz, *Principles of Macroeconomics*, W. W. Norton & Company, New York, 1997.）

② 〔瑞士〕彼埃尔·德·塞纳克伦斯：《治理与国际调节机制的危机》，冯炳昆译，《国际社会科学杂志》（中文版）1999 年第 1 期，第 95 页。

求的并不是公共利益，他们将自身是否能够且在多大程度上获得利益作为如何提供公共服务的考量标准。假定政治家主要的动机在于寻求连任机会的最大化，那么他们可能会接受利益集团的捐赠、游说、政治交易、寻租甚至贿赂，这迫使其为少数利益集团服务；而政府官员的自利假设包括追求如薪水、职位、权力、奖励和所在机构的利益等，这又迫使其追求政府预算最大化。"在政治市场上，官员与政治家之间的关系是一种双边垄断的关系：官员只把他们的服务'卖给'政治家，政治家只从官员那里'购买'服务，即官员垄断了公共部门的服务供给，政治家垄断了公共部门的服务需求。"① 这种政治家和官员联合提供的公共服务无法如经济市场那样对生产成本与收益进行评估，最终会导致政府监管失灵。公共选择理论的观点获得了政府方面的认可，"为人们抨击官僚制提供了理论支撑，造成了政府总体规模的缩减，并为以市场为基础的公共政策设计提供了方法论基础。经济学家和经济学思想在政府和官僚制组织的理论与实践中都占据了支配地位。其原因则非常明显。相对于含糊不清的公共行政的公共利益理论②而言，经济学理论是精确的、可预测的和经验主义的，并建立在解释人们如何行动的激励理论之上。经济学还与治理具有直接的相关性。公共部门的任务是：它应当尽可能以最有效率的方式提供产品与服务。管理主义模式所关注的结果、效率和绩效测量在很大程度上都归源于经济学"③。因为这种结论，公共选择理论经常被视为反政府监管的理论。"人们开始反思负担

---

① 方福前：《"经济人"范式在公共选择理论中的得失》，《经济学家》2001年第1期，第90页。

② 以市场失灵和福利经济学为基础形成了支持政府监管的公共利益理论。依据公共利益理论，自由市场会在自然垄断、外部性、信息不对称等方面出现失灵，当市场失灵出现时，政府监管可以实现社会福利的最大化，此时政府监管便具有正当性。公共利益理论是最早对政府监管做出解释的规范理论和实证理论，既可以描述政府应该做些什么，也可以描述政府实际上做了什么。从实证分析的角度可以得出自由市场会导致资源的错误配置的结论；从规范分析的角度看，监管之所以存在是因为它反映了公众的需求，纠正了市场失灵和实践中存在的不公平行为。

③ 〔澳〕欧文·E.休斯：《公共管理导论》，张成福、王学栋、韩兆柱等译，中国人民大学出版社，2007，第72页。

过重和过分官僚化的政府是否有能力负担起指派给它的繁重的工作任务。"①

### 2. 公共治理思想

公共治理理论可以被视为在新公共管理理论基础上继续创新的探索性成果，20 世纪 80 年代末，"治理"概念出现并逐渐形成了系统的理论框架，理论界也进入对新公共管理反思和批判的阶段，本书将这一阶段的理论统称为"公共治理"理论。

（1）公共治理对新公共管理的批判

第一，新公共管理的经济学基础是其招致批评的原因之一。首先，公共选择理论关于"经济人"的假设将经济市场中的个人选择与政治市场中的个人选择纳入同一分析模式，保证了对人类行为分析的一致性，并将其作为制度建构的理论前提，即通过分析影响公共决策者的动机来建立限制和约束机制，及确定避免产生最坏政策结果的方法。但是，公共选择理论理性"经济人"的假设忽视了经济市场与政治市场的差异，在政治市场中主体行动时产生的成本并不直接由他承担，同时主体行动的收益也并不由他独享，这就削弱了个人对政治活动进行成本—收益计算的动力。其次，政治活动是一种集体活动，参与者众多，中间环节较多，因此，政治活动的结果具有很大的不确定性，这就使得个人从事政治活动难以服从自身利益的最大化。② 再次，公共选择理论低估了官僚机构之间的竞争影响，不同机构之间也存在竞争预算分配、晋升和权威地位的压力，而且政党为寻求执政必然努力说服选民其比竞争者更能控制财政开支及克服机构低效率并会在执政后努力付诸实现，以争取选民认可。最后，"官僚机构在权力和名誉上的自利也不是通过预算最大化来保障，而是以'机构形象策略'来实现的"③。综上，将经济模型和方法运用于公共部门基本政治环境中是有其局限性的，公共服务中的提供者—消费者交易模式要远远比普通市场

---

① Lester Salamon, "The Rise of the Third Sector," *Foreign Affairs*, 1994: 7 – 8.

② 〔美〕凯斯·R. 桑斯坦：《权利革命之后：重塑规制国》，钟瑞华译，中国人民大学出版社，2008，第 91～92 页。凯斯·R. 桑斯坦，也译作凯斯·R. 孙斯坦。

③ Dunleavy Patrick, *Democracy, Bureaucacy and Public Choice: Economic Explanations in Political Science*, Harvester Wheatsheaf, 1991, p. 7.

中买卖双方的交易模式复杂，并非所有的政府问题都可以简单地通过经济方法解决。

不仅新公共管理经济学基础出现动摇，政治和行政领域的改革也遭到越来越多的抨击，政府变革随之进入另一个阶段——公共治理，或者说，公共治理的很多提法是在继续否定传统官僚制政府管理模式消极因素的基础上，对新公共管理理论的补充和扬弃。

第二，对新公共管理最核心的批评是对民主的破坏，对公共服务宗旨的忽视。首先，在我们过分关注政府企业化、管理的自由化和市场化所带来的效率和生产率的同时，是否忽视了政府还应该促进形成某种价值观？我们是否忘记了谁拥有"船"？"公共行政官员在其管理公共组织和执行政策时应该着重强调他们服务于公民和授权于公民的职责。换言之，将公民置于首位，强调的重点不应该放在为政府这艘航船掌舵或划桨上，而应该放在建立明显具有完整性和回应性的公共机构上。"① 在新公共管理之下的公民处于一种被动状态，虽然"赋予公民退出的权利（这在过去是不可能的），但同时它们不鼓励公民运用呼吁的权利……。事实上，退出权是一种经济选择，而呼吁则是在组织内外的个人的政治选择……。退出也被看作一种破坏性的行为，而呼吁则是一种建设性的行为。新公共管理限制和不鼓励人们运用建设性的政治呼吁权"②。公民不是顾客、消费者和受益人，他们应当是主人翁，公民不只是指望政府满足自己的需要，而是要自己参与治理，是参与政府管理的力量。其次，新公共管理所提倡的政府绩效管理本质上是工具性的，缺乏价值和文化理性的约束，私人部门管理方法的引入强调结果导向、绩效优先，忽视了政府对于社会公共利益目标或者说公共性的可持续追求，这样的新公共管理改革是否正日益偏离作为公共行政基础的公平价值？公共行政的效率必须与公共利益、个人利益、平等自由等价值目标结合起来才有意义，而新公共管理"在政府服务的契约

---

① 〔美〕珍妮特·V.登哈特、罗伯特·B.登哈特：《新公共服务：服务，而不是掌舵》，丁煌译，中国人民大学出版社，2010，第16页。

② 〔以色列〕埃瑞·维戈达：《从回应到协作：治理、公民与未来的公共行政》，孙晓莉摘译，《国家行政学院学报》2003年第5期，第94页。

外包和民营化的运动中，对其起推动作用的是管理与效率的隐喻，而不是政治回应性的价值"①。

第三，为了提高效率，新公共管理的一项措施是将公共部门改造成小型化和分散化的组织结构模式，形成分权化治理模式。早期"分权化被界定为，通过分散行政权、中央对地方权力下放以及授权代理，将权力、责任和资源从中央转移到行政基层"，20世纪80年代中期，新公共管理将分权概念扩大到政治权力共享、民主化和市场自由化以及私人部门决策范围，②而这种分权化和空心化产生的弊端就是机构和管理的裂化和碎片化。希克斯认为，碎片化的表现包括：在新公共管理中产生的让其他机构来承担代价的转嫁问题，冲突性项目，重复，冲突性目标，沟通缺乏导致的不同机构或专业缺乏恰当的干预或干预结果不理想，需求反应中的各自为战，民众服务的不可获取性或对服务内容的困惑，服务供给或干预中的遗漏或差距，等等。③组织裂化核心"带来的一个问题是，存在丧失波士顿等……称为'战略一致性'（即采取协调性综合性行动处理复杂政府问题能力）的危险"④，协调的减少导致整个公共部门效率衰退，分散机构所提供的服务体制比单一机构体制要复杂得多，这就使公众（顾客）很难准确理解各种各样的服务提供团体，而相互竞争的机构不可避免会产生合作和策略方面的问题。总体来讲，新公共管理的推行使分散（fragmentation）、调控以及责任心成为三个最为紧迫的问题。⑤

---

① 〔美〕乔治·弗雷德里克森：《公共行政的精神》，张成福、刘霞、张璋等译，中国人民大学出版社，2003，第4页。

② 〔美〕G. 沙布尔·吉玛、丹尼斯·A. 荣迪内利：《从政府分权到分权化善治》，载〔美〕G. 沙布尔·吉玛、丹尼斯·A. 荣迪内利编《分权化治理：新概念与新实践》，唐贤兴、张进军等译，格致出版社、上海人民出版社，2013，第1~2页。

③ 竺乾威主编《公共行政理论》，复旦大学出版社，2008，第454~455页。

④ 〔英〕马丁·米诺格、查里斯·波里达诺、大卫·休莫：《超越新公共管理》（上），闻道、吕恒立译，《北京行政学院学报》2002年第5期，第95页。

⑤ 〔英〕R. A. W. 罗茨：《新的治理》，木易编译，《马克思主义与现实》1999年第5期，第45页。

（2）公共治理的核心理念

面对新公共管理运动运行过程中出现的种种问题，政府变革也随之进入另一个阶段：对政府的抨击以及削减政府规模的呼声消退，人们转而对政府的积极角色给予更高的评价，甚至在新西兰和英国等一些国家中，新公共管理开始像一顶"过时的帽子"，一些学者声称新公共管理正在消亡或者已经死亡，正在被更为外向型的模式，包括"政府治理"、"协同政府"、各种网络和伙伴关系所取代，<sup>①</sup> 后者代表着一种更为温和的政府形象。

如果说最初新公共管理倡导以"企业家精神"来提高政府效率和效能，形成合理化的官僚制机构，使政府机构能够更有活力及更富有效率地运转，那么，公共治理理论在继续否定传统官僚制政府治理模式消极因素的基础上，对新公共管理理论进行了补充和扬弃，其核心理念强调政府与公民共同参与社会管理，是一种合作的、民主的、互动的过程，而不是简单地将公民视为被动的顾客。具体来说，早期的新公共管理比较强硬，强调以绩效为主，关注经济性和效率性，并将改革官僚制作为其主要目标，新的政府管理模式已经变得更加外向，强调政府与社会其他群体和组织间的合作关系，包括网络合作、伙伴关系、协同运作、让公众和其他相关主体积极参与等。这是一种"政府治理"，是一系列让"社会参与政府管理过程"的新观念。<sup>②</sup>

学者们对公共治理的研究呈现百花齐放的态势。美国著名公共行政学家登哈特夫妇倡导的新公共服务是其中比较有代表性的理论。《新公共服务：服务，而不是掌舵》一书开宗明义："政府不应该像企业那样运作。"<sup>③</sup>他们认为："公共服务的精神并非只限于那些正式为政府工作的人们，即并非只限于那些被我们视为公务员的人们。普通公民也希望有所贡献。然而，他们可以发挥其许多才能的途径却一直都有限，究其原因，我们认

---

① 关于新公共管理之后公共治理的理论研究在后文研究综述中详细分析。

② 〔英〕克里斯托夫·鲍利特：《重要的公共管理者》，孙迎春译，北京大学出版社，2011，第51、55页。

③ 〔美〕珍妮特·V.登哈特、罗伯特·B.登哈特：《新公共服务：服务，而不是掌舵》，丁煌译，中国人民大学出版社，2010，第1~12页。

为，在某种程度上是因为，过去几十年来我们都严重地抑制了公民角色，进而更喜欢把人们视为顾客或者消费者，而不是将人们视为公民。"[1] 新公共服务的理论核心旨在提升公共服务的尊严和价值，将民主、公民权和公共利益的价值观重新肯定为公共行政的卓越价值观，即新公共服务是一场基于公共利益、民主治理过程的理想和重新恢复公民参与的运动。新公共行政学派代表人物美国著名行政学家乔治·弗雷德里克森也对新公共管理"企业化政府"、以市场机制改造政府管理持批判态度。新公共行政理论认为，公共行政的目标和理论基础除了经济和效率之外，应当添加社会公平，强调以伦理、民主、政治互动、公民参与以及回应性等观念为基础设计一种新的组织制度，以增加社会公平实现的可能性。公共行政的"公共性"不限于政府行政，而应当界定为公共功能，包括实现政府功能的全部手段，那么，各种类型的组织——包括政府组织、非政府组织、准政府组织、营利性组织、非营利性组织、志愿组织——纵横联结构成网络，以各种形式参与公共事务的管理。[2] 美国著名政治学家、行政学家 B. 盖伊·彼得斯教授所总结的参与式国家理论从观念到形态可以说是与新公共管理完全对立的。该理论所倡导的思想是反对市场的，致力于确立一个政治性更强、更民主、更集体性的机制来向政府传达信号。参与式国家同市场式政府一样，并不否定官僚在制定公共政策中的核心作用，只是更多考虑更积极的参与，其区别于市场模式的地方在于，个人在组织及政治生活中之所以能够被激励而参与，主要是由于"休戚与共"，而不是出于物质——如薪资与酬赏——的原因；而且参与模式所提出的分权化是想要疏导不同官员及组织对顾客的控制，而不是让服务提供者展开竞争以发展市场。[3] 罗伯特·阿格拉诺夫和迈克尔·麦圭尔认为，治理是实现公共目标所必需的

---

[1] 〔美〕珍妮特·V. 登哈特、罗伯特·B. 登哈特：《新公共服务：服务，而不是掌舵》，丁煌译，中国人民大学出版社，2010，"前言"第12页。

[2] 〔美〕乔治·弗雷德里克森：《公共行政的精神》，张成福、刘霞、张璋等译，中国人民大学出版社，2003；〔美〕H. 乔治·弗雷德里克森：《新公共行政》，丁煌、方兴译，中国人民大学出版社，2011。

[3] 〔美〕B. 盖伊·彼得斯：《政府未来的治理模式》，吴爱明、夏宏图译，中国人民大学出版社，2001，第59~85、109~131页。

多个组织与多种联系，而协作性管理正是描述了在多组织安排中的促进和运行过程，以解决单个组织不能解决或不易解决的问题；并认为"协作"议题应当突破私有化、新公共管理、契约行政等理论的公共与私人二元观点的设定，即协作不是基于一个中心权威的，而是每个参与者都树立并维持他的或她的权威，同时又与其他人一起管理，不过政府及其官员处于协作性事务的中心。① 中国学者俞可平教授是国内治理和善治理论公认的开拓者，其对西方治理的内涵、要素、特征以及全球治理前景进行探讨，并全面分析治理与统治的区别，② 提出善治是克服治理的失效、使治理更加有效的理论。善治就是使公共利益最大化的社会管理过程。善治的本质特征就在于它是政府与公民对公共生活的合作管理，是政治国家与公民社会的一种新颖关系，是两者的最佳状态。善治的基本要素也逐步完善至十个：合法性、透明性、责任性、法治、回应、有效、稳定、参与、廉洁、公正。③

## 二 20世纪70年代以来治理理论与变革的分析

我们将起始于20世纪70年代的一系列有关治理模式的理论演变和实践改革统称为治理变革，整个变革过程又可以分为明显的两个阶段：新公共管理和公共治理。

### （一）新公共管理与公共治理两个阶段的理论关系

新公共管理仍以自由放任经济学为基础，虽然没有突破政府与市场的二元桎梏，即这种观点仍然没有脱离主导者与职能单位的关系，也就是说移交的是服务项目的提供，而不是服务责任，但它还是带给我们一个新的范式，吸收社会组织加入政府治理，"当政府逐渐把自己提供一切服务的

---

① 〔美〕罗伯特·阿格拉诺夫、迈克尔·麦圭尔：《协作性公共管理：地方政府新战略》，李玲玲、鄞益奋译，北京大学出版社，2007，第4、20、40页。

② 俞可平：《全球治理引论》，《马克思主义与现实》2002年第1期，第22页。

③ 俞可平：《善治与幸福》，《马克思主义与现实》2011年第2期，第1页。

功能转向起更多的催化作用时，常常十分依赖第三部门"①。

在市场失灵和政府失灵之后，社会力量真正异军突起。到了公共治理阶段，社会力量不再是政府治理的辅助，而是被要求合作以共同承担责任，政府治理变革的基本理念和价值取向也开始转向协作共治。在协作共治理念下，政府与社会之间的关系发生了根本性变化，"政府不是合法权力的唯一源泉，公民社会也同样是合法权力的来源"②，政府、私人部门和社会组织之间的界限和责任划分变得更为模糊。

如何看待这两个阶段的理论关系和延续？可以说，两个阶段的理论之间存在着紧张关系："现代公共行政不仅注重效率，而且也注重民主参与、责任和授权。因此，高效政府和责任政府这两个主题一直存在紧张的关系。相应地，对于人民是消费者（在政府与市场关系中）还是公民（在政府与社会关系中）两种观念之间也存在紧张关系。"③ 新公共管理并不将公众视为治理的参与者，而是视其为政府提供服务的顾客或委托者，此时政府管理社会很容易就被理解为管理权限被操纵在一群精英手中，而公共治理理念则让这种管理走向社会，融合社会力量，也是一种政府干预社会的重构：公民不再仅仅是顾客或委托者，而是参与者、合作者、共同的创造者。但是，二者之间又存在着传承和延续，公共治理理论是在新自由主义仍然没能够完全解决政府低效的问题之后的新发展，同样是在"政府失灵"理论基础上的延伸，其并没有完全否定新公共管理所倡导的效率和生产力等价值观，而是认为私营化（市场机制）只是借鉴私营部门经济管理手段来提高政府监管效率的一部分，同时，政治上的民主、平等、参与、责任同样重要，掌舵重要，服务更重要。简单地说，公共治理理论重在对民主、公民参与和公共利益等传统公共行政的精神或价值观的重新强调，重视保持提高绩效和履行民主责任之间的平衡。当然，也存在不同的声

---

① 〔美〕戴维·奥斯本、特德·盖布勒：《改革政府：企业家精神如何改革着公共部门》，周敦仁等译，上海译文出版社，2006，第17页。

② 俞可平：《治理和善治分析的比较优势》，《中国行政管理》2001年第9期，第17页。

③ 〔澳〕欧文·E.休斯：《公共管理导论》，张成福、王学栋、韩兆柱等译，中国人民大学出版社，2007，第291页。

音，有学者认为新公共管理在某种程度上违背了公共服务的传统，比如，新公共行政正是在不断对传统公共行政所谓"效率至上"原则进行反思和批判的基础上发展起来的，因此，这些学者也对新公共管理"企业化政府"、以市场机制改造政府管理持批判态度。

### （二）以民众和社会力量为中心的变革

20 世纪 70 年代以来对治理模式变革进程进行研究有很多角度可以切入，但贯穿整个过程的有一个主线：权力不断向社会回归，或者说社会对治理的参与不断加强和深入。可以说，这并不仅基于对政府部门的改革，还代表了政府和社会关系的某种转变。从最初新公共管理民营化过程中社会参与具有附属性和被动性，严格说并没有摆脱政府与市场的划分，但已经开始吸收和鼓励社会组织的加入，到公共治理阶段，社会力量完全成为参与公共事务治理的一极，治理体现为一个政府、市场、社会三者关系的分析框架。

这种治理模式的产生与社会力量或者非政府组织的兴起密不可分，可以说，在 20 世纪最后 30 年，美国公众在公共组织和公共事务管理中的参与作用日渐增强，在许多重要领域的公共政策制定与执行中的参与行动日益合法化，相对于传统的"公民参与"（political participation）更为强调公民通过投票和选举参与公共事务管理的被动状态，20 世纪 60 年代后的"公民介入"（political or citizen involvement）强调赋予公民更为直接的参与管理的权利，但其有效性仍然受到质疑；20 世纪 80 年代中期开始，也就是本书所称的公共治理阶段，随着非政府组织的发展，"公民贡献"（political engagement）则更强调公民积极参与并作为主人直接参与社区事务的管理，与政府建立的是合作关系。① 从公民参与的历史演变过程可以看出，社会力量的发展使其角色逐渐从政府的补充者和辅助者走向政策的共同制定者和执行者，政府与社会的关系也从控制与服从走向平等与合作，治理

---

① 〔美〕约翰·克莱顿·托马斯：《公共决策中的公民参与》，孙柏瑛等译，中国人民大学出版社，2010，"前言"。

主体也从政府一极逐渐演变为多极。

此外，在政府、市场和社会的关系中，尽管多元主体参与、合作网络关系、平等协调机制、权力责任共享等理论颠覆了传统政府在公共事务管理中的绝对权威和统治地位，但仍然不能否认政府在新型治理模式中的重要乃至关键地位。当我们试图以治理理论来弥补市场机制和政府管制之不足时，同样不能忽视治理机制本身也存在缺陷和失败的可能性。市场机制之失败在于一味追求私益最大化而忽视社会责任，政府干预之失败在于政府的自利性和垄断背离公共利益的目标，那么，融合多元主体的网络状的公共治理理论也存在多元化和复杂化所带来的协调与整合的问题，政府在"元层次"上的运作①或"元治理"角色②就显得更为重要。

总体来说，世界范围内各国对政府治理模式的选择在不断摇摆与调适中呈波浪式前进趋势。20 世纪 70 年代中期开始的一系列政府治理模式的解制与重构并没有对错或者更优越和更落后之分，只不过反映出各国政府一直在寻求与当时经济社会发展阶段相适应的政府治理模式，从最初的单纯依靠市场，到过度倚重政府，再到如今政府、市场和社会三者的合作统一，应当说政府治理模式在不断否定中进步，也许公共治理也并不是最终的选择，就如同彼得斯所说的："政府改革是一个持续不断的过程，而且几乎可以肯定的是，只要政府存在，这一过程就永远不会停止。"③

## （三）治理理论的界定与分析

尽管对于治理的概念有很多种解读，但其核心可以总结为两点：代表着公共事务管理中关系和方式的变革。

---

① 〔美〕珍妮特·V. 登哈特、罗伯特·B. 登哈特：《新公共服务：服务，而不是掌舵》，丁煌译，中国人民大学出版社，2010，第 64 页。

② 〔英〕鲍勃·杰索普：《治理的兴起及其失败的风险：以经济发展为例的论述》，漆芜译，《国际社会科学杂志》（中文版）1999 年第 1 期。

③ 〔美〕B. 盖伊·彼得斯：《政府未来的治理模式》，吴爱明、夏宏图译，中国人民大学出版社，2001，"中文版序言"。

首先，治理重构了政府、市场和社会的关系。"治理是一个理性的概念，强调国家与社会角色之间、社会角色相互之间进行互动的理性本质。"① 可以说，治理概念的出现是对传统政府在社会治理体系中的绝对权威性的挑战，其兴起直接来源于对政府能力限度的正视或承认。

"治理"一词最早就是伴随着"危机"，即管理性危机而来的，"在一个各种不同的子系统不断出现并且越来越复杂的世界里，国家已经丧失它的行为能力；它发现难以预测自己的行为后果，难以避免产生有害的影响。它有时颁布不适宜的标准，或者无力或无必要的合法性迫使各种群体执行这些标准。再则，有诸多需求它都无力作出回应。我们面临着管理失灵和难以控制的体制问题"②，即作为行使公共事务管理的唯一权力中心，国家（政府）面临着决策能力、执行能力和回应能力的缺失。面对多层次的社会结构、复杂的公共事务，政府不得不思考另外一种与传统管制型模式相反的运作规范。

社会力量适时的兴起突破了传统社会科学中过分简单化的非此即彼的两分法，即"经济学中的市场对等级制；政策研究中的市场对计划；政治中的私对公；国际关系中的混乱无序对主权"③，演变出政府、市场和社会三足鼎立的局面。于是，"治理"便成为继自由市场和等级制缺失之后的"第三项"，体现出政府、市场、社会之间关系的改变：主体地位从自上而下的控制转向平等，以及权力和责任走向分享与分担。平等的地位和共同的责任产生的最大问题是公私界限的模糊，政府职能的专属性和排他性趋于弱化，而代之以政府、私营部门和社会组织之间相互依赖与合作关系的强化，换句话说，政府只是治理的众多参与者之一，治理是三者的互动管理过程。

---

① 〔印〕哈斯·曼德、穆罕默德·阿斯夫编著《善治：以民众为中心的治理》，国际行动援助中国办公室编译，知识产权出版社，2007，第9页。
② 〔瑞士〕弗朗索瓦-格扎维尔·梅里安：《治理问题与现代福利国家》，肖孝毛译，《国际社会科学杂志》（中文版）1999年第1期，第59页。
③ 〔英〕鲍勃·杰索普：《治理的兴起及其失败的风险：以经济发展为例的论述》，漆芜译，《国际社会科学杂志》（中文版）1999年第1期，第33页。

关于治理，本书特指政府与社会（企业、组织和个人）共同参与的网络状、合作型的政府干预社会模式。治理代表着政府面对与外部社会的关系时，不能如同内部管理一样完全依靠层级的权威，趋向于强加某种秩序、发布强制指令，希望能够令行禁止；也不能将与外部社会的关系看作一种威胁而运用破坏性的控制方式消极处理，采取拒绝提供信息、限制接触或联系等措施，而是需要共同的目标、多种行动者、相互依存的关系以及灵活多样化的治理方式。

其次，治理概念改变了政府治理的行为方式。治理可以被看作一种以公共利益为目标的公共管理过程或者是一种有别于传统的运用公共权力的方式，协调是其核心机制。

主体、过程和行动是三个关键词，治理强调参与者的多元性和多样性，各种各样的参与者之间进行谈判或相互作用的过程，以及最终主观意识交互作用后的公共行动。① 多元或多极主体"涉及错综复杂的等级组织、平行的权力网络，或其他跨越不同级别政府和职能领域的机构之间形成的复杂的相互依存形式"②，但其中三个最为重要的治理主体是政府组织、私人部门和社会组织；互相依存关系意味着信息广泛流通，通过谈判自证其在、消除噪音、制定规则、达成一致，这是一种为了社会利益而进行权威性决策的过程和结果；公共行动最终有效率是治理的目标，参与其中的所有行为者必须协调，治理的可取之处在于运用多种形式的协调和特定的调整以求某种必要的全面管理。③ 可以这样说，在一个密集而复杂的网络系统和功能性合作系统中，"协调"恰恰是管理和控制公共事务的一种手段或者途径，如同"强制"一样。

---

① 〔法〕玛丽-克劳德·斯莫茨：《治理在国际关系中的正确运用》，肖孝毛译，《国际社会科学杂志》（中文版）1999 年第 1 期，第 84 页。

② 〔英〕鲍勃·杰索普：《治理的兴起及其失败的风险：以经济发展为例的论述》，漆芜译，《国际社会科学杂志》（中文版）1999 年第 1 期，第 33 页。

③ 〔法〕让-彼埃尔·戈丹：《现代的治理，昨天和今天：借重法国政府政策得以明确的几点认识》，陈思译，《国际社会科学杂志》（中文版）1999 年第 1 期，第 55～56 页。

# 三　治理理论对中国政府管理方式的影响及启示

全球化作为 20 世纪 80 年代以来世界范围内凸显的现象已经成为当今时代的基本特征，任何一个国家的变革都无法完全摆脱这一大的背景。治理理论作为与全球化在同一时期产生的对公共管理的探索性成果，也已经伴随全球化的发展趋势不可避免地对世界各国产生了重大影响。

## （一）　新公共管理理论在发展中国家的应用与启示

治理理论产生之初（基本上是新公共管理阶段），之所以能够形成一种在国家间推广的调节机制，盖因随着生产方式的变革，科技与信息技术的进步，以及国际金融、财政和贸易的发展，全球化已经成为不可避免也不可逆转的趋势。从金融市场稳定到全球生态环境保护，从文化思想传播到打击恐怖主义和犯罪等都对全球多边合作提出了更高的要求，官僚结构和国家政府不得不面对和适应这种变化，"权力不只是在地方的、国家的或国际范围内组织与运作，还逐渐获得了跨国的、区域的甚至全球的向度"，"作为一种分析性概念，治理指的是一种以公共利益为目标的社会合作过程——国家在这一过程中起到关键的但不一定是支配性的作用。作为一项政治工程，治理意味着对已经改变的国家行为状态的战略反应"。[①]

治理概念最初产生即基于世界银行描述当时非洲情形的目的，并且此后便广泛地应用于政府发展研究，尤其是和后殖民世界的发展联系在一起。但是，起源于西方国家的新公共管理运动适合发展中国家吗？20 世纪七八十年代，国际组织和国际金融机构的一系列措施间接地将新公共管理运动的精神输入发展中国家，但对于实施效果是否如推动者所预期的那样，人们则存在很大争议。发展中国家的经济和公共行政状况迥异于西方发达国家。在经济方面，随着冷战时代的结束，大多数发展中国家已经接

---

① 〔英〕托尼·麦克格鲁：《走向真正的全球治理》，陈家刚编译，《马克思主义与现实》2002 年第 1 期，第 34、36 页。

受了自由市场原则；在公共行政方面，发展中国家的公共部门具有传统官僚制公共行政模式的特点。但是，有所不同的是，发展中国家政府在经济和社会发展中扮演着更为突出的角色，或者说，整个国家市场经济的建立和发展都是在政府主导和推动下进行的，这与西方发达国家自发形成的市场经济体制有着本质区别。这使得政府组织的权力更为强大，甚至能够摆脱政治上的限制，也就是说，在官僚制组织行政权力发达的同时，法治或者制约力量却很脆弱。在这些背景因素的差异下，在发展中国家推行以自由化和市场化为核心的新公共管理改革就会产生一些问题。

第一，新公共管理的基础是将市场原则运用于公共政策和公共管理，它也是和精简政府、培育市场相联系的。而发展中国家常常缺少市场运作的经验，而且市场应在具备诸多因素之后才能有效运转，发展中国家往往也不具备这些因素，比如，市场运转的法治环境。

第二，即使是公共企业，在发展中国家运转效率同样也不高，发展中国家缺乏对民营化的管理能力，比如，没有一个明晰的规划或法律框架；竞标和会计程序不明确；资产通常以远低于其价值的价格出售，如通常我们所说的国有资产流失；等等。

第三，从官僚制到市场化，政府的转变要求政府主动放弃本来拥有的大量权力，转而建立起约束自身的各项制度，以削弱自由裁量权、减少腐败的机会，而这本身就充满了矛盾和冲突。① 也有学者将新公共管理不适合发展中国家的理由理解为"第三世界政府遭遇的困境，不是新公共管理倡导者所宣称的官僚制的膨胀，而是官僚制的不发达"，而在此时如果再"赋予腐败的官员更大的自由裁量权仅仅意味着赋予了他们更多腐败的机会"。② 这是从西方发达国家和发展中国家官僚制本身的差异来理解的，英国学者马丁·米诺格等人就认为，"官僚制不发达"的理解还是不准确，发展中国家其实并不缺乏线性管理的官僚制规则和规章，而是缺乏行为规

① 〔澳〕欧文·E. 休斯：《公共管理导论》，张成福、王学栋、韩兆柱等译，中国人民大学出版社，2007，第 268~270 页。

② 〔英〕马丁·米诺格、查里斯·波里达诺、大卫·休莫：《超越新公共管理》（下），闻道、吕恒立译，《北京行政学院学报》2002 年第 6 期，第 90 页。

范：经典的韦伯意义上的官僚制，而不是日常意义上的官僚制。①

斯蒂芬·B. 彼得森在经历非洲国家的实践后认为，非洲社会基本上不是围绕着非人格化的结构和规则构成的等级制组织起来的，而是围绕着血缘关系、宗族关系、朋友关系和职业身份组成的人际关系网络组织起来的。当人们用西方的结构与规则理念重新建构非洲的组织时，其形式可能会保留下来，内容却会被非洲社会所熟悉与认可的基础网络与过程破坏。②这一结论点出了新公共管理理论在非洲应用本土化的问题。

联合国社会发展研究所副主任辛西娅·休伊特·德·阿尔坎塔拉认为，20 世纪 70 年代末开始的新公共管理运动使"经济至上的极端观点在国际贷款机构中盛行，而且蔓延到了借款国政府。政治和社会问题在发展问题的讨论中被置于次要地位，甚至完全被排除在发展问题之外，但'市场'永远是建立在政治和社会基础之上的。随着'自由市场'改革试验的不断深入，越来越多的事例表明，如果没有政治合法性、社会秩序和机构效率等最基本的条件，任何经济计划都不可能取得成功。……治理是一个十分有用的概念，它使国际金融机构（以及捐赠者）放弃经济主义，重新考虑与经济改革议程相关的关键性社会和政治问题"，而治理是在众多不同利益共同发挥作用的领域达成一致或取得认同，以便实施某项计划。③这一观点中的"治理"指的是新公共管理之后的公共治理理论，即公共治理被认为是对新公共管理的超越或矫正。

综上，发展中国家的市场经济本身并没有发达到相应的程度是内在原因，而外因则在于缺乏对强大行政权力的制约，也就是缺乏制度的保障，这些都导致发展中国家照搬新公共管理的单一模式而进行的政府治理改革很难达到预期效果，或者说，即使发展中国家需要新公共管理所倡导的强

---

① 〔英〕马丁·米诺格、查里斯·波里达诺、大卫·休莫：《超越新公共管理》（下），闻道、吕恒立译，《北京行政学院学报》2002 年第 6 期，第 90～91 页。

② 〔美〕斯蒂芬·B. 彼得森：《层级与网络：非洲公共官僚机构中组织能力建设的战略》，载〔美〕梅里利·S. 格林德尔编《打造一个好政府——发展中国家公共部门的能力建设》，孟华、李彬译，商务印书馆，2015，第 157～171 页。

③ 〔瑞士〕辛西娅·休伊特·德·阿尔坎塔拉：《"治理"概念的运用与滥用》，黄语生译，《国际社会科学杂志》（中文版）1999 年第 1 期，第 105～106 页。

大的市场和私人部门，也必须先完善组织变革中的环境因素，比如坚持法治、培养高素质的工作人员等。现实也证明了这一点，"国际组织试图推动公共行政改革和加强弱国家中央和地方政府行政能力的努力一直进展缓慢，结果也并不确定。20世纪90年代世界银行在对其为公务员制度改革提供的援助的评价中表明，大约只有1/3的措施取得了令人满意的成果"①。

加利福尼亚大学伯克利分校政治学教授、非洲研究中心主席戴维·K.伦纳德认为："有效管理在非洲还有许多问题有待研究，而尝试简单照搬西方管理技术的任何做法都可能以失败告终。"② 因此，"在发达国家和发展中国家，尤其是后者，无论是学者还是从事改革者，都不应该假设新公共管理是或者应该是普适性的"，完全照搬不可取，但我们仍然可以将其看作"可资利用的一套新思想，一套添加到改革者工具箱中的新工具"③。已经有学者提出，并没有统一的治理理论，只有不同的研究方法。"全球主义"和"多元主义"就是两大流派。全球主义强调的是各国改革内容和方法的一致性，采取的研究路向是制定几个普适性标准，然后用其来衡量各国的改革成就；多元主义强调的是各国由于具体情况不同，要采取不同的方法，针对不同的重点。显然，对发展中国家和转型国家来说，在认识层面上采取"多元主义"似乎更加重要。④ 其实，在中国的法治现代化或者说法治建设中也存在着关于移植和借鉴的争论，苏力老师就认为："即使是在西方一些国家通用的法律或做法，即使理论上符合市场经济减少交易成本的法律和制度，如果与本土的传统习惯不协调，就需要更多的强制力

---

① 〔美〕丹尼斯·A.荣迪内利：《分权治理的平等与伙伴关系：弱国家的经验》，载〔美〕G.沙布尔·吉玛、丹尼斯·A.荣迪内利编《分权化治理：新概念与新实践》，唐贤兴、张进军等译，格致出版社、上海人民出版社，2013，第21页。

② David K. Leonard, "The Political Realities of African Management," *Word Development*, 1987, 15(7): 908.

③ 〔英〕马丁·米诺格、查里斯·波里达诺、大卫·休莫：《超越新公共管理》（下），闻道、吕恒立译，《北京行政学院学报》2002年第6期，第93页。

④ 杨雪冬：《要注意治理理论在发展中国家的应用问题》，《中国行政管理》2001年第9期，第20页。

才能推行下去。"①

## （二）治理理论对中国政府管理方式的影响及分析

新公共管理在非洲国家的应用实践再次印证了一个道理，不可能有千篇一律的模式，即使是同一时期的治理改革模式也因各个国家具体国情和实际情况不同而有所区别，政府在干预经济和社会的程度和方式上也必然受不同国家的经济基础、历史和文化传统以及具体国情影响而存在明显差异。某种治理模式选择的成败与否不在于它属于哪种类型，具有哪些特征，而在于它是否植根于本国国情，能否有效促进本国经济和社会的发展。

### 1. 中国政府管理模式的演进与特征

20 世纪 50 年代之后出现了政府范围的争议。1760～1850 年发生了第一次技术—经济—社会革命，英国从重商主义转向自由放任资本主义，但同期（1829 年）组建了警察部队；美国几乎未采取任何政策（无论是重商主义还是自由放任政策），但也开始提供新的公共服务，尤其是在健康和教育方面。1850～1950 年发生了第二次技术—经济—社会革命，政府开始在一些领域扩展积极作用，典型的如德国；美国的积极作用就少多了，但大萧条永久性地改变了联邦政府的经济及社会作用，罗斯福新政之后，政府开始成为最终雇主、与管理层斗争的后台，以及美国人寻求与工商企业相抗衡或解决社会问题的地方。约 1950 年发生了第三次工业革命，政府范围的争议在两种相反的看法之间摇摆，其中一种是"合作"对"控制"。"合作"认为只有政府与私人部门齐心协力才能最好地为公共利益服务，合作或者说社团主义在欧洲各国经常涉及政府充当经纪人角色，鼓励工商企业与劳动者彼此让步以及向大众让步；"控制"认为只有强迫私人部门（不管是工商企业还是劳动者）为公共利益服务，它们才会为公共利益服务，极端的说法是苏联模式的社会主义，比

① 苏力：《法治及其本土资源》，中国政法大学出版社，2004，第 14 页。

较温和的说法偶尔出现在由社会党或社会民主党执政的欧洲国家。① 而自新中国成立之后至改革开放之前中国选择的基本上是管制模式，实行高度集中的计划经济，政府运用公权力对经济的直接干预和管制代替了市场调节，政府既作为经济的组织者、管理者，又是社会的生产者，集调控权、监督权、生产权于一身。

之后，中国在坚持公有制的前提下进行了经济体制改革，逐步建立了市场经济体制，通过 40 多年的改革开放带来了经济的繁荣和人民生活水平的提高。同时，政府如何有效管理和干预市场和社会一直处于探索阶段。中国政府自改革开放以来已经历八次机构改革，力图转变政府职能、降低行政成本、提高行政效率，但制度惯性不是一朝一夕能够改变的，社会各方力量自下而上的参与相对缺乏。

**2. 治理理论对中国传统政府管理方式的影响**

治理理论的引入对中国传统政府管理方式产生了很大影响，党的十八届三中全会和十八届四中全会提出推进和促进"国家治理体系和治理能力现代化"，并将其作为全面深化改革的总目标之一部分；党的十八届五中全会提出"加强和创新社会治理，推进社会治理精细化，构建全民共建共享的社会治理格局"；党的十九届四中全会提出"坚持和完善共建共治共享的社会治理制度，保持社会稳定、维护国家安全"；党的二十大提出"健全共建共治共享的社会治理制度，提升社会治理效能"：这些都为政府、市场和社会协作共治模式的构建提供了强有力的支撑。应当说，中国已经逐步将社会治理理念应用到政府现代化改革的实践中。

同时，我们也应该看到，中国 40 多年经济体制改革造就了大量具有独立利益和自主意识的企业、社会组织和个人，促进了社会力量的兴起，这也为政府对经济社会从干预走向治理打下了基础。20 世纪 70 年代以来，社会力量日益壮大，特别是非政府组织、非营利性组织、社区组织等第三部门不断承接政府转移出来的部分公共管理职能，或者与政府机构合作共

---

① 〔美〕小约瑟夫·S. 奈、菲利普·D. 泽利科、戴维·C. 金编《人们为什么不信任政府》，朱芳芳译，商务印书馆，2015，第 35～55 页。

同参与社会管理，其不断得到社会公众的认可。自 20 世纪 80 年代以来，治理变革的基本理念和价值取向也开始转向协作共治，政府与市场和社会不断进行良好的合作，逐步形成包括政府行为在内的全社会共同行动的开放式协作治理模式。但是，目前政府、市场和社会协作共治的治理模式在凝聚理念、网络结构、运行方式等方面缺少完善的理论规划和设计，但其仍然代表了未来的发展趋势。

中国的经济基础和政治制度背景与西方国家大相径庭，但是在政府对市场和社会的管理存在干预这一点上有相似之处，同样也都面临着政府、市场和社会之间关系的变化和调整以及社会治理的优化问题，中国在转变政府职能——从全能型政府到服务型政府——的过程中，吸收和借鉴一些国家的治理理念和具体做法还是十分有必要和很有现实意义的，哪怕是一些不适用于我们国家的教训也是需要在研究过程中加以明确的，必须要注意"同样的问题可以出现在截然不同的背景中，人们必须找出与其特定背景相符的基于文化基础的特定解决方法"①。

---

① 〔美〕斯蒂芬·B. 彼得森：《层级与网络：非洲公共官僚机构中组织能力建设的战略》，载〔美〕梅里利·S. 格林德尔编《打造一个好政府——发展中国家公共部门的能力建设》，孟华、李彬译，商务印书馆，2015，第 157~171 页。

上编

# 第一章

# 公共安全治理的困境与协作共治模式的兴起

由于许多因素不受组织的控制，组织绩效低下就不能总是归咎于它们。

——玛丽·E. 希尔德布兰德、梅里利·S. 格林德尔①

当今的社会可以被描述为：（1）高度的骚动，即很容易突然发展急剧的转变；（2）高度的相互依赖，即需要多部门之间的合作；（3）十分需要解决我们所面临问题的创造性和富于想象力的方案。在这些条件下，公共组织（以及私营组织）需要比过去具有更大的适应性和灵活性。然而，传统的指挥与控制型的领导形式并不鼓励冒险和创新。相反，它鼓励一致和常规。

——珍妮特·V. 登哈特、罗伯特·B. 登哈特②

当下的社会实践正是我们制定制度的出发点，或者说，只有对社会实践进行反思才能促进治理的不断进步。世界范围内各国对政府治理模式的选择在不断摇摆与调适中呈波浪式前进趋势。其实政府干预经济社会领域

---

① 〔美〕玛丽·E. 希尔德布兰德、梅里利·S. 格林德尔：《公共部门持久能力的建设：我们能够做些什么？》，载〔美〕梅里利·S. 格林德尔编《打造一个好政府——发展中国家公共部门的能力建设》，孟华、李彬译，商务印书馆，2015，第 53 页。

② 〔美〕珍妮特·V. 登哈特、罗伯特·B. 登哈特：《新公共服务：服务，而不是掌舵》，丁煌译，中国人民大学出版社，2010，第 101 页。

的模式并没有对错之分，只是随着经济和社会的发展，某一模式在某个时间段内适应相应发展阶段。政府治理理念的出现也与当时经济社会发展阶段相适应。20 世纪 90 年代，经济全球化进一步扩张，信息技术广泛传播，公共事务日趋多样化、复杂化，政府职能和规模的增多和扩大以及赤字的增加也已经远远跟不上社会对公共服务的需求，政府管理模式不得不面临解制与重构。思想和观念是否跟得上这个急速变化的世界将决定我们对公共事务的治理效果。

中国的公共安全问题很具有代表性。对公共安全治理模式的反思在一定程度上是由社会现实中的公共安全问题所促成的，由于 2003 年非典的暴发，公共安全问题开始成为国内关注和研究的焦点，并随着不同类型的公共安全事件和事故的发生而逐渐成为显学。如汶川大地震、"三鹿"婴幼儿奶粉事件、"7·23"甬温线动车事故以及新冠疫情等，这些事件看似孤立，其实共同预示了高风险社会的来临，尤其是公共安全面临着十分严峻的挑战。

这一系列公共安全问题容易引发一定程度上的政府治理信任危机，使得社会对政府应对公共安全问题的过程和效果产生一定的怀疑，公众产生一些不满情绪。当然，个别带有指责和愤怒情绪的评价并不能代表当下政府治理行为的好坏，但是，针对公共安全服务，我们同样也不能回避政府有效供给和社会需求之间的差距和矛盾问题。应对当前公共安全所面临的严峻形势，不断回应社会公众对公共安全服务的迫切需求，推动各级政府公共安全治理改革创新，为社会公众提供更为安全、更为便捷、更为公正的维护公共安全的服务和保障，是当前中国各级政府面临的困境和挑战，同时也是政府治理能力的重要体现之一。

# 一　公共安全概念的内涵演变及基本特征

探讨公共安全治理需要首先澄清公共安全这个基本概念或理论，阐释其特殊性在何处，才能解释为什么传统公共安全管理模式不能有效解决当前的公共安全问题。

公共安全是一个涵盖内容很广泛的概念，不同国家在不同时期都会对其不断进行补充和修正。传统意义上的安全主要以国家安全为核心，涉及政治、军事、外交领域的国家之间、地区之间与民族之间的对抗与冲突，非传统安全主要指国家安全以外的其他对国家及社会整体生存与发展安全构成威胁的因素，[①] 公共安全即属于非传统安全范畴。与传统安全更为关注国家主权和领土完整相比，非传统安全范畴中的公共安全则更为关注以人为核心价值和本位的生命、尊严、权利和财产等安全问题。随着全世界范围内冷战的结束，非传统安全范畴中的公共安全问题上升为关注的重点，这在国际组织的活动中也有所体现，比如1989年举行的第四十四届联合国大会通过了关于"国际减灾十年"的决议案，1989年世界卫生组织（WHO）举行了第一届世界事故和伤害预防大会，1992年联合国召开了环境与发展大会，敦促各国政府和公众采取积极措施协调合作，防止环境污染和生态恶化，为保护人类生存环境而共同做出努力。

公共安全问题可以有多种分类，从影响公共安全的原因来看，最基本的包括：自然灾害、事故灾难和社会事件。我国2017年制定的《突发事件应对法》将公共卫生事件和社会安全事件拆分为单独的类型。根据2013年《中共中央关于全面深化改革若干重大问题的决定》，"健全公共安全体系"包括食品药品安全、安全生产、防灾减灾救灾、社会治安综合治理、国家网络和信息安全、国家安全体制和安全战略等内容。不论如何划分，从总体上来说，公共安全就是指除国家安全之外的不特定的、多数人的人身、财产、心理安全及其所依赖的外部生存和发展环境的安全。

第一，公共安全涉及的是不特定的、多数人的甚至是整个社会的利益和问题。例如，传染病的流行和空气环境的污染可能危害社会中的每一个人，人们无论性别、贫富、种族、职业如何，都无法完全隔离和逃避，特别是全球化趋势的增强使公共安全问题超越了单个国家层面，更大范围、

---

① 郭太生、寇丽平：《公共安全危机管理的社会背景分析》，《中国人民公安大学学报》（社会科学版）2007年第3期，第134页；朱武雄：《转型社会的公共安全治理——从公民社会的维度分析》，《东北大学学报》（社会科学版）2010年第5期，第416页。

快速传播以及影响更大的公共安全事件打破了传统防灾和防卫的研究视域，将公共安全提升到更高的人类整体性安全层面。因此，公共安全治理的目标也必然是追求公正，必须站在维护整体公共利益的视角和高度，而不是偏袒某个人或某个团体的局部利益。

第二，公共安全包含的内容范围广泛，自然环境、政治经济、人文社会等领域都可能出现公共安全问题，其产生的影响涉及外部自然和社会的良好秩序、管理模式、体制机制，以及人们内在的心理稳定、安宁及对安全的期待。大范围的公共安全事件很容易引发社会广泛关注，具有较高的新闻价值，无论是传统媒体、网络媒体还是当前最为流行的自媒体对待这些事件都保持很高的敏感度，而且这些事件的相关新闻传播速度快，信息真伪难辨，容易对社会公众的安全感知和心理承受能力造成影响，如公共卫生领域的疾病疫情、自然环境领域的雾霾扬沙、社会治安领域的连环伤害、食品安全领域的产品质量问题等涉及范围较广，相关信息的不客观报道，容易加重社会公众的恐慌心理，可能导致人们不敢出门、抢购食品、质疑政府等非理性行为。

第三，公共安全问题的诱因错综复杂，易引发连带反应，导致影响领域更加宽泛。公共安全事件的影响因素往往多重交织，而且会产生交叉连锁反应，如地震的发生不仅会造成生命、财产损失，还会影响教育、工业农业生产、交通运输、商业流通等，也可能引发疫情、火灾和有毒有害化学品泄漏，如 2011 年日本福岛第一核电站在大地震中发生泄漏事故致使"周围 6 万多平方公里土地受到直接污染，320 多万人受到核辐射侵害"[①]，还影响了中国，引发了部分地区的食盐抢购潮[②]。而地震的爆发除了受地理、气候、水文等因素影响，人类的活动比如修筑水坝、排放温室气体等

---

① 《一年后反思：日本福岛核事故发生的主要原因有哪些》，新华网，2012 年 5 月 4 日，http：//news.xinhuanet.com/tech/2012 – 05/04/c_123078571.htm？prolongation = 1。

② 严冰、刘哲、吴杨：《灾难谣言 因何而起》，《人民日报》（海外版）2011 年 4 月 22 日，第 5 版。

行为也都可能提高地震发生的可能性。① 公共安全事件爆发原因的复杂性和隐蔽性给判断的准确性带来阻碍，事件发生后的"蝴蝶效应"又给应对带来相当的难度。

第四，公共安全需要通过良好的秩序状态表征出来，如人类与自然的和谐、国家民族的团结、市场秩序的稳定、社会治安的良好等，这些秩序状态构成整个社会公民生活的外部环境，使其中的每个成员的人身和财产安全得到保障。日常社会秩序的维护是常态的公共安全治理，包括公共安全风险预防、准备和控制等，当正常良好的社会秩序被打破，产生公共安全问题时，公共安全治理就转入非常态应对阶段，包括调度准备、应对处理和恢复重建。这代表着公共安全治理不应当仅仅包括被动应对公共危机和社会秩序的破坏，也就是说，主动维护和被动应对这两种治理形态并不是割裂的，而应当是一个以危机或事件为核心的循环闭合过程，要向前扩展和延伸至风险的减少，向后至秩序的恢复，并再次进入风险的预测。当然，这些阶段是互相渗透、交叉重叠的，如应对公共安全事件和恢复秩序的同时不能放松对风险的预测。

## 二　社会情势变迁与中国社会的公共安全问题

随着中国进入经济快速发展时期，社会公共安全问题日渐突出，特别是2000年之后公共安全领域事故的多发让这一问题更为明显化。当前，对于公共安全问题的多发性和常态化倾向以及公共安全治理机制相对滞后的现状，必须在中国推进社会现代化进程这个大背景下去看待，透视其中无法规避的深层次问题。

"所谓现代化，是指一个国家的社会、经济、政治体制向现代类型变迁的过程。"② 中国当前所面临的公共安全问题是经济社会发展到这一阶段

---

① 许小潮：《人类活动有可能引发地震》，《江南时报》2010年9月21日，第21版；郭昕：《人类活动也会引发地震吗？》，《深圳特区报》2011年5月9日，第D1版。

② 周光辉：《从管制转向服务：中国政府的管理革命——中国行政管理改革30年》，《吉林大学社会科学学报》2008年第3期，第24页。

所不可避免的，西方发达国家也都曾遇到同样的问题。德国社会学家乌尔里希·贝克于 20 世纪 80 年代就提出了"风险社会"理论。工业社会不断发展，逐渐形成了现代性的"风险社会"，技术—经济进步在产生财富的同时所带来的潜在风险再也无法被忽视，甚至已经占据主导地位并反过来影响社会的安全和发展。① 英国社会学家安东尼·吉登斯也认为现代性是一种双重现象，在现代社会制度的发展及全球范围内的扩张为人类创造数不胜数的享受安全和有成就的生活机会的同时，它所带来的风险也无法避免。他认为，现代性的风险可分为两类：一是改变风险的客观分配，包括高强度的风险全球化、跳脱控制的突发事件不断增加、人与物质环境的关系不断恶化、制度化本身产生风险；二是改变风险应对经验或人们对风险观念的理解，包括对风险的定义加深人类的恐惧、风险意识普及以及认知无法完全控制风险。②这些现代性的风险有着与以往完全不同的鲜明特征。

## （一） 现代社会公共安全风险更为隐蔽

相对于传统安全威胁的显而易见，现代社会的公共安全风险以一种更为隐蔽的方式存在着。例如，食品中的毒素或核污染等有赖于化学制剂和核技术的发展，很难被明确认识。以食品安全问题为例，面对日益复杂和更加专业的食品原材料、化学制剂和生产技术，消费者越来越没有能力去判断食品的质量和安全，对政府提供食品安全公共服务的需求也更为迫切。

## （二） 现代社会公共安全风险是现实的又是非现实的

现实的危险和破坏包括水体的污染和减少、新的疾病等，非现实的风险是指对社会的刺激在于未来的预期风险，这意味着一旦发生就可能规模大到其所产生的破坏很难通过事后行动来弥补。例如，2008 年奶制品信任

---

① 〔德〕乌尔里希·贝克：《风险社会》，何博闻译，译林出版社，2004，第 2、7 页。
② 〔英〕安东尼·吉登斯：《现代性的后果》，田禾译，译林出版社，2000，第 6、109 ~ 114 页。

危机重创中国制造商品信誉。2013 年 4 月，支付宝发布了 2012 年海淘用户消费数据，其中婴幼儿所需的奶粉、辅食等交易占总体交易的近 25%。相关数据显示，进口乳品目前已经占据国内整体乳品消费量的 1/3。这说明食品安全风险所影响的外部自然和社会秩序、管理模式、体制机制相对容易恢复，而人们内在的心理稳定、安宁及对安全的期待比较难以补救。

### （三）现代化风险的扩张已经打破了社会分化和界限

现代化风险在其范围内以及它所影响的那些人中，表现出平等的影响，任何国家、阶级、种族都无法避免。2011 年日本福岛第一核电站在大地震中发生的泄漏事故波及周边各国，中国出现抢盐潮、美国出现民众抢碘片、韩国出现超市海藻售罄现象，原因在于人们担心核污染会通过空气和海水扩散，污染土壤和未来的食品来源。① 切尔诺贝利事件后邻近国家检测到超常的放射性尘埃，致使粮食、蔬菜、奶制品的生产都遭受了巨大的损失。核污染给人们带来的精神上、心理上的不安和恐惧更是无法统计。② 灾难过后 20 年，一些欧洲国家（除法国以外）一直强迫实行食物限制，特别是菌类和牛奶，旨在阻断制造、运输、消费过程中来自切尔诺贝利放射性尘埃的食物污染，尤其是控制铯 - 137 指标，以防止其进入人类的食物链。③ 如果类似事件再次发生，不仅是食物（如野生蘑菇、浆果以及从湖里打捞的食肉鱼类）和饮用水源，所有生物都逃脱不了灾难的影响。

总之，风险社会理论是对工业社会现代性的反思，20 世纪 80 年代以来，苏联切尔诺贝利和日本福岛核电站泄漏事故、席卷全球的经济危机等，不断印证着风险社会的来临，各种风险超脱了人类的掌控，影响着自

---

① 严冰、刘哲、吴杨：《灾难谣言 因何而起》，《人民日报》（海外版）2011 年 4 月 22 日，第 5 版。

② 《前苏联切尔诺贝利核泄漏事件》，人民网，2011 年 12 月 24 日，http://www.people.com.cn/GB/huanbao/56/20011224/633746.html。

③ 李佩嘉：《切尔诺贝利事故影响全球 20 亿人》，新浪网，2011 年 4 月 13 日，http://news.sina.com.cn/w/2011 - 04 - 13/073122283108.shtml。

然、国家、社会和每一个人。中国虽然经济发展较晚，但也已步入工业化后期阶段，[①] 面对环境污染、矿难事故、食品安全等各类公共安全问题社会公众比之前更加敏感，整个社会的承受能力有待进一步增强。

# 三 对公共安全治理困境的解读

"在21世纪，'安全'也许非常不同于它在过去的含义，它已不是查塔姆伯爵欢呼的住房者权利得到保护所暗示的含义"[②]，风险社会的毗邻、日新月异的科技革命以及转型期特殊的社会状态，都导致公共安全方面的知识信息、技术水平和人类行为存在着更大的不确定性和不稳定性，自然灾害、食品安全事件、矿难事件、恐怖袭击、交通事故等一系列公共安全问题已经引发了政府治理的信任危机。

## （一）客观评价政府公共安全治理的行为和效果

近些年，由于各种公共安全问题的发生，社会公众的意见和愤怒情绪经由媒体而放大，聚焦和质疑政府治理效果的呼声强烈。这种不满意和不信任的态度会使公共管理者陷入一种特别的窘境：一方面，公众不断要求他们对公共安全问题采取行动；另一方面，公众又对他们所采取的政策及政策执行充满了怀疑。那么，在其中，媒体的指责和公众的感受究竟与政府公共安全治理效果的关系如何？带有指责和愤怒成分的评价是否能代表当下政府治理行为的真正绩效？诚然，政府绩效肯定会影响公众评价，但是，政府公共安全治理的绩效与社会公众评价并不存在简单的对应关系。

**1. 公众信任度和满意度下降——一种现实且合理的趋势**

我们要清醒地认识到社会公众对政府公共安全治理的不满是一种现实

---

① 陈郁：《〈中国工业发展报告2014〉发布：中国步入工业化后期》，中国经济网，2014年12月15日，http://www.ce.cn/xwzx/gnsz/gdxw/201412/15/t20141215_4125196.shtml。

② 〔美〕小约瑟夫·S. 奈、菲利普·D. 泽利科、戴维·C. 金编《人们为什么不信任政府》，朱芳芳译，商务印书馆，2015，第59页。

且合理的社会发展趋势。"当社会发展达到大多数人都认为生理生存是理所当然的这一点时，许多意味深长的后物质主义①者就开始出来。虽然后物质主义者的收入水平、受教育程度、职业地位都比物质主义者高，但他们并没有显示出更高层次的主观幸福。后物质主义者把经济繁荣视作理所应当，从而关注生活的其他方面，如政治、自然与社会环境的质量。这些领域在主观上对后物质主义者比对物质主义者更重要，他们对这些领域采用更高、更苛刻的标准。如此一来，虽然后物质主义者普遍住在比物质主义者更少吵闹、更小污染的居民区，但他们却显示出对自身环境更低（而不是更高）的满意度。"② 同理，对公共安全治理现状不满也是国家和社会进步和发展所不可避免的结果，例如，生活水平提高，人们就会要求有更为健康和安全的食品，而不仅仅是果腹和温饱；当转基因食品在降低生产成本，提升作物抗虫害、抗病毒能力，增加作物产量，增强农产品耐贮性等方面为人类生存做出贡献的时候，人们则开始关注其安全性，关注其是否对人体有某些危害；食品安全监管范围不断被动扩大（以往没有针对苏丹红、三聚氰胺的检测）。这种对公共安全治理预期的提高在收入水平、受教育程度、社会地位更高的阶层和群体中更为明显。此外，新中国成立后，中国实行计划经济体制，经济上的行政统治和政治上的依附关系使政府信任度一直处于很高的水平。直到1978年中国开始实行改革开放，这种政府与经济和社会之间的管制型关系被打破，公众开始关心并乐于表达自身对政府行为和社会问题的观点和看法，特别是社会信息技术的飞速发展，以及电信和网络的发达使信息的传播更加便利，人们的表达方式也更为便捷和直接，人们对政府的不满情绪在某种程度上有所增加，信任在某种程度上有所减少，但这并不代表政府的治理能力下降了，而是社会变迁速度太快，更多的社会问题和复杂的公众舆论让政府应接不暇。

---

① 后物质主义指一个由个体及社会所带动的持续的转变，使其从基本的物质需要中释放出来的持续革命。后物质主义价值观是更广泛的后现代转变的一种征兆，而这一更广泛的后现代转变正在改变发达工业社会的公众评价政府绩效的标准。

② 〔美〕小约瑟夫·S.奈、菲利普·D.泽利科、戴维·C.金编《人们为什么不信任政府》，朱芳芳译，商务印书馆，2015，第244页。

### 2. 公众感知的错位

很多因素都会影响社会公众对政府公共安全治理的感知或满意度，主要包括：①政府行为本身的有效性或者说公众对政府绩效的主观评价，如认为食品安全监管不力、谴责"钓鱼执法"等；②公众对某些政策的看法，如认为食品安全标准过于宽松；③公众对政府工作人员的道德与正直评价，如政府官员有腐败行为、地方政府充当"保护伞"等；④媒体在报道信息时的态度倾向，如媒体传播的负面信息影响公众感知。① 如果这些感知与人们希望政府为他们做的事和他们预测政府将会做的事不一致，人们就会产生不满情绪。但是，社会公众的这种感知并不一定与政府的真实或"客观"绩效相符。

首先，社会公众对公共安全治理的主观评价带有一定的偏颇和盲目性。改革开放以来，经济的繁荣和人民生活水平的提高是有目共睹的，但是，国家政治外交、经济发展、科技进步等所取得的成绩与更贴近国民生活的食品安全、环境污染、网络安全相比，似乎更遥远，与民众切身利益相关的负面新闻总是比正面新闻更能引起人们的关注；有时候我们并不能真正认识到政府对社会究竟能起到多大的作用，比如，政府监管是否能够做到让所有的食品和药品完全没有污染或虚假，政府的作用力是否能完全抵消市场超额利润带给生产经营者的刺激力量。当公众只是作为评价政府是否有能力令人满意地解决问题的裁判员，而未真正下场作为解决问题的选手时，他们很难真正了解并理解其中的酸甜苦辣，真实的情况真的如公众所认为的那样还是带有一定程度的想象是不确定的。也就是说，对政府的不满或公共安全问题的发生不能说明政府治理能力的弱化或减退，这从我们的实证调查中也能得出结论。调查中，72.1%的人认为"政府管理不到位"是当前存在公共安全问题的最大原因之一，居第二位的是"社会和公民自身的安全防范意识和能力较差"，有49.84%的人选择，尽管对政府

---

① 影响公众对政府治理的感知或满意度的直接因素，参见〔美〕小约瑟夫·S. 奈、菲利普·D. 泽利科、戴维·C. 金编《人们为什么不信任政府》，朱芳芳译，商务印书馆，2015，第96页。

公共安全治理有诸多不满，但同时，有 62.7% 的人认为政府在处理公共安全问题上的应对能力"逐步提高"，"没有改变"的选项有 14.73% 的人选择。以上说明，尽管社会公众也能清晰地认识到政府在公共安全治理上的努力和成绩，但这并不代表公众对公共安全的需求会降低，更多的需求就会导致更多的期望和不满。

其次，社会公众与政府对公共政策的期望方向不同或对备选方案的意见不合也会影响社会公众对政府公共安全治理的感知。当社会公众感知到自身完全被排斥在与自身利益密切相关的公共决策之外时，他们从内心深处就很难认同该项决策的内容，相反，政府同市场和社会的联盟共同制定出的政策比政府独立制定出的政策也更容易获得广泛的支持和更好的执行。

再次，个别公职官员缺乏诚实与正直的行为也会影响政府公共安全治理的整体尊严和权威。"英国历史学家沃尔特·白芝浩曾认为政府维持公众信任的最重要属性不是效率而是尊严。政府的尊严通过政府官员和机构及政治程序的正直加以衡量。"① 笔者比较认同这番话，如果社会公众心目中对政府怀有敬意和尊重，那么即使政府政策或行为略有偏差也会被认为是偶然并值得原谅的，如果社会公众已经对政府怀有轻视和敌视心理，那么即使政府做了正确的决定也会被忽视，而错误行为会被无限放大。同理，个别政府官员缺乏诚实与正直的行为会严重影响公众对政府绩效的感知，人们可能感觉到比实际存在的要多的腐败，这些个别行为和表现加剧了社会公众对政府整体的不信任，甚至抵消了政府的大多数正面形象和行为。公众对政府伦理形象的这种感知长期凝固会使其不断夸大负面消极信息，他们会认为政府并不能真正代表社会公共利益。

最后，媒体在决定公众对政府公共安全治理的预期以及判断政府治理行为的绩效上起到不容忽视的作用。如果不是来自个人经验，那么人们获得有关政府公共安全治理的信息的方式和渠道就成为形成公众普遍态度的

---

① 〔美〕小约瑟夫·S. 奈、菲利普·D. 泽利科、戴维·C. 金编《人们为什么不信任政府》，朱芳芳译，商务印书馆，2015，第 99 页。

关键点。可以肯定的是，绝大多数人是通过媒体获悉所发生的公共安全事件的，这在我们所做的调查中得到了印证。根据我们所做的问卷调查，公众的食品安全信息最主要的两大来源分别是：电视、报纸、新闻网站等公共媒体（86.7%）和微博、微信、贴吧等私人提供的信息或转发的信息（75.3%）。无论是官方发布还是私人转发，信息都是通过媒体由信息源传递到受信者的，媒体已经是我们获取信息的主要渠道，而通过亲历获取信息等渠道缩至很小的一部分，比如：听周围人的谈论（36.4%），因自身权益受到损害而特别进行调查和了解（25.6%），平时自己会参与一些社区、社会团体组织的食品安全方面的志愿宣传活动（17.1%），其他途径（8.9%）。相对于公共媒体，私人提供信息的渠道更为繁杂，内容也更为冗杂，真假难辨，而且更多是未经证实的干扰性、负面性信息，这些负面信息的传播有助于解释为何公众对真实政府绩效缺乏认识。其实，政府行为特别是政府负面行为的曝光得益于当前更宽松自由的言论平台、对政府更严格的标准要求和更有效的监管与监督，更多的违法事件被揭露出来，这本身是非常值得肯定的。但是，不可否认，这些负面信息反而加剧了社会公众对政府的负面印象。然而，需要确认的是，迎合并不是政府真正获得尊严的方法，社会公众有自己的判断能力，他们可以不赞同政府的某些政策和做法，但同样会钦佩和尊重政府正直诚实的态度，诚实和正直的态度是政府获取政治信任的底线。另外，在新闻媒体对公共安全事件和政府行为进行报道时，需要增加具有翔实数据支持的政策执行情况的前后对比，而不仅是凭借一些具体个案来反映问题。

**3. 公众满意度还取决于预期与绩效之间的关系**

在影响社会公众对政府公共安全治理的评价的因素中，对政府公共安全治理感知不真实和不准确是一方面，另一方面，以需求形式表现出来的公众预期也正在上升，信任度和满意度还取决于预期与绩效之间的关系。预期的上升要求政府对公共安全实施比以往更加严格的监管，这无形中扩大了政府能力的范围或使政府能力不断"超负荷"，正如罗伯特·普特南所指出的，公众对政府的满意度是"预期与真实绩效的一种化合物"，我们可以把它不精确地表述成真实政府绩效与公众预期之比。满意度的下降反映出政府绩效的下降或预期的上升或两者兼而有之。①

我们必须先将出现的问题和上升的预期稍微分开来看待，然后再将其联系在一起。长期计划经济体制和政府行政垄断的一个必然结果就是社会公众对政府予以过高的期望，无论是经济发展还是社会管理。而具有公共产品属性的公共安全治理传统上完全由政府来承担，这就决定了社会公众对解决公共安全问题会更多寄希望于政府行为。而实际上，政府解决当前社会公共安全问题的能力是有限的，结果是，社会公众希望政府创造出完全或几乎没有任何风险的社会稳定和安全状态是根本无法实现的。也就是说，社会公众的预期与政府的实际绩效之间永远有差距。另外，满意度不仅来自政府的实际绩效，而且来自绩效与预期的比例，而预期正在不断提高。信息技术的发展使这种需求和预期之间的差距以更加少的成本被放大。这些提高的预期直接源自经济社会的发展，生存和温饱问题解决之后，人们就会对生活提出比物质满足更高的要求，比如自然环境的洁净和社会环境的安宁。况且，中国传统计划经济时代遗留的惯性依赖也导致社会公众对政府有很高的期望。随着经济发展，社会公众对政府的态度，以及对政府工作人员的态度和行为会发生一定的改变。在我们所做的问卷调查中，尽管62.7%的人认为政府在处理公共安全问题上的应对能力在"逐步提高"，选择比例远远高于"没有改变""有所下降""很糟糕""说不清"，但在被问及当前公共安全问题的主要产生原因时却仍有72.1%的人认为由于"政府管理不到位"，这是唯一超过50%的选项。解决这种对政府过分依赖问题的办法是创造性地拓宽公共服务的供应渠道：不仅包括政府，还要使非政府组织和私人部门都参与进来。

## （二）政府公共安全治理能力局限性的分析

虽然当前公共安全的严峻形势与很多因素相关，但隐藏于背后的政府干预和治理滞后、疏漏和不力等相关问题也不容否认。政府的有限理性或

---

① 〔美〕小约瑟夫·S.奈、菲利普·D.泽利科、戴维·C.金编《人们为什么不信任政府》，朱芳芳译，商务印书馆，2015，第95页。

治理能力的局限性在公共安全问题应对中更加明显，这是由公共安全风险和危机的性质以及政府传统科层制和管理特征共同决定的。

### 1. 公共安全风险和危机应对超出政府自身能力能够掌控的范围

现代社会的断裂特性①和中国社会转型深化都意味着各种公共安全突发事件和危机难以避免，其明显的外在表现——突发性和紧迫性、影响范围广泛性、巨大的潜在危害性、高度的不确定性等，都会对社会公众心理造成明显且较大的冲击，危机本身就对政府的应对能力构成了极大挑战；同时，社会公众会对政府降低风险、应对危机的能力产生很高的预期，特别是"全能政府"模式下，一旦政府不能满足这种期望，公众心理上就会产生巨大的落差，甚至对政府的信心和权威产生动摇。客观地说，现代公共安全风险主体增加（包括更多主体的行为严重影响安全及风险涉及的主体范围更加广泛）、风险来源复杂且难以预测以及风险潜伏时间长且发作突然等特征都决定了公共安全风险和危机所引发的后果客观上已经远远超出政府自身能力能够掌控的范围，"公民和政府总是力图降低客观存在的不确定性——虽然在一定程度上也确实降低了个人生活的不确定性，但是由于有限理性的限制，双方努力的更主要成果是促使外在风险转化为内在风险，从而增加了作为整体的社会健康运行的风险"②。

其实，"在政府职能既定的条件下，政府对其职责履行的好坏，在很大程度上取决于政府自身的行政能力"③。公共安全治理是政府为实现保障公众生命健康、维护良好社会秩序的公共利益目标而对社会主体各种活动进行干预的行为。但是，政府能否实现或者在多大程度上实现监管目标是受自身能力限制的。特别是在中国"为了促使经济主体行为更为有效发挥，积极的政府需要强化市场制度的作用，同时，也需要一个积极的政

---

① 现代社会发展的"断裂论"是指现代的社会制度在某些方面是独一无二的，其在形式上异于所有类型的传统秩序。参见〔英〕安东尼·吉登斯《现代性的后果》，田禾译，译林出版社，2000，第3页。

② 薛晓源、刘国良：《全球风险世界：现在与未来——德国著名社会学家、风险社会理论创始人乌尔里希·贝克教授访谈录》，《马克思主义与现实》2005年第1期，第49页。

③ 何显明：《信用政府的逻辑——转型期地方政府信用缺失现象的制度分析》，学林出版社，2007，第144页。

府，在市场信号不能有效引导经济主体按照要求行动的情况下，以创建一种合适的非市场制度支持经济的发展。上述发展中国家中的政府作用是以这些政府有能力采取正确的经济行动而避免错误做法的假设为前提的"①。这表明政府并非全知全能，很多因素约束限制了政府机构控制公共安全风险的能力。

### 2. 单一主体和垂直命令控制型管理方式的局限性

风险社会的来临和"转型期不断增生的问题存在着高度的复杂性、异常性和相互依赖性，这使得政策的执行存在着相当程度的技术性困难"②，公共安全治理良好的目标与当前中国市场经济结构、地方经济发展战略、新兴技术更新等一系列问题息息相关，很多问题都是当下暂时无法完全解决的。所以，有时候在出现问题之后进行集中整治是被逼无奈的选择。运动式治理在短期内可能颇见成效，但从长期来看，运动式治理结构单一，具有临时性和粗放型特征，缺乏其他方面组织和资源的支持和配合，陷入公共安全事故频发之后的突击检查、专项整治、机构改革的循环，却没有系统性地研究、正视和突破政府单一主体和治理工具选择的局限性。

垂直命令控制型管理方式长期无法改变的原因主要在于两点。

第一，"公共问题的复杂性和多样性并不意味着必须采取运动式治理才能解决问题，问题还在于科层制的政府结构本身所具有的特点"③。作为公共安全治理的权力中心——传统政府垂直的组织结构某种程度上具有封闭、呆板、僵硬的特征，将其与外部社会的关系看作一种威胁，往往运用破坏性的控制方式进行消极处理，采取拒绝提供信息、限制接触或联系等措施，这种单方面的命令和强制无法应对更为复杂和激变的社会环境。相应地，政府管理者明显在认识上有所欠缺，风险意识和应对手段明显跟不

---

① 〔美〕哈米德·豪斯塞尼：《不确定性与认知欠缺导致欠发达国家的政府失灵》，万田译，《经济社会体制比较》2004 年第 2 期，第 36 页。

② 唐贤兴：《政策工具的选择与政府的社会动员能力——对"运动式治理"的一个解释》，《学习与探索》2009 年第 3 期，第 61 页。

③ 唐贤兴：《政策工具的选择与政府的社会动员能力——对"运动式治理"的一个解释》，《学习与探索》2009 年第 3 期，第 61 页。

上公共安全的变化发展形势，公共安全管理方式陷入自上而下的路径依赖和自下而上公众参与缺乏这两大困境。

第二，传统理论认为，公共安全危机治理通过及时预警、发现、隔离或消除各类安全隐患，采取预防措施来阻止危机发生，或者将危机的不利影响最小化，并尽快维护或恢复社会秩序，给全体公众或公众中的特定群体带来整体利益，属于公共产品（服务）范畴，这也形成了长期以来由政府独自承担的传统，特别是在中国计划经济体制时期，从信息发布、社会动员、组织应对到各种资源的调配和提供，与公共安全问题相关的工作几乎由政府包揽，社会公众主要是听从指挥和接受安排。但是，随着政府的有限理性假设逐渐替代了政府完全理性假设，全知全能的政府并不存在，政府部门的专业化分工不可能覆盖所有公共事务领域，被动性和成本过高使传统政策工具逐渐失去原有的效能，于是运动式治理成为一种应急的选择。在这个过程中，对于命令和强制的依赖使我们忽视了社会其他主体的共同参与作用。

## 四 协作共治公共安全治理模式的兴起

2000 年之后，公共安全更多地进入公众视野并引发社会公众对政府治理不满的直接原因在于：相对频繁地出现了一系列公共安全问题，如从非典暴发开始的一系列公共卫生事件、安全生产事故、食品安全事件、校园安全事件等。深层次的原因在于：风险社会和转型社会来临引发的公共安全需求不断增多，政府应对公共安全事件的能力具有局限性。但实际上，这些需求和预期基本都建立在对政府治理行为了解不多且理解有限的基础之上。而在这些对政府绩效的预期中公共安全是最为基本的方面，因为公共安全是公众生活在社会中的基本保障，同时，这种对公共安全的需求在不同阶层程度不同，生活在相对更为安全的高档社区中的阶层可能会对公共安全有着更高的要求，也就是说，所有阶层都会基于自己所处的环境对政府有公共安全的需求和预期，只是程度有所不同。在这种情况下，满足社会公众对公共安全的不同需求对于有限政府而言如何实现呢？

## （一）更广泛的公众参与模式弥补信任的不足

对公众满意度的阐释为理解当前政府公共安全治理危机提供了一种解释的角度和框架，同时也有助于寻求解决办法。由社会转型产生的对政府的许多不满不会自行消解，解决公众对政府公共安全治理的信任度和满意度降低问题的一种方法是让公众真正参与政府治理。深刻理解和参与治理的过程，有助于排除一部分不切实际和不真实的假想和假设，即只有更广泛的公众参与决策才能弥补公众信任的不足。政府治理的创新、回应和参与将是解决当前公共安全问题和消解社会公众不满的有效方法，同时，社会组织的兴起与公众参与意识的增强将协作共治提升到一个有益且可行的高度。

首先，当社会公众参与政府决策，理想化的公民及其代表要为社会公众做出决策时，社会公众对政府部门的信任度就会上升。相反，若社会公众觉得自己与政府之间是分离的，并且有着难以企及的距离和无法逾越的鸿沟，在与自身利益相关的问题或事情上没有任何参与感，只是间接地在电视上看到（普遍态度—间接感知）或者直到发生在自己身上时才意识到公共政策的存在（个人经验—直接感知），这会加剧社会公众对政策和政府的疏离感和排斥感。

其次，当前经济社会的发展、公众教育水平的提升以及公众政治技能的发展使公众参与治理的意愿和能力不断增强，特别是社会活动精英、公益组织骨干等相比普通社会公众更有可能归属于某些集团，积极参与集团日常活动、参加相关公益集会和活动、为自己偏好的公益组织捐款、为集团利益积极向政府提出意见和建议，这种以公共精神为支撑的群体及其行为是政府治理参与的指示器。在我们所做的问卷调查中，社会公众比较认可公民个人或组织参与警务活动，认为"可以弥补警力不足"（48.9%）、"是公安机关与社会公众互动的表现"（47.65%）、"公民参与警务活动是参与公共权力行使"（45.14%），还有36.68%的人认为这会是一个趋势。

最后，社会实践中社会公众自觉参与治理的行为不断增加，交通红绿灯的设置、道路拥堵的疏通方法、道路阻碍的清除等都有公民积极提供建议，这也得益于沟通渠道的通畅和多元。这些积极的参与形式可以创造出更多解决问题的非政府资源，但如果公众的作用仅仅在于提高对政府的要求，那么就会起到相反的效果。在我们所做的问卷调查中，62.07%的人志愿参与一些警务活动，这也表明当前社会公众的参与意愿比较强烈，问题的关键在于政府治理模式变革愿不愿意为社会公众提供更多的学习机会。

### （二）公共安全治理模式创新提升政府治理能力

公共安全问题的发生反映出政府干预模式的"力不从心"，在风险社会和转型社会的双重冲击下，政府垄断提供公共安全产品和服务已经远远不能满足当前公共安全需求的多样性、有效性和持续性。不得不承认，在具有高度复杂性和异常性的公共安全问题面前，"风险治理的主体不能再像过去那样仅由个别的民族政府来承担。在新的风险社会中，应该建立起双向沟通的'双向合作风险治理'模式，在政府、企业、社区、非营利组织之间构筑起共同治理风险的网络联系和信任关系"[①]。

公共安全治理模式的变革和创新也符合现代政府治理模式改革的大背景。政府在现代化改革的背景下已经从传统管理型向现代治理型转变，无论采用何种具体模式，都脱离不了其核心的诸多共性理念：以服务社会和公众需求为导向，政府与社会公众共同参与治理。从根本上说，就是政府对市场、对社会的干预要从封闭走向开放，"公民与公共官员正在以一种互利合作的方式齐心协力地界定和处理一些共同的问题"[②]，其"要求政府必须具备或拥有一种政策引导和社会协同的能力，全面激发各类社会主体的积极性和创造力，让市场、社会、民众等多元力量都参与国家治理实践"[③]，融合多元社会主体和资源，形成协作共治的公共安全治理新格局必

---

① 薛晓源、刘国良：《全球风险世界：现在与未来——德国著名社会学家、风险社会理论创始人乌尔里希·贝克教授访谈录》，《马克思主义与现实》2005年第1期，第51页。

② 〔美〕珍妮特·V.登哈特、罗伯特·B.登哈特：《新公共服务：服务，而不是掌舵》，丁煌译，中国人民大学出版社，2010，第1页。

③ 陶希东：《政府治理能力现代化的衡量标准》，《学习时报》2014年12月8日，第6版。

然是未来的发展趋势。党的十八届五中全会提出的"加强和创新社会治理，推进社会治理精细化，构建全民共建共享的社会治理格局"为政府、市场和社会协作共治模式的构建提供了强有力的支撑。

首先，新型公共治理与传统政府管理之间一个最重要的差别在于前者格外关注处于公共组织直接控制之外却又对组织产生影响的环境和事务，包括觉察自身所处环境的威胁和机遇，以及协调与公共组织外部个人和机构的关系。相对于其他公共事务，公共安全风险的危害更大也更为复杂，政府对公共安全问题的治理效果受外部影响的程度或者说与外部之间的联系要大于一般行政问题，不能仅将满足公共安全需要的政策制定和项目执行留给政府独自去做，要使社会各方联合起来，在增加社会资源和力量参与的同时，减轻因政府权力下放和分享而产生的负外部性。这就意味着政府必须摆脱传统观念的束缚，不能将社会公众视为管理的对象或造成公共安全问题的隐患和威胁，应寻求与社会公众建立可以依靠和协作的伙伴关系来面对公共安全良好秩序的营造和维护。

其次，治理变革的基本性质不再是政府与市场的二选一，而是更为复杂的结构性网络，体现为政府、市场、社会三者关系的改变——主体地位从自上而下的控制转向平等以及权力和责任的分享与分担。政府只是治理的众多参与者之一，治理是三者的互动管理过程，回应、分权、合作、协调、激励、信任等成为公共管理者关注的新焦点。相对于传统政府管理纵向的控制和层级制，治理更为强调横向的合作和授权，并且理论上常常适用权力分散、主体多元、过程互动、社会资本和社会（结构）网络等概念；公共服务不再通过公共部门—私人二分法来确定提供者、接受者，而是被看作一个动态的连续的互动过程，明确参与是主体间关系和行为的前提，必须渗透于政策制定和执行的始终。

（三）协作共治公共安全治理模式的构成

中国当下的复杂社会形势对政府改革传统公共安全管理方式，引导和吸纳非政府主体参与公共安全治理，建立和维持多元力量之间的稳定关系，协调和整合彼此间的集体行动提出了更高的要求。故而，要承认政府能力的有限性，这与有限政府的理念相符合，强调权力、职能和规模的界限适度，政府应将有限的全部能力用于完成必须由其承担的管理职责。政府、市场和社会之间的良性互动是促进公共安全有效治理的核心内容。协作共治模式是对传统政府单中心治理模式的改革创新，它将单纯依赖政府的单一主体模式转变为以相互依存关系为基础的多主体合作模式，是在当前风险社会和社会力量蓬勃发展这两大社会背景和形势下的顺势而为，这不仅是解决政府自身治理能力局限性问题的内在要求，还是整个社会和市场力量逐渐增强的外在要求。

协作共治模式从总体上建立公共安全治理的主体（行为者）、关系、结构及方式的分析框架，使有助于政府、社会和市场合作进行公共安全治理的责任和行为得以明晰。协作共治视角下公共安全治理模式具体由以下几个维度构成。

第一，参与者及其关系问题。参与主体的多元性和多样性使公民参与到制度化的发展计划和政府管理中；参与者之间相互依赖和信任的关系——成功的正式治理制度的内容——是建立在合作规范和共享制度基础之上的。

第二，治理结构及其运行问题。在网络化的治理结构——所有平等主体间相互联系以共同解决公共安全问题的整合行动与过程中，在运用柔性协商而非单纯依靠强制性手段达成治理网络一致的运行方式——多种管理手段相互补充方面，"协作"恰恰是一种手段或者途径，同"强制"一样。

第三，治理的协作方式问题。在突破单一主体提供公共安全产品和服务的模式之后，依据经济激励程度，公共安全治理多元主体协作方式可以划分为三大类：市场供给式协作、激励式协作和志愿式协作。

# 第二章

# 公共安全治理的主体构成及相互关系

协作不是基于一个中心权威之上的，而是每个参与者树立并维持了他的或她的权威，同时又与其他人一起管理。但是，政府及其官员处于协作性事务的中心。

——罗伯特·阿格拉诺夫、迈克尔·麦圭尔①

治理所求的终归是创造条件以保证社会秩序和集体行动。

——格里·斯托克②

按照萨缪尔森的传统理论，公共安全是具有非竞争性和非排他性的公共产品，因为无法排除"搭便车者"，所以应当由政府统一向社会提供。但是，随着政府失灵、福利国家式微，"风险社会"所产生的后果已经远远超出了国家的掌控，政府垄断提供的公共安全产品和服务已经远远不能满足社会多样化的需求，公共安全职责最终也不再是铁板一块，完全由政府提供公共产品而力不从心的问题使公共管理学中关于公共产品属性与分类、生产者和提供者区分的理论为扩大公共产品生产主体的范围提供了新

---

① 〔美〕罗伯特·阿格拉诺夫、迈克尔·麦圭尔：《协作性公共管理：地方政府新战略》，李玲玲、鄞益奋译，北京大学出版社，2007，第 32、40 页。

② 〔英〕格里·斯托克：《作为理论的治理：五个论点》，华夏风译，《国际社会科学杂志》（中文版）1999 年第 1 期，第 19 页。

的思路。特别是当越来越多的信息和资源分散在社会组织和公众手中时，"如何识别并优化使用来自其他政府部门、私人部门、第三部门和一些志愿性群体所拥有的资源，如何发挥共识、信任以及社会资本等无形资源的作用，从而促成不同主体间的合作与集体行动，就成了政府在治理时代必须具备的能力"①。

协作共治的"协作"意味着与其他人共同工作，协作性管理有时需要一个或者更多的组织参与到有目的的官方伙伴关系或者契约安排中。② 那么，在公共安全治理中，我们首先需要明确的就是参与治理的主体构成及其相互关系问题。

## 一 多元主体共同参与的理论支持和实践优势

为什么需要公民参与？公共管理者允许和鼓励社会公众参与治理在理论上和实践上都有合理性。

### （一）理论支持

公民对政府活动的参与并不是一个新的概念，即使对公民参与持最严厉态度的批评者也认为在公共管理中应当接纳公民参与，因为任何一个有效运转的组织都需要良好的自上而下以及自下而上的沟通。③ 20 世纪 80 年代开始的政府变革大潮促使公民参与被重新重视和演绎，很多治理概念直接将公民参与作为其核心内容。美国著名行政学家、新公共行政学派代表人物乔治·弗雷德里克森就认为在公共行政领域治理的第一个最明确的含义是：它包括了参与公共活动的各种类型的组织和机构，包括政府、非政府组织、非营利性组织和混合实体，存在着组织和领导的网络，共同参与

---

① 周天楠：《推进政府治理能力现代化的关键》，《学习时报》2013 年 12 月 30 日，第 6 版。
② 〔美〕罗伯特·阿格拉诺夫、迈克尔·麦圭尔：《协作性公共管理：地方政府新战略》，李玲玲、鄞益奋译，北京大学出版社，2007，第 4 页。
③ 〔美〕约翰·克莱顿·托马斯：《公共决策中的公民参与》，孙柏瑛等译，中国人民大学出版社，2010，第 20 页。

治理。① 美国著名政治学家、行政学家 B. 盖伊·彼得斯教授所总结的参与式国家理论认为，参与是 20 世纪 90 年代的主要政治议题之一，要使政府功能得到更好的实现，最好的方法是鼓励一向被排除在决策范围之外的政府组织成员、从某一政策中直接获益的个人以及广大的公众群体积极参与其中；② 治理包含着参与社区公共政策制定和执行的公民、选任代议者和公共服务职业者的全部活动。③ 当前，普通公民又一次参与到治理过程之中，公民和公共官员正在以一种互利合作的方式齐心协力地界定和处理一些共同的问题。④ 当代政府的管理活动不仅存在于层级之间，而且存在于各类组织（包括政府与非政府组织）之间，通过伙伴关系、网络、契约关系、结盟、委员会、联盟、公会和理事会，公共机构和私人机构的管理者代表其组织共同制定战略、提供物品和服务。⑤ 善治是一个过程，政府和民众通过这个过程一起确认共同的价值观、需要和挑战，并确定发展项目重点以及共同管理发展项目的执行过程，通过一套透明和诚信的机制共同承担对发展结果的责任。⑥

可以说，公民参与是 20 世纪末 21 世纪初政府改革的核心问题。而中国当前社会环境的改变使政府公共安全服务存在急需进一步改善的问题，在新的社会条件下，必须激发公民自豪感、责任感和参与意愿，将政府、市场和社会联结起来，通过集体努力和合作去推动政策的有效实施。而公民参与正是一个政策导向或者说是价值观的反映，其决定了我们的行

---

① 〔美〕乔治·弗雷德里克森：《公共行政的精神》，张成福、刘霞、张璋等译，中国人民大学出版社，2003，第 56 页。

② 〔美〕B. 盖伊·彼得斯：《政府未来的治理模式》，吴爱明、夏宏图译，中国人民大学出版社，2001，第 59～61 页。

③ 〔美〕理查德·C. 博克斯：《公民治理：引领 21 世纪的美国社区》，孙柏瑛等译，中国人民大学出版社，2005，第 1 页。

④ 〔美〕珍妮特·V. 登哈特、罗伯特·B. 登哈特：《新公共服务：服务，而不是掌舵》，丁煌译，中国人民大学出版社，2010，第 1、83 页。

⑤ 〔印〕哈斯·曼德、穆罕默德·阿斯夫编著《善治：以民众为中心的治理》，国际行动援助中国办公室编译，知识产权出版社，2007，第 75 页。

⑥ 〔美〕罗伯特·阿格拉诺夫、迈克尔·麦圭尔：《协作性公共管理：地方政府新战略》，李玲玲、鄞益奋译，北京大学出版社，2007，第 2 页。

动选择。

## （二）实践优势

基于很多原因我们会对高水平的公众参与抱有期望，如通过参与和协作的分权方式能够迅速做出反应、更富有效率、更具创新精神、有更强的责任感等。[①] 其实，除了新公共管理理论更为关注的效率问题，我们还应该更全面地看待公众参与治理的实践优势。

### 1. 增强公共决策的正当性

协作共治的过程包含公众参与决策的过程，如治理就是"在众多不同利益共同发挥作用的领域建立一致或取得认同，以便实施某项计划"[②]，而这种一致和认同就是共同决策的过程。有关治理的政策产生于行动各方（政府、社会和市场）之间的谈判与妥协。[③] 网络是自组织治理的一种形式，因为自组织治理成员均有自主权，梅恩兹认为网络治理的典型逻辑是通过谈判生产共同产品，包括公共政策。[④] 国内行政法学家罗豪才和宋功德也认为，公共治理推动了公法制度变革路径选择的民主化，公共治理的民主性首先体现为公众能够参与开放的公共政策和公法规则的制定，然后才表现为公众能够参与开放的公法规则的实施和公共政策的执行;[⑤] 国家行政学院胡颖廉教授认为，社会治理与社会管理仅一字之差，但前者含义更深刻、内容更丰富、要求更明确。实现社会共治，要建立健全公民参与社会治理的制度化途径，搭建多层次、多元化的参与机制。[⑥]

---

① 〔美〕戴维·奥斯本、特德·盖布勒:《改革政府:企业家精神如何改革着公共部门》，周敦仁等译，上海译文出版社，2006，第 187~188 页。

② 〔瑞士〕辛西娅·休伊特·德·阿尔坎塔拉:《"治理"概念的运用与滥用》，黄语生译，《国际社会科学杂志》（中文版）1999 年第 1 期，第 105 页。

③ 〔印〕哈斯·曼德、穆罕默德·阿斯夫编著《善治:以民众为中心的治理》，国际行动援助中国办公室编译，知识产权出版社，2007，第 2、13 页。

④ 转引自〔英〕鲍勃·杰索普《治理的兴起及其失败的风险:以经济发展为例的论述》，漆芜译，《国际社会科学杂志》（中文版）1999 年第 1 期，第 35 页。

⑤ 罗豪才、宋功德:《公域之治的转型——对公共治理与公法互动关系的一种透视》，载罗豪才等《软法与公共治理》，北京大学出版社，2006，第 44 页。

⑥ 胡颖廉:《社会治理创新:更关注"社会"》，《学习时报》2014 年 10 月 13 日。

多重利害关系人参与决策之所以有价值，不仅因为其会带来替代性的公共政策、构建争端解决机制的技术，而且因为与传统的规则制定程序相比，其更可能以同时促进提升质量与正当性水平的方式重新界定管制问题、设计革新性的解决方案并且反思制度关系的场所。① 首先，正确理解公共服务对象的需求。政府治理的核心是为社会公众提供公共服务，公共政策以社会公共利益为基础，而公民个人及其所在的团体都有着自己的利益和价值偏好，只有让公众参与政府治理的过程，这种服务才能真正满足社会公众的需要，毕竟这种感受只有公众自身最为清楚。其次，尊重公众持有不同意见和表达不同意见的权利。积极的参与能力建设使公众能够与政府机关和官僚进行谈判和对话，保证个人利益和团体利益不断地得到政府的倾听、关注和满足，即提升民众对资源和服务的获得能力和影响程度，正如博克斯所说的："公共政策的理性价值并不意味着要求官员以简洁的、充满秩序的、无情感色彩的或预先规定的方式来思考和行动。理性观念是要人们认识到，公共政策是一项重要的事业，它需要时间、审慎的思考，需要公民有表达自己意见及使自己的意见被听取的机会，以及尊重他人观点的态度。"② 最后，"加强对话也可以用来影响公共政策并制约政府权力，以此促进社会公平"③。公共安全涉及社会整体利益，在这个良好目的之下，公权力的滥用更易于被掩盖，公众的参与和了解能够起到监督作用，这些使政策制定更加能够得到社会公众的信任、认可和接受，以增强政府决策的正当性和合法性。在这里，关键问题不在于更好的效率，公众参与共同决策模式使决策很不容易也不会很快做出，"但参与的这种民主优势以及解决政策问题所产生的创新理念，使得额外花费时间和资源具

---

① 〔美〕朱迪·弗里曼：《合作治理与新行政法》，毕洪海、陈标冲译，商务印书馆，2010，第 15 页。

② 〔美〕理查德·C. 博克斯：《公民治理：引领 21 世纪的美国社区》（中文修订版），孙柏瑛等译，中国人民大学出版社，2013，第 14 页。

③ 〔印〕哈斯·曼德、穆罕默德·阿斯夫编著《善治：以民众为中心的治理》，国际行动援助中国办公室编译，知识产权出版社，2007，第 78 页。

有了正当性"①。

### 2. 增强公共决策的科学性

"在某种程度上，我们可以认为协作的决策制定比个人决定更为理性。多个参与者意味着多种建议和考虑的多种选择，更多的信息使用，以及较少受制于个人思维脆弱的决策系统。协作产生的决策不仅是更为理性的产物，也是多个合伙人追求共同的解决方案的协作结果。协作意味着参与者的承诺和互相作用刺激了新的选择，这些选择在没有多方的情况下是不会考虑到的。"② 在传统权力关系理论中，通常认为政府占有和掌控绝大部分信息资源，但是，应注意两点。首先，这种信息优势带有特定性，政府拥有与行政管理相关的信息优势，但这并不代表其在所有问题上都能够拥有信息优势。其次，在当前瞬息万变的社会，信息的分散性使得大量基层的社会组织、民间团体、社区、企业、公民个体在信息和知识的占有地位有所提高，相对削弱了传统模式下政府信息占有的明显优势。在涉及社会公共安全时，信息的掌握程度将成为维护公共安全的影响因素之一，距离公共安全威胁最近的基层社会对风险的反应比公权力机关更为敏感迅速，具有应对各种风险威胁的持久性。比如，很多有关食品安全的信息是先由公众在网上发布才引起重视的，信息传播的便捷性使社会成为一个跨部门、跨行业、跨阶层甚至跨越一切的整体，联系网络和信息通道的广泛性有助于将食品安全相关信息迅速传播到各个角落，这恰好反衬了政府部门信息掌握的延迟和滞后。因此，不要盲目崇拜政府和专家，而应当不断提高公共安全标准，完善决策和执行参与机制，在实践中持续反馈和修正公共安全治理机制和行动。现代社会的科技发展使人们产生了对整个"社会体系"和"专家体系"的信任，因为体系的专业性成为人们获得安全感的基础。但是，风险社会的来临预示着不确定性、超常规性和突发性的增强，仅仅依靠政府和专家的力量存在很大的局限性和一定的疏漏。行业组织、

---

① 〔美〕B. 盖伊·彼得斯：《政府未来的治理模式》，吴爱明、夏宏图译，中国人民大学出版社，2001，第 69 页。

② 〔美〕罗伯特·阿格拉诺夫、迈克尔·麦圭尔：《协作性公共管理：地方政府新战略》，李玲玲、鄞益奋译，北京大学出版社，2007，第 175 页。

民间团体、领域专家甚至公民个人都能够为政府决策提供更为全面和专业的意见，这可以成为完善政府公共安全治理决策的理性选择，如果政府自认为具有对优势信息的独占性而缺乏沟通，可能会减少其在其他渠道对其信息的补充或对错误信息的矫正机会，因为"官僚体制内的专家无法获得制定政策所需要的全部信息，甚至得不到正确的信息。因此，如果排除公众对重要决策的参与，将会造成政策上的失误"①，导致最终决策的价值取向可能严重背离政府自身公共性治理目标。

### 3. 提高公共决策的执行力

"公共部门所提供公共服务的质量在某种程度上取决于工作过程中的合作程度，而不是取决于政府员工个人提供的服务。……一个真正具有效率、效能的服务计划需要服务对象的主动参与，而不是服务对象的被动接受。"② 首先，公众通过参与表达出自身的偏好和诉求，即使最终的结果未能完全符合某些成员的利益，其也能够因诉求曾被考虑而愿意服从和执行该项政策。其次，公众通过参与与自身利益或公共利益相关的政府决策，清楚地了解这项政策与自己的参与行为密切相关，能够更加关注、理解和支持政策的执行。再次，通过在决策过程中公众与政府之间的信息交流、协商对话和情感沟通，促使公众与政府之间利益、立场和观点的互动和协调，促使公众站在政府的立场上思考问题，以帮助政府推动公共政策的实施。最后，公共安全某些治理领域的市场化和社会化可以从正面激发社会公众参与的主动性，提高公共安全治理效率，甚至能够完善和强化政府公权力原本无法到达或相对薄弱领域的公共安全治理。"如果政府制度不能让社区居民接近公共政策过程，或者只将居民视为事件而不是人的话，那么，居民恐怕没有什么特别的理由一定要支持政府的制度。行政官员们应该明确，地方政府存在的目的永远是服务于社区居民，而不是以职业主义

---

① 〔美〕B. 盖伊·彼得斯：《政府未来的治理模式》，吴爱明、夏宏图译，中国人民大学出版社，2001，第68页。

② 〔美〕B. 盖伊·彼得斯：《政府未来的治理模式》，吴爱明、夏宏图译，中国人民大学出版社，2001，第64页。

的思维方式考虑如何操纵公共生活。"① 需要注意的是，如果公众经过种种努力最终发现自己的参与仅限于被告知，自己所提供和反馈的信息和意见也石沉大海，那么，政府之前所采取的各种参与措施以及最后出台的政策都只会产生相反的效应。

## 二　共同参与的基本原则

根据以上治理理念和实践优势，如今政府的管理模式要从单纯控制转向以更加复杂的控制与协作共同实现治理目标，变革意味着重新定义各种主体角色，这一时期的中心应该是社会与民众，而不是政府。那么，在这个过程中，我们应遵循何种原则来引导、确认和创新相互关系和角色结构的变化？下面三项原则可以看作本书关于协作共治理念构建的既定标准，也许并不全面和完善，仅代表笔者的一种判断和偏好取向。

### （一）　贴近基层

"政府的层次越低，公众参与范围和政府责任也就越大。"② 社会治理重心下移是推动协作共治理念实现的关键，重心下移的目的是更贴近共同参与的主体——社会和公众。"将公共政策制定与执行过程尽可能放在贴近那些被政策影响的民众的位置上，应是更好的选择。这样既可以保证公民直接参与，创造富有意义的自主治理，同时，也可以保证政府的公共项目更富有弹性，能够回应变化，即时、理性地达成项目创立的目的。"③ 贴近基层原则的核心内容有两点：一是准确理解社会公众的需求，二是吸引和培育社会公众共同参与治理。具体来说，如果在较低的层次所做出的决

---

① 〔美〕理查德·C. 博克斯：《公民治理：引领 21 世纪的美国社区》（中文修订版），孙柏瑛等译，中国人民大学出版社，2013，第 11 页。

② 〔美〕查尔斯·沃尔夫：《市场，还是政府——不完善的可选事物间的抉择》，陆俊、谢旭译，重庆出版社，2007，第 119 页。

③ 〔美〕理查德·C. 博克斯：《公民治理：引领 21 世纪的美国社区》（中文修订版），孙柏瑛等译，中国人民大学出版社，2013，第 14 页。

策能够符合既定目标和解决问题，那么就应该选择这一层次的决策，只有当较低层次的政策决定不能实现人们期望的结果时，才应寻求更高层次的决策方案，即当我们确定哪一层次的组织是解决一项公共问题的最佳组织时，遵循的原则是"自下而上"而不是"自上而下"。

## （二）责任意识

"政府行政实践的核心问题是责任问题。"[1] 责任对于无论是公共行政还是私人行政而言都是最重要的问题。责任是一个控制问题，明确责任是协作性管理的难题，要警惕在协作共治模式下责任分配不当的问题——没有单一权威，每个参与主体都或多或少负有责任，而实际上没有人完全负责。[2] 多元主体协作共治是建立在政府、私人部门、社会组织甚至公民个体平等合作、共享权力、共担责任基础上的，其中，责任的承担或者说责任意识是集体行动成功的关键。

目前，中国社会存在的一个倾向是将公共安全维护的责任归于政府，社会公众的相关责任意识尚未完全建立。而时代变迁和改革开放让中国的行政管理体制有了很大不同，开放的管理模式给了社会公众参与治理的渠道和方式，社会公众必须认识到，公共安全治理不仅是政府的责任，也是整个社会共同的责任，社会公众要通过参与治理实现权利和价值，同时起到监督权力拥有者——政府的作用，真正提高公共安全治理的质量和效率。与此同时，我们也要防止政府因为权力共享和共同行动而推卸其自身应当承担的责任，不能因为政府将部分执行功能委托给非政府组织和公民而忽视其对此仍然负有责任，这也对政府挑选和监督合作者提出了更高的要求。

## （三）理性参与

共同参与的质量相当一部分取决于参与者的理性参与。"理性是一种

---

① 〔美〕乔治·弗雷德里克森：《公共行政的精神》，张成福、刘霞、张璋等译，中国人民大学出版社，2003，第116页。

② 〔美〕罗伯特·阿格拉诺夫、迈克尔·麦圭尔：《协作性公共管理：地方政府新战略》，李玲玲、鄞益奋译，北京大学出版社，2007，第171～172页。

经由冷静思考和权益权衡，兼顾个人追求和外部约束的价值观念。"① 理性参与原则包含两方面内容：一是参与者持审慎和冷静的态度，尽量以客观中立的立场进行科学和非情绪化的思考，同时尊重他人的观点；二是参与者以符合道德和法律的方式来清晰地表达他们所做出的选择及其凭借的价值、假定和理由。

当然，对于公众参与公共安全治理同样需要辩证看待。

首先，我们必须相信，公众有意愿和能力参与治理过程。民主政体中公民的行动在法律中的体现可能不是他们作为个人消费者所拥有的偏好，而可能是各种集体判断，包括欲望或者人们的深刻反思，也就是说，当人们作为政治参与者为群体利益而非个人利益做出决定时，在其能力范围内会更加试图满足大公无私的欲望。② 中国的经济发展到一定阶段，当温饱已经不是一件紧迫的事情时，民众会花更多的精力去关注更为洁净的空气和水、更为健康安全的食品、学校对学生能力的全面培养、交通畅通以及生活环境的美化等更高层次的舒适和安全，而这些必然会激发公众的参与热情。近几年，中国的非政府组织已呈现出积极繁荣的景象，并开始在食品安全、灾害救助等专门领域积极参与，承担起公共事务管理的责任。

其次，尽管有例证说明，民间组织在一些政策领域的参与行动获得了重要的成就，但也有统计资料表明，那些自发的、无意识的、不加限制的、没有充分考虑相关规则的公众参与运动，可能给政治和行政体系带来功能性失调的危险。③ 比如，公众参与同样也会影响到政府组织的效率，造成行政管理活动的拖延，使公共政策更倾向于短期目标，对社会控制产生一定的威胁，等等。以食品安全为例，在食品安全事故中，社会公众倾

---

① 张天民、艾晋、韩沛锟：《风险社会治理下网络理性参与机制构建》，《现代管理科学》2017年第2期，第64页。

② 〔美〕凯斯·R. 孙斯坦：《自由市场与社会正义》，金朝武、胡爱平、乔聪启译，中国政法大学出版社，2002，第15～17页。

③ 〔美〕约翰·克莱顿·托马斯：《公共决策中的公民参与》，孙柏瑛等译，中国人民大学出版社，2010，第10页。

向于将焦点放在负面消息和指责上，试图通过舆论的压力迫使政府做出即时的反应，实际上这些盲目、任性和非理性的做法只能强化政府对运动式治理的偏好，于长远的理性、规范、长效的参与机制而言并没有很大的益处。因此，"政府必须要有一套合法的规范去防范此种情形的发生，同时也要对政策过程中的其他参与者做什么、何时做以及如何做等问题从法律上加以限制"①。

## 三　共同参与的主体构成

现代公共治理本身"就是由开放的公共管理元素与广泛的公众参与元素整合而成"，就治理主体而言，"所有公共关系主体都是治理主体，其不仅包括各类公共权力主体，还包括诸如私人组织以及公民个人等权利主体，各种治理主体在公域之治中扮演不同角色，平等参与公共治理过程，各展其所长、各得其所，形成多元治理格局"②。总体来说，共同参与主体可以分为两类：政府主体和非政府主体。

### （一）政府主体

对于政府机构来说，外部行动者的重要性不断增强意味着政府与社会横向合作关系的形成日益迫切，单中心治理必须让位于多元治理互补机制，政府只是作为众多影响治理系统的行动者之一，"所有的有关方面都与国家机构联合起来，在共同分担责任的基础上形成新的行为联合体，集中使用它们共同的资源、专门知识、技能和计划而共同受益。这就无异于从由政府'自上而下的'统治过程向相互影响的过程转变。低姿态国家是

---

① 〔美〕B. 盖伊·彼得斯：《政府未来的治理模式》，吴爱明、夏宏图译，中国人民大学出版社，2001，第69页。
② 罗豪才、宋功德：《公域之治的转型——对公共治理与公法互动关系的一种透视》，载罗豪才等《软法与公共治理》，北京大学出版社，2006，第21~22页。

政治体制唯一可能的未来"①。

公共安全治理模式受制于国家治理模式的变迁，伴随经济体制改革，中国政府的治理模式也在不断变化，从"全能政府"转变为"有限政府"、从"管制型政府"转变为"服务型政府"。多元主体参与公共安全治理的新格局就要求政府的思考方式不能再局限于传统自上而下的单向度，而应当呈现出结构性关系特点及网络化发散态势，由过去政府主导的单向管理转变为政府、私人企业、非政府组织（包括行业协会、社会公益组织、民间团体等）和公民个人多元主体共同参与的协同治理，以多元治理模式弥补政府单中心治理模式之不足。

破除政府单一主体的治理模式，将市场和社会甚至公民个人都纳入治理过程中，就必须要考虑政府的地位和职能的转变问题，重新确认政府与其他治理主体之间的关系，并且在新的治理框架下提升政府自身的治理能力。对于政府在多元主体协作共治模式中的地位和作用，下文网络化治理结构中将进行详细论述，此处不再赘述。

## （二）非政府主体

相对于政府主体来说，非政府主体应当是协作共治更为关注的重点。经过 40 多年市场经济的发展以及政府"简政放权"的推行，中国的民间组织有了蓬勃发展的空间与实践，可以在很大程度上填补由于政府公权力退出市场和社会的部分领域而产生的空白，也为多元主体共同参与公共安全治理提供了基础和契机，只有非政府主体不断发展壮大才能使政府、市场和社会平等协作共治成为可能，否则单方面的依附和从属仍然不可避免。就公共安全治理的参与者来说，非政府组织、社区组织和公民个体是我们探讨的重点。

### 1. 非政府组织

非政府组织通常指政府之外的其他社会组织，具有公共性、公益性、

---

① 〔瑞士〕弗朗索瓦 - 格扎维尔·梅里安：《治理问题与现代福利国家》，肖孝毛译，《国际社会科学杂志》（中文版）1999 年第 1 期，第 60 页。

志愿性、自治性等特性，不包括企业等具有营利性的社会组织。在当前的国际发展中，捐助者和政府机构都对非政府组织的角色表现出了空前的兴趣，把非政府组织与非营利性组织看作在公共管理领域作用日益重要的新兴组织形式。迄今为止，非政府组织在很多领域的作用都是富于创新和卓有成效的，展现出弥补政府"缺位"、动员全民参与等方面的能力。很多国家的人们不断主张，非政府组织不仅要补充政府服务，还要提供国家不再提供的基本服务。[①]

政府与社会的协作当以政府与非政府组织的合作最为稳定和有效。非政府组织强调群体忠诚而不是个体独立，相对于一个更为分散化的原子社会，组织良好、能力较强、理性参与的社会组织能更好地配合政府并提高政府的治理能力，有着社会一般公众无法比拟的优势。社会个体以组织的形式参与公共安全治理能够增进彼此之间的了解、尊重与沟通，"培养了参与人合作的技巧和在集体活动中分担责任的意识"[②]，并且有利于主体间利益的博弈与整合，形成更为完整和有效的公共安全治理参与力量，特别是非营利性社会公益组织在捐赠人的资助和志愿者的无偿劳动以及政府的支持下得以存在，具有参与公共服务的功能和能力，是公共安全治理可以依赖的对象。中国的非政府组织起步和发展较晚，"大约从 20世纪 90 年代开始，大量的民间组织和民办非企业单位产生"，2008 年"汶川地震后，政府对社会组织的作用有了新的认识，社会组织在社会救助方面开始与政府有了实质性的合作"。[③] 我们必须认识和承认非政府组织在社会治理特别是公共安全治理体系中的地位和作用，并对它们不依靠政府手中的正式资源而为解决事关社会公共利益的问题所做出的贡献进行认可和鼓励。

---

① 〔美〕马莎·A. 陈：《非政府组织的研究能力建设》，载〔美〕梅里利·S. 格林德尔编《打造一个好政府——发展中国家公共部门的能力建设》，孟华、李彬译，商务印书馆，2015，第 229~231 页。

② 〔美〕罗伯特·D. 帕特南：《使民主运转起来：现代意大利的公民传统》，王列、赖海榕译，江西人民出版社，2001，第 100 页。

③ 俞可平：《各级政府应营造官民共治的社会治理格局》，《北京日报》2013 年 6 月 13 日。

第一，非政府组织性质的独立性有待加强。有些非政府组织虽然表面上是独立的社会团体，但其与政府之间实际上是行政隶属关系，尚未建立自主运作机制，也缺乏独立自主运作的空间和能力。[①] 这种对政府的过度依赖性"使它们容易产生消极心理和极端倾向，最终不但没有维护好公共安全，反而容易为他人利用，威胁公共安全"[②]。而企业形成的行业协会既有为维护整个行业的信誉和利益而约束集体内个体企业的动力，又有以行业整体利益为基础利用自身优势与政府监管进行对立的可能性。

第二，非政府组织自身能力建设存在一定的问题。鉴于非政府组织日益活跃和复杂的社会角色，其本身的能力建设也具有多维性，比如，提高自身的人力资源和组织能力，在治理系统内构建任务网络和营造制度运行环境，等等。目前，非政府组织在自身管理上组织目标不明确、内部管理制度不健全、资金筹措紧张、工作效率低下，这种自身能力的局限性也使政府难以视其为社会治理可以依赖、不可或缺的伙伴。因此，面对社会治理格局的转型和创新，来自公民社会的动力也是不足的。[③]

总之，被体制内化的非政府组织无法完全得到社会公众的认同，其代表性受到一定程度的质疑，信任关系较难建立；非均衡不对等的关系使非政府组织与政府的合作治理很多时候只是形式意义上的。社会力量难以真正成长，这会使某些完全有能力根据自己的最佳利益在相关领域做出决定的人被剥夺选择的权利。

旧式的非政府组织的"价值观是专业精神和官僚作风与参与性、灵活性和回应性过程的一种复杂融合"，为了不辜负许多人对非政府组织所抱有的高期望，新时期的非政府组织必然开发出更高的能力水平以便参加政

---

① 高志宏：《再论我国慈善组织公信力的法律重塑》，《政法论丛》2020 年第 2 期，第 62 页。

② 朱武雄：《转型社会的公共安全治理——从公民社会的维度分析》，《东北大学学报》（社会科学版）2010 年第 5 期，第 419 页。

③ 李景鹏：《中国走向"善治"的路径选择》，《中国行政管理》2001 年第 9 期，第 16 页。

策辩论、强化其倡导者角色。① 在中国当前的社会环境下，促进自身组织和管理机制的完善及寻找制度"空间"以提出它们的见解并进行辩护是非政府组织面临的最为重要的两大挑战。面对这种情况，政府的扶持、引导和鼓励是必不可少的。其一，必须承认活跃的非政府组织的存在是合法且必不可少的，简化针对非政府组织的登记准入制度，废除不合理限制条件，促进非政府组织的发育；其二，推动非政府组织与政府"脱钩"，完善社会组织"独立法人"的运行机制，促进非政府组织相对独立运行；其三，要在财政税收、资金信贷、场地使用、职称评定、社会保险等方面形成比较完备、可操作性强的政策扶持体系；其四，通过授权委托、购买服务等形式赋予非政府组织更多的参与机会；其五，给予非政府组织以资金和技术支持，帮助它们解决资金和人才不足的难题；其六，规范非政府组织内部管理机制，增强非政府组织自身实力；其七，建立科学评估体系，对非政府组织进行约束和监督。只有这样，才能从根本上改变非政府组织在参与公共安全治理过程中的从属性和被动性。②

### 2. 社区组织

社区并没有完全统一的定义，但基本上指在一定地理区域内共同生活的社会群体。新公共管理理论认为，"社区授权意味着将公共组织对决策、资源和任务等的实质性控制权转移给社区"③，这种授权能够使治理更具灵活性、更有效率、更具创新精神、有更强的责任感和士气，从不同的角度对问题的看法会更全面。④ 新公共管理的社区授权仍然以市场力量和经济激励为基础来实现公共目标，将许多公共服务的供给任务交给私人，从而

---

① 〔美〕马莎·A. 陈：《非政府组织的研究能力建设》，载〔美〕梅里利·S. 格林德尔编《打造一个好政府——发展中国家公共部门的能力建设》，孟华、李彬译，商务印书馆，2015，第 231~251 页。

② 宋慧宇：《食品安全政府治理能力现代化的制度保障研究》，吉林人民出版社，2017，第 107~109 页。

③ 〔美〕戴维·奥斯本、彼得·普拉斯特里克：《再造政府》，谭功荣、刘霞译，中国人民大学出版社，2010，第 161 页。

④ 宋慧宇：《食品安全政府治理能力现代化的制度保障研究》，吉林人民出版社，2017，第 148 页。

使公众参与公共服务的生产和供给。与新公共管理理论不同，新公共服务理论认为政府行政的焦点是公民参与和社区建设，公民参与被视为民主政体中政策执行恰当且必要的组成部分，共同生产这样的机制不是源于市场的概念，而是源于社区的概念，[①] 其将社区参与看作基于共同的责任，而不仅仅是受利益的驱动。美国公共管理学教授理查德·C. 博克斯与新公共服务理论同样关注到社区这一基本单位，也对新公共管理理论将地方居民视为消费者提出了疑问，其认为今天一些地方的居民正在回归他们先前公民的角色，民众就是社区服务的所有者和主人，他们承担着社区治理的责任。他认为，社区也应把居民看作公民，允许他们参与一些政策议题和公共问题，进行公开对话，他认同人们有能力提出建议和采取具有真正影响的行动。[②] 公众只有首先立足于社区具体事务，获取和积累相关知识，经过一系列讨论和决策实践，才能够在更广泛的范围内参与公共事务的治理。

"任何成功的紧急事态/灾难管理体制，都有赖于在地方层次上的恰当而有效的安排"，除了积极承担责任的地方政府以及有效的制度安排，"一个警惕的、消息灵通的和积极的社区并支持着它的志愿者组织"[③] 也是必需的。在世界范围内，社区都是应对危机、抵御风险的基础防线，如联合国在《国际减灾十年科技委员会最终报告》中就提出，"必须把增强灾害意识和风险管理责任列入所有社会正在进行的专门活动和社区工作中"，并着重强调减灾工作的社区参与；世界卫生组织提出"安全社区"概念，认为安全社区至少"拥有包括政府、卫生服务机构、志愿者组织、企业和个人共同参与的工作网络，网络中各个组织之间紧密联系，充分运用各自

---

① 〔美〕珍妮特·V. 登哈特、罗伯特·B. 登哈特：《新公共服务：服务，而不是掌舵》，丁煌译，中国人民大学出版社，2010，第 83 ~ 84 页。

② 〔美〕理查德·C. 博克斯：《公民治理：引领 21 世纪的美国社区》（中文修订版），孙柏瑛等译，中国人民大学出版社，2013，第 2、51 页。

③ 夏保成：《西方国家公共安全管理的理论与原则刍议》，《河南理工大学学报》（社会科学版）2006 年第 1 期，第 5 页。

的资源为社区安全服务"①。美国公共安全管理领域"有准备的社区"或者"有弹性的社区"理论强调要以社区为单位有效组织公民个人和志愿者积极融入公共安全治理安排中，并提高社区自身抗风险能力，"把全面的风险评估、脆弱性分析和风险避免手段等纳入社区日常事务决策程序，以发展社区的自救和恢复能力，以使它们能最小化损失、最大化机遇"②。尽管社区往往受到那些它们无法控制的经济、政府与社会因素的影响，而且它们用于处理问题的资源极其有限，但是，社区内的政治活动常常是面对面的，很多当地居民可以按照一定的方式参与社区事务，而参与的方式能够保证他们满意地看到他们的努力所获得的具体结果。③ 公民、社区和政府共同参与社区治理的角色变化体现在：公众成为社区的治理者而不是消费者；社区的作用在于协调公众参与治理的种种努力，而不是替他们做出决策；政府关注的焦点是帮助公众实现其社区治理目标，而不是其作为公共权威机构的控制力。就中国的现实情况来看，社区是社会的基本组织单位，承担了大量社会生活事务的管理和服务工作，最贴近当地公众和社会团体，将社区纳入政府公共安全治理的制度安排之中并将其作为重要力量是有效应对公共安全问题的关键。

第一，培养志愿者文化。"在紧急事态管理中，作为社区的一个重要力量，志愿者组织被公认为是各种紧急事态的第一应对者和有效救援者"④，特别是整合公共安全领域内的专业力量，建立有针对性的志愿者组织，如专业的应急救援队伍，能够大大提高应对公共安全问题的效率，弥补政府力量的不足。无论规模和专业程度如何，以社区为基本单位都应当建立志愿者组织并以之为公共安全维护的组成部分。志

---

① 张海波：《社区在公共安全管理中的角色整合与能力建设》，《江苏社会科学》2011 年第 6 期，第 67 页。

② 张芳山：《美国公共安全管理模式及其启示》，《云南行政学院学报》2010 年第 1 期，第 122 页。

③ 〔美〕理查德·C. 博克斯：《公民治理：引领 21 世纪的美国社区》（中文修订版），孙柏瑛等译，中国人民大学出版社，2013，第 3 期。

④ 韩国明、何春奇、王慈刚：《西方公共安全管理历程及理论对我国的启示——以美国为例》，《河南社会科学》2009 年第 3 期，第 56 页。

愿者文化是一种对他人、对社会的责任担当，是主动无偿奉献的自觉公民精神。① 当然，扶持与监督并重是政府、社区和全社会对志愿者组织负有的责任。

第二，建立社区公民委员会。不可否认，协作共治模式的实施必然与公民的能力状况密切相关，公民需要全面理解其所监督和参与的公共事务的性质，需要理性地、富有建设性地和广泛深远地施加影响力，而这一点无疑会受个体知识局限性的制约。为此，我们就需要建立一个适合于公民治理的参与结构，比如，那些积极参与者可以组成各种功能的社区公民委员会，围绕着有关社区共同利益的议题联合起来，其中就包括公共安全议题，目的是研究一个议题、解决一个出现的问题或者实施一个特定的项目等，完全可以为某一个问题成立一个论坛，吸引广大居民来讨论。这样可以激发社区居民对公共议题的兴趣并增强公民对公共议题的理解，消除社区服务者和居民之间的信息障碍和分歧。每一个公民委员会仅仅负责和承担特定数量和规模的议题或功能，以适应和配合该委员会组成成员志愿付出的合理时间。公民委员会的设计不仅要让公民有机会将他们所关注的问题告知政府管理者，而且致力于使公民委员会真正在治理中发挥直接、持续的作用。此外，委员会形式会比公民个体参与更加稳定和持续，也能保证公民有机会学习到公共服务的技术理性方法。

第三，完善物质保障机制。社区能否有效参与公共安全治理的基础在于其是否有完成目标的能力，因此，在公共安全治理体系中，应将物质力量更多投入社区一级，确保社区的公共安全经费充足、硬件设施和储备物资完备、公共安全人员充足和网络完善等，并加强社区对应急预案的操作与演练。当然，由于各地财政和社区的条件差别较大，这种物质保障机制也需要根据具体情况设置不同标准，逐步完善，并不能"一刀切"地适用于所有社区。

### 3. 公民个体

公民个体是一个国家和社会的基础。公共性并不是政府的独有属性，

---

① 丁元竹：《中国需要怎样的"志愿者文化"》，《解放日报》2008 年 5 月 2 日。

弗雷德里克森在《公共行政的精神》一书中指出，"公共的职责和责任意味着它能使公民制定一致同意的社群标准和目标，为了公共的利益，大家一起工作，实现设立的目标。……公共责任不是集体的责任，而是我们每一个人的个人责任"①，公共安全治理正是当前政府和社会需要面对的一项重大治理任务，2000 年以来我国发生的一系列公共安全事故看似都是个别事件，但整体上已经对社会基本价值和行为准则架构产生影响，波及全体社会成员的整体生活和共同利益。必须明确，解除公共安全危机，重建人们对公共安全的信心是全社会的共同责任，而不仅仅是政府的工作。而且，我们绝对不能轻视公民个体的力量。当然，公民参与并不是要把公民自身利益作为一种个人动机或社会动机消除掉，或者是用公共精神的概念来取代自身利益的概念，由于公民个体并没有管理公共事务的职责，因而他们对公共安全治理的参与可以看作受很多其他动力，如大公无私的精神、对社会的责任感甚至经济利益和个人利益的驱使，只不过最终结果是他们的行动与政府治理不谋而合。

在协作共治模式下，"协作法则要求公众也承担广泛责任，要求公众参与到这一过程中来。这可以通过个人更多主动地参与到行政决策和行为当中，或者通过不同类型组织化的公民行为（例如，以半自治的团体为代表或者第三部门组成）表现出来"②。而且，随着中国经济不断发展、公民教育水平上升以及公众政治技能发展，公众参与治理的能力提升，参与治理的时机逐渐成熟。

从公民个体的角度来说，并不是所有公民都有同等的意愿参与公共安全治理。很多公民可能处于这样一种状态：总是喜欢反对和指责一些政府行为，总是抱怨却不参与。也许有人会认为这是疏离于政府的证据，但换一个角度来看，我们也许可以将这看作公民参与的第一步；也有很多人只有在问题切实关系到自身利益的时候，才有动力参与到治理实践中来。我

① 〔美〕乔治·弗雷德里克森：《公共行政的精神》，张成福、刘霞、张璋等译，中国人民大学出版社，2003，第 35 页。

② 〔以色列〕埃瑞·维戈达：《从回应到协作：治理、公民与未来的公共行政》，孙晓莉摘译，《国家行政学院学报》2003 年第 5 期，第 95 页。

们要逐渐改变一些公民的现有状态，要么是事不关己享受服务的"搭便车者"，要么是总在抱怨的指责者，这两类人都把自己当成与公共安全治理无关的人。

总体来说，我们可以将公民的角色分为三类：一端是"搭便车者"，指那些很少关心社区事务的人，让别人代替他或她参与公共事务的人；另一端是"积极参与者"，是指那些积极参与到各种各样的社区事务和社区组织活动中的公民，其关心社区发展，希望自己在社区事务中发挥积极、持续的影响力；位于中间的是"看门人"，这些人想要参与社区事务，但他们往往只关心少数直接关系到他或她自身利益的关键议题。[①] 其中，"搭便车者"对公共事务知之甚少，也不打算参与公共管理事务，而是让别人作为他或她的代理人；"看门人"关注公共事务和政治，但只有当一些事情直接影响到他或她的生活时，他们才会亲自参与管理；"积极参与者"则致力于主动参与公共生活，他们加入社区理事会或委员会，出席社区会议，在社区政策制定和执行中扮演重要角色。

我们可以认为"搭便车者"和"看门人"更多地从经济角度来认识社区，把自己看作一个公共安全服务的享受者，而不是一个安全环境的创造者。当然，我们设计协作共治模式也并不是期望让每个人都来参与塑造他们的社区，而在于探索怎样让公共治理更加开放、更容易进入，保护那些愿意参与者即"积极参与者"的参与权利。那么，公民对于社区事务的参与治理必然存在次序的差别，参与主体的选择以常年从事和参与社区志愿服务和活动的人员优先。通常情况下，"积极参与者"都是一些深度参与公共生活的社会活动家，虽然人数少，但会是具备一些专业知识的社会精英，是有一定的经济基础、有为公益出力的决心与勇气、有一定的精力和时间的人。而"积极参与者"除了以个人身份直接参与之外，加入社区和社会组织是更好的选择。从政府的角度来说，在鼓励和扶持非政府主体参与政府治理的过程中，需要有意识地降低其参与成本，特别是对于公民个

---

① 〔美〕理查德·C. 博克斯：《公民治理：引领 21 世纪的美国社区》（中文修订版），孙柏瑛等译，中国人民大学出版社，2013，第 47 页。

体来说，因为没有组织依靠，政府就需要提供一些出行补助及报酬等激励以增强公民参与的动力。当然，在经济补偿和激励之外，赋予公民个体参与者精神激励更为重要。在很多情况下，得到认可的激励是高绩效的重要奖励方式。

# 四　共同参与主体间的相互关系

共同参与主体确定之后，随之而来的就是它们之间的关系问题。多元主体能够协作共治最确凿最合理的解释在于参与者之间具有相互依赖和信任的关系。

## （一）新时期参与主体间相互依赖关系的增强

### 1. 社会环境变迁促使相互关系转化

公共安全问题的紧迫性和现实性迫使政府与社会公众不得不形成一种相互依赖的合作伙伴关系以共同面对风险社会。政府管理者会发现，跨越管理权限的协作管理远远多于政府内部部门之间的相互合作和调整，政府、非政府组织和私人部门之间的相互依赖关系普遍存在。在公共安全视野下，公共安全和社会秩序的维护是所有参与者共同的利益和目标所在，即公共产品，而事实证明，这个目标仅靠单一主体是不可能实现的，每一个主体的行为都会对其他主体和治理目标产生不同程度的影响，可能是正面的，也可能是负面的，错综复杂的关系促使所有主体共同行动，相互弥补不足，发挥止向效应。合作治理正是这样一种关键存在，有助于知悉每一个合伙人如何和为何对总体努力有所帮助。对于政府来说，必须认识到传统的政府控制机制已经不再切实可行，或者说已经不再适宜，"控制正在让位于互动和参与"[1]，越来越有意义的不是谈论政府本身如何，而是谈论治理的过程如何，同时，公民也必须认识到，公共安全治理不仅是政府

---

[1]　〔美〕珍妮特·V.登哈特、罗伯特·B.登哈特：《新公共服务：服务，而不是掌舵》，丁煌译，中国人民大学出版社，2010，第63~64页。

的责任，也是整个社会共同的责任，要通过亲自参与治理实现自己的权利和价值，同时也起到监督权力拥有者——政府的作用，真正提高公共安全治理的质量和效率。

**2. 政府与社会合作关系的基础在于实现共同的公共利益目标**

"国家与市民社会的对立统一是政府治理的逻辑前提，而国家与市民社会共同蕴含的公共性，就是合作的基石。"① 政府行为具有公共性特征，但这并不代表公共性是政府的独有属性，因为"公共既是一种理念也是一种能力。作为一种理念，公共意味着所有的人，为了公共的利益，而不是出于个人的或者家庭的目的才走到一起来。作为一种能力，公共意味着为了公共的利益而在一起工作的一种积极的、获取充分信息的能力。在很多情况下，这样的行动都是通过政府而进行的，但并不是所有的行动都要通过政府。志愿者协会、非营利组织、公司都是公共的表现形式"②。也就是说，社会和公民同样可以超越自身利益而为公共利益行动。公共利益是实现公共性的出发点和落脚点，也是连接政府与社会协作的纽带，维护社会公共利益或者说追求公共利益最大化是政府与社会合作共同治理的最终目的。公共安全正是人类社会最重要和最基本的需求，对此我们会有一种普遍的公共利益意识，至少在基本的人身、生命和健康安全层面，相互之间有一种集体责任感和危机感。一系列的公共安全事件会对社会整体基本价值和行为准则架构产生一定程度的威胁，人们会对社会的整体信用、政府的治理能力和法律法规的权威性产生疑问，这会影响社会公众的整体生活和共同利益，正因为在政府（国家的代表）与社会的公共领域内存在公共利益，也就是政府治理与社会力量有共同的价值目标，共同实现公共利益才存在可能性。这种"公共的职责和责任意味着它能使公民制定一致同意的社群标准和目标，为了公共的利益，大家一起工作，实现设立的目标。

---

① 饶志华：《论政府治理的公共性》，《商业时代》2012年第3期，第15页。
② 〔美〕乔治·弗雷德里克森：《公共行政的精神》，张成福、刘霞、张璋等译，中国人民大学出版社，2003，第35页。

……公共责任不是集体的责任，而是我们每一个人的个人责任"①，这些都会促使社会公众从被动、僵化、机械的接受和服从状态调整为积极、灵活、快速的参与和辅助状态。

## （二）相互信任是共同行动的保证

共同参与者之间相互依存的关系并不能保证它们能够采取共同行动，也就是说，共同的公共利益目标并不能避免"集体行动的难题"。

### 1. 集体行动的难题

集体行动的难题源于公共的集团利益的非排他性，无法排除集团成员的"搭便车"行为。"除非一个集团中人数很少，或者除非存在强制或其他某些特殊手段以使个人按照他们的共同利益行事，有理性、寻求自我利益的个人不会采取行动以实现他们共同的或集团的利益"②，而且，集团越大，采取集体行动的难度就越大，因为"在其他条件完全相同的情况下，从集体物品中获益的个人或企业的数目越大，从实现集体利益的行动所产生的收益中获得的份额就越少，而这个集体利益是让个人或企业进行集体行动的诱因。这样，在没有选择性激励的情况下，集团行动的激励就会随着集团规模的扩大而消失，因此大集团相对于小集团更不可能达成实现共同利益的行动"③。如公共安全这样的公共物品，每个人都能从维护公共安全中获益，不论谁为此做出贡献，因此，"一个人只要不被排斥在分享由他人努力所带来的利益之外，就没有动力为共同的利益做贡献，而只会选择做一个搭便车者"④，如果不是公共安全事件涉及自身个体利益，一般情况下没有人有动力主动付出成本去维护公共安全，或自愿采取行动来强化

① 〔美〕乔治·弗雷德里克森：《公共行政的精神》，张成福、刘霞、张璋等译，中国人民大学出版社，2003，第35页。

② 〔美〕曼瑟尔·奥尔森：《集体行动的逻辑》，陈郁、郭宇峰、李崇新译，格致出版社、上海三联书店、上海人民出版社，2011，第2页。曼瑟尔·奥尔森，也译作曼瑟·奥尔森。

③ 〔美〕曼瑟·奥尔森：《国家的兴衰：经济增长、滞胀和社会僵化》，李增刚译，上海人民出版社，2007，第29页。

④ 〔美〕埃莉诺·奥斯特罗姆：《公共事物的治理之道》，余逊达、陈旭东译，上海译文出版社，2012，第8页。

共同利益。也就是说，公共利益的客观存在并不必然导致社会主体间的合作。这样，公共物品的维护本身就使自利个体陷入囚徒困境，充满"背信弃义"和"搭便车"的机会，追求效用最大化的人表现出的平常的、自利的理性会冲击"看不见的手"①。

### 2. 治理对集体行动难题的破解

如何破解这种"集体行动的难题"？这也是理论家们不断思考并试图回答的问题。第一，政府干预。一些经济学家认为提供具有较高的排他性成本的公共物品所产生的大多数问题的经典解决方法是由无私心的第三方执行——它能够约束"搭便车者"。作为市场失灵的一种结果，政府扮演了这个无私心的角色。但是，困难在于强制执行的成本很高，而且，公平执行本身就是一件公共物品。第三方本身就必须是可信赖的，但什么力量才能保证统治者不会"背信弃义"呢？简单地说，如果国家有强制性力量，那么，如何保证管理国家的那些人不会使用强制力以社会的其他人为代价来为他们自己的利益服务呢？②也就是说，政府干预与市场一样也面临着失灵的问题。第二，合作博弈。"博弈理论家们一般都同意，当人们进行的是无限重复的博弈时，背叛者在以后的博弈中会受到惩罚，合作因此应该容易些"③，但这种合作博弈的理论有很多条件限制，比如参与者的数量有限，每个参与者以往行为的信息丰富，参与者都会对未来有所考虑，等等。政府干预和合作博弈都不能解决集体行动的问题，也无法解释现实中有限的合作博弈之外的广泛的合作治理行为。

治理理论为破解"集体行动的难题"提供了除市场与政府之外的新思路，其提倡政府与社会联合起来共同参与公共服务的生产和供给。诺

---

① 〔美〕斯蒂芬·E. 康奈尔、约瑟夫·P. 卡尔特：《成功的经济发展及美国印第安人保留地政府形式的异质性》，载〔美〕梅里利·S. 格林德尔编《打造一个好政府——发展中国家公共部门的能力建设》，孟华、李彬译，商务印书馆，2015，第257页。

② 〔美〕斯蒂芬·E. 康奈尔、约瑟夫·P. 卡尔特：《成功的经济发展及美国印第安人保留地政府形式的异质性》，载〔美〕梅里利·S. 格林德尔编《打造一个好政府——发展中国家公共部门的能力建设》，孟华、李彬译，商务印书馆，2015，第257页。

③ 〔美〕罗伯特·D. 帕特南：《使民主运转起来：现代意大利的公民传统》，王列、赖海榕译，中国人民大学出版社，2015，第215页。

贝尔经济学奖得主、政治学学者埃莉诺·奥斯特罗姆提出了自主治理理论，其假定个人是力求尽可能有效解决问题的，只是解决问题的能力是有限的；并反复用案例证明理性行动者通过谈判、妥协、争求一致能够达成合作以解决公共问题，而自主治理的关键是行动者必须认识到共同目标、培养沟通能力和建立起信任关系。① 也就是说，协作治理的权威来自参与者的共识，基于真实和真诚交流的信任关系就成为互动合作的基础，正如马克·E. 沃伦所说："当其他手段——尤其是国家通过惩罚性规则进行管理以及市场的无意识的协调——完成必要的和适宜的社会工作受其能力限制时，信任就能充当令人满意的社会协调手段。一个能够促进牢固信任关系的社会，也很可能是这样一个社会，它能够给予更少的管理和更多的自由，能够应付更多的意外事件，激发其公民的活力和创造性，限制以规则为基础的协调手段的低效率，并提供更强的生存安全感和满足感。"②

合作性共同体是罗伯特·D. 帕特南提到的另一种解决囚徒困境的方法。借助罗伯特·贝茨所说的"软方案"，诸如共同体和信任，"在一个存在囚徒困境的社会里，合作性共同体将使理性的个人能够超越集体行动的悖论"，因为在继承大量社会资本的共同体中，自愿的合作更容易实现，这些社会资本指社会组织的特征，诸如信任、互惠的规范以及公民参与网络。互惠的规范以及公民参与网络鼓励了社会信任与合作，因为它们减少了背叛的动力，减少了不确定性，为未来的合作提供了模式，而且，这些特征往往具有自我增强性和可累积性，良性循环会产生社会均衡。③

从上述理论可知，治理网络参与者之间的信任关系是共同行动的保证，或者说，主体间的信任度越高，其参与合作的意愿就越强烈，合作成功的可能性就越高，这种积极的主动性区别于以往社会和公民接受命令的

---

① 〔美〕埃莉诺·奥斯特罗姆：《公共事物的治理之道》，余逊达、陈旭东译，上海译文出版社，2012，第 32 页。

② 〔美〕马克·E. 沃伦编《民主与信任》，吴辉译，华夏出版社，2004，第 2 页。

③ 〔美〕罗伯特·D. 帕特南：《使民主运转起来：现代意大利的公民传统》，王列、赖海榕译，中国人民大学出版社，2015，第 216、228 页。

被动地位。

### （三）信任关系如何建立

信任因素是促进参与者共同工作和协作治理的保证。埃莉诺·奥斯特罗姆所说的"合作"是社区和家庭与政府机构一起努力取得想要的结果。①但这种合作必须以信任为基础，如果公共精神遭到侵蚀，那么合作就无法发挥作用，这反映了社会凝聚力在解决社会问题中的作用，"特有合伙人的多重联系表明，信任、共同目的、相互依赖及其他协作性管理因素类似于官僚中合法权威的统合力量"②。协作共治理念的可取之处就在于充分动员一切社会力量共同构筑起应对危机、抵御风险的网络联系和信任关系，以谋求"资源的协同增效作用，或者说由于众伙伴共享资源而非单干而得以'增加的价值'"③。而且，共同面对风险和共同抵御危机能够反过来促进相互信任关系的建立，此时合作不是工具和手段，而是更为稳定的社会关系。这种相互促进使治理真正进入良性状态，政府的信任关系也转变为在平等地位和合作共赢的基础上主动的内在"信任"，是相互尊重和共同行动的过程中发自内心的认同。可以说，公民、组织和政府之间互动的总体目标是建立相互信任关系，形成公开对话的认知，共享信息和价值。

当前建立公共安全协作共治模式的困境在于，政府权力运行的长期封闭性导致政府与社会之间信任关系的匮乏与不足，削弱政府与社会协作共治的凝聚力，造成社会公众参与意识和行为的滞后与短缺。如何能够在政府与社会之间确立一种内在的信任关系并促进协作共治的实现呢？

#### 1. 开放的参与和沟通意识

社会公众的不信任态度会使公共安全管理者陷入一种特别的窘境：一

---

① 〔美〕小约瑟夫·S. 奈、菲利普·D. 泽利科、戴维·C. 金编《人们为什么不信任政府》，朱芳芳译，商务印书馆，2015，第 158 页。

② 〔美〕罗伯特·阿格拉诺夫、迈克尔·麦圭尔：《协作性公共管理：地方政府新战略》，李玲玲、鄞益奋译，北京大学出版社，2007，第 166 页。

③ 〔英〕鲍勃·杰索普：《治理的兴起及其失败的风险：以经济发展为例的论述》，漆芜译，《国际社会科学杂志》（中文版）1999 年第 1 期，第 38～39 页。

方面，公众不断要求他们对公共安全问题采取行动；另一方面，公众又对他们所采取的政策及政策执行充满怀疑。而扭转这种不信任政府的趋势的一个重要做法就是："建立鼓励公民多角度看待问题和使他们对艰难决策加以权衡的制度。……如果政府有办法让公民参与艰难的政府决策，理想化的公民和他们的代表一样将不得不为自己做出决策，那么它们的信任度也将会好转。"① 政府应当以一种开放的态度主动向社会开放治理过程，吸收和接受公众的参与行动，建立信息共享与沟通解释机制；以透明的信息为基础，使参与各方阐述各自的观点和依据，寻求解决问题的共识，可以缩小和拉近政府与社会之间的观点分歧和情感距离，而"目前公共领域最明显的问题就是舆论力量无法（有效）转化为国家力量，即意见表达有效性问题。在许多公共事务上，公众尽管取得了舆论的胜利，但在追究责任的环节中缺乏主动权，几乎只能依靠政府的道德自觉"② 开放的参与意识这一点在中国也很重要。否则，即使社会公众的参与意愿强烈，也不可能获得成功。

**2. 参与者之间的相互承认与尊重意识**

新型的公共安全治理必须将尊严、信任、归属感、共同理想等意识置于核心地位，相互承认与尊重是信任的基础，而且政府对社会公众的信任更加重要，"在公共组织中，我们需要以一种符合民主理想、信任和尊重的方式相互对待并对待公民。我们之所以要这样做，其原因在于我们相信人们会关注这样的价值观并且会为这样的价值观所促动，并且还因为我们相信公共服务对于促进和鼓励人性的那些方面具有一种特殊的作用"③。

首先，公共组织获取信任和尊重的前提是自身行为必须起到一种表率作用，也就是说，政府的尊严需要通过诚实和正直的行为来赋予，如果政

① 〔美〕小约瑟夫·S. 奈、菲利普·D. 泽利科、戴维·C. 金编《人们为什么不信任政府》，朱芳芳译，商务印书馆，2015，第165~166页。

② 陈华：《合作视野下的政府信任关系研究》，《学术论坛》2011年第3期，第57页。

③ 〔美〕珍妮特·V. 登哈特、罗伯特·B. 登哈特：《新公共服务：服务，而不是掌舵》，丁煌译，中国人民大学出版社，2010，第120页。

府在社会公众心目中形象正面，且有权威性，可以消除公众疑虑，那么即使政府政策或行为偶有偏差也会被原谅；如果社会公众已经对政府丧失信心，甚至轻视敌视，那么政府即使做了正确的事也无法消除公众疑虑，并且错误行为还会被不断放大，公众会认为政府并不能真正代表社会公共利益，信任更无从谈起。故而，再好的治理理念也不必然能够确保政治信任，政府必须为此做出表率并催生公共精神，以求强化合作治理，达致共同目标。

其次，公共组织赋予非政府参与者尊重和信任的地位和态度至关重要，这种享有主体地位的参与感、受到信任和托付的使命感、共同行动的责任感能够抵消很多限制性和消极因素，如长期束缚性和附属性的体制因素的影响，这样参与者会更为看重为组织决策提供建议的机会，并做出积极的反应；此外，相对于物质激励，许多非物质激励效果可能更为明显，这些激励如因为良好的参与表现而被挑选出来，给职业群体带来荣誉感，参与团队工作，等等。

**3. 勇于担当的政府责任意识和评估机制**

政府对责任的推断和态度将直接影响其在公共安全共同治理网络中的信用和权威。如果政府能够在事实的基础上进行客观分析，对自身应当承担的责任做出正确合理的推断，并积极从内部找出治理行为存在的问题，予以改进，就会促进危机的正面解决，得到更多的社会支持；相反，如果政府更倾向于将危机责任归咎于外部因素，比如，将食品安全问题归因于消费者个人的疏忽大意、生产厂商的道德败坏、个别官员的腐败行为等，甚至恶意隐瞒事件真相、封堵消息传播渠道，企图逃避责任，不但会引起更大的社会恐慌和公众愤怒，而且会使本来就存在瑕疵的政府行为得不到根本的纠正。只有不回避政府工作中的失误，或者说只有勇于承担政府应当承担的责任，才能真正树立政府的公信力。需要注意的是，迎合并不是真正获得尊严的方法，比如，一旦出现公共安全事故或问题便以问责某名官员的形式来了结。社会公众会有自己的判断能力，他们可以不赞同政府的某些政策和做法，但同样会钦佩和尊重政府诚实正直的态度，诚实正直的态度是获取信任的底线。

当然，我们也不能完全依赖政府的积极态度和主动行为，同时还要将信任度纳入对政府的评估机制。社会公众对于公共安全服务质量的评估不能仅限于政府解决问题的能力以及成本收益，还应当对政府增进公民的参与意识和参与权利的潜在贡献进行评估，这些潜在的贡献包括："（1）公民对政府的信任度；（2）公民功效；（3）对'共同利益'的共同看法。"①

---

① 〔美〕珍妮特·V. 登哈特、罗伯特·B. 登哈特：《新公共服务：服务，而不是掌舵》，丁煌译，中国人民大学出版社，2010，第 84 页。

# 第三章

# 公共安全治理的网络状结构及运行方式

21 世纪的改革家们将今天的创新视为一个创建以公民为中心的治理结构的复兴实验过程。

——理查德·C. 博克斯①

协作的成功可能取决于合伙人的谈判和关键问题的探讨，主要在于努力寻找对不同意见的创造性解决方案。

——罗伯特·阿格拉诺夫、迈克尔·麦圭尔②

现代公共行政的理念已经与传统理念大不相同。传统的公共行政理论主张职业主义、行政专才和强有力的行政部门；相比较而言，现代公共行政则主张小政府、更直接的公众参与。公共意味着为了公共的利益而在一起工作的一种积极的、获取充分信息的能力，在很多情况下，公共的行动并不意味着必须通过政府进行，现代公共行政是一个由各种类型的公共组织纵横联结所构成的网络，包括政府组织、非政府组织、准政府组织、营利性组织、非营利性组织、志愿组织。公众从各个方面以各种形式参与公

---

① 〔美〕理查德·C. 博克斯：《公民治理：引领 21 世纪的美国社区》，孙柏瑛等译，中国人民大学出版社，2005，第 8 页。

② 〔美〕罗伯特·阿格拉诺夫、迈克尔·麦圭尔：《协作性公共管理：地方政府新战略》，李玲玲、鄞益奋译，北京大学出版社，2007，第 165 页。

共事务的管理。① 可以说，多元主体参与公共安全治理必然需要借助于实现治理目标的网络结构，这也代表着必须重新定位政府与非政府主体间的关系，以及它们的地位和作用。

# 一 多元主体间是松散的网络状合作伙伴关系

协作共治模式的一个很大转变就是政府与市场和社会之间不再是对立关系，而是合作伙伴，政府与市场形成了一种松散的网络化治理结构，共同承担公共安全治理的责任。这给传统公共安全治理结构和关系带来了影响：由政府向社会的垂直纵向流动转变为政府与社会之间的水平横向流动，由政府单向命令控制的结构转向政府、市场、社会之间相互制约和制衡的结构，寻求建立由各种类型的组织和公民个人横向联结所构成的网络状伙伴关系，这种网络化治理结构的核心特征是横向、分散且多中心的，并起到共享和整合的作用。

## （一）扁平化的横向结构

传统官僚制组织中层级节制的结构特点：权力影响力从选任的政策制定者自上而下地流向行政管理者，再流向公众。这里并不存在影响力的逆向流动，逆向流动即来自公众的影响力经由行政管理者沿科层体系向上流动。② 但是，社会环境的变化特别是公共安全的复杂形势使公共管理者不得不与公众或社会组织保持密切的接触和合作，共同参与治理将成为越来越多的现象，传统层级制的垂直结构已经不能适应新时代对信息和权威分离的需求。垂直的网络，无论多么密集，无论对其参与者多么重要，都无法维系社会信任和合作。信息的垂直流动，常常不如水平流动可靠，其原因部分在于，下属为了免受剥削而对信息有所保留。更为重要的是，那些

---

① 〔美〕乔治·弗雷德里克森：《公共行政的精神》，张成福、刘霞、张璋等译，中国人民大学出版社，2003，第4、29、35页。

② 〔美〕约翰·克莱顿·托马斯：《公共决策中的公民参与》，孙柏瑛等译，中国人民大学出版社，2010，第13页。

支撑互惠规范的惩罚手段不太可能向上实施，即使实施了也不太可能被接受。垂直结构的交换关系是依附性的，义务是不对称的。如果说横向的公众参与网络有助于参与者解决集体行动难题，那么，一个组织的建构越具有横向性，它就越能够在更广泛的共同体内促进制度的成功。① 横向网络化管理是与垂直等级制管理相对的。网络化管理是跨越政府和组织的管理，"是对资源的特殊配置，环境管理——影响外部机会以及缓和有害的冲突对系统的影响——强化或者反对更多的等级制度的功能"②。网络结构是能够促成一个流程或工作的横向组织，它是一种跨越正式边界而被整合的社会网络或者说社会关系，与正式成立的团体或类型无关，它"可以绕过各个不相干的上级以及多余的纵向结构，促进更加横向、更为有效的工作流程。简而言之，网络为从垂直到横向的工作流程改变和绕过层级的战略提供了组织工具"③。而且，当前社会的信息传播速度和扩展途径使以信息集中为基础的集权型政府管理模式受到前所未有的冲击，正如克利夫兰所指出的那样，越来越多的工作需要通过横向扁平化的方式和越来越广泛的咨询来进行和完成。④ 因此，当代社会治理结构由政府向社会垂直流动转变为政府与社会之间水平横向流动的趋势不可避免。

## （二）权力分散且多中心

当前社会风险的分散性和无差别性决定了公共安全需求的多样性和复杂性，公共安全协作治理的网络涵盖各种类型的组织和公民个人多重联结的多个节点，各节点之间相互依赖、共同合作形成联结关系，可以增强和

---

① 〔美〕罗伯特·D. 帕特南：《使民主运转起来：现代意大利的公民传统》，王列、赖海榕译，中国人民大学出版社，2015，第 225、226 页。

② 〔美〕罗伯特·阿格拉诺夫、迈克尔·麦圭尔：《协作性公共管理：地方政府新战略》，李玲玲、鄞益奋译，北京大学出版社，2007，第 33～34 页。

③ 〔美〕斯蒂芬·B. 彼得森：《层级与网络：非洲公共官僚机构中组织能力建设的战略》，载〔美〕梅里利·S. 格林德尔编《打造一个好政府——发展中国家公共部门的能力建设》，孟华、李彬译，商务印书馆，2015，第 170 页。

④ 转引自〔美〕约翰·克莱顿·托马斯《公共决策中的公民参与》，孙柏瑛等译，中国人民大学出版社，2010，第 4 页。

提高资源动态适应性和利用效率，可以解决相对孤立的人力、物资、信息、资本等构成的资源系统无法完全应对的复杂公共安全问题。"在此网络中，控制是松散的，权力是分散的，决策中心是多元的"①，这代表着协作网络的机制设置"不是基于一个中心权威之上，不能由一个单一的组织目标来指导，这种设置中管理者的首要活动是选择适当的参与者和资源，创造网络的运行环境，想方设法应付战略和运行的复杂性。通过协作，每个参与者树立并维持了他的或她的权威，同时又与其他人一起管理"②；并且，"权力……已经不再集中于各种机构（政府）、组织（资本主义公司）或是具有象征意义的控制者（媒体、教堂）手中。权力已经被扩散进了全球的各种财富、权力、信息和形象网络，在一种变量几何和非物质化的地理系统中循环和改变"③。网络结构的核心就是允许公众更多参与政府治理，是对政府单中心治理结构的优化，是政府与公众的关系从集权走向分权、从管制走向合作。

## （三）网络结构的共享与整合作用

网络结构中多元平等主体的构成使得基于多个个体的个体规则更复杂（需要考虑更多的变量），更难以明确表述（衡量哪些变量更为重要并需要在规则范围内明确），更难以管理（在统一规则之下如何适用规则来统一行动）和评估（很多时候是成员之间的相互关系而不仅仅是个体成员的行为对结果产生影响）。但网络结构并没有清晰明确的层级关系，因而有两大突出的功能：一是维持系统内主体间关系的协调功能，也即处理相互依赖而非正式结构中的共享关系；二是将个体整合成系统内角色的功能。

---

① 〔美〕乔治·弗雷德里克森：《公共行政的精神》，张成福、刘霞、张璋等译，中国人民大学出版社，2003，第57页。

② 〔美〕罗伯特·阿格拉诺夫、迈克尔·麦圭尔：《协作性公共管理：地方政府新战略》，李玲玲、鄞益奋译，北京大学出版社，2007，第32页。

③ 〔英〕克里斯托夫·鲍利特：《重要的公共管理者》，孙迎春译，北京大学出版社，2011，第67页。

首先，网络化治理结构强调共同领导（或称"共同的改造能力"），或者说领导权是所有主体所共享的。网络结构"把所有关心该问题的人们召集在一起并且帮助消除或调解这些分歧，绝不是实施控制，而是通过榜样、说服、鼓励或授权来实施领导"①，强调系统内部各主体之间的横向沟通，并以虚拟组织（信息技术）来实现，"信息技术方便了信息在组织内的传递，进而使组织实现了扁平化并进一步为小规模的网络横向结构提供支持"②。

其次，网络结构促使合伙人和资源实现整合。"横向的联网环境十分复杂，每个组织都拥有完成一项集体任务所必需的不同类型和层次的技术与资源，当诸多独立的组织在它们的参与者中加强沟通的频率和强度时，共生关系便产生了，这反过来在某种程度上促使共同决策和集体执行。"③这种技术、知识和资源的相互依赖在当代社会更为凸显，在传统政府管理模式下特别是在计划经济时代，涉及公共安全的信息和资源基本都掌握在政府手中，但随着市场经济的发展，当越来越多的信息和资源分散到社会组织和公众手中时，"如何识别并优化使用来自其他政府部门、私人部门、第三部门和一些志愿性群体所拥有的资源，如何发挥共识、信任以及社会资本等无形资源的作用，从而促成不同主体间的合作与集体行动，就成了政府在治理时代必须具备的能力"④，即整合完成一项任务的过程中不同类型和不同层次的资金、技术和资源，动员各种力量，促进相互作用和相互协调，在共同利益和一致目标下，实现资源和能力的互补、主体行为的有序和危机应对的有效，此时，网络合作可以被视为一种手段、途径，用以

① 〔美〕珍妮特·V.登哈特、罗伯特·B.登哈特：《新公共服务：服务，而不是掌舵》，丁煌译，中国人民大学出版社，2010，第107页。

② 〔美〕斯蒂芬·B.彼得森：《层级与网络：非洲公共官僚机构中组织能力建设的战略》，载〔美〕梅里利·S.格林德尔编《打造一个好政府——发展中国家公共部门的能力建设》，孟华、李彬译，商务印书馆，2015，第170页。

③ 〔美〕罗伯特·阿格拉诺夫、迈克尔·麦圭尔：《协作性公共管理：地方政府新战略》，李玲玲、鄞益奋译，北京大学出版社，2007，第47页。

④ 周天楠：《推进政府治理能力现代化的关键》，《学习时报》2013年12月30日，第6版。

协调政府和非政府组织、减少重复活动、减少支出、汇聚力量等。①

## 二 多元主体在协作治理网络中的地位平等

在公共安全协作治理结构中，各参与主体的关系是相互依赖并自愿参与其中的伙伴关系。"在正常情况下，伙伴关系应该是平等的结构，伙伴各方自愿结合在一起分享技能、信息和资源"②，协作治理的权威不来自等级控制和职位压力，而是来自参与者的认同和共识。此时，政府、社会组织乃至个人的主体地位是平等的，对平等地位的承认就相当于它们共同享有对公共安全事务的管理权力，以及相互之间监督和制约的权力，这是各方能够平等协商合作的前提和基础，只有主体地位平等才有对话、沟通、合作的可能性。所以说，理想状态的治理应当是政府与社会组织和个人在相互独立的基础上以平等身份互惠合作和共同行动，"这一变革内在的行动逻辑是，市民社会和民间组织将成为一种主要的发展潮流，公民的个人责任以及个人对自己决定承担的后果将上升为社会选择过程中的主要法则"③。

### （一）权力共享的理性选择

20 世纪 80 年代之后的政府改革倾向于扩大向社会分权与授权的范围，以解决过度官僚化和职业化的问题，需要回归到由非职业人员和公民拥有更大控制权的时代。这意味着要重新界定公民的角色，即公民要从政府服务的被动消费者变为社区治理的主动参与者。这一界定要求公民对自己社

---

① 宋慧宇：《食品安全政府治理能力现代化的制度保障研究》，吉林人民出版社，2017，第 169 页。

② 〔英〕克里斯托夫·鲍利特：《重要的公共管理者》，孙迎春译，北京大学出版社，2011，第 63 页。

③ 孙柏瑛：《当代政府治理变革中的制度设计与选择》，《中国行政管理》2002 年第 2 期，第 19 页。

区的未来承担更大的责任,① 新公共管理和公共治理理论都属于这一次分权浪潮的范畴。具体来说,20 世纪 80 年代中期,分权概念扩大到政治权力共享、民主化和市场自由化以及私人部门决策的范围,通过授权代理,中央政府将特定功能的管理权力转移给半自治或者准国家机构、企业、地区计划和区域发展机构以及多目标和单一目标的公共机构,代表理论是奥斯本等人的"授权和鼓励社区自我管理",社区授权意味着将公共组织对决策、资源和任务等的实质性控制权转移给社区。② 20 世纪 90 年代,分权被视作将善治扩展到更广泛的社会组织来进行公共参与的一种途径,从这一点来看,分权是善治的一部分,包括行政、政治、财政和经济四部分。同时,善治又被倡导分权者视为提升地方政府、私人部门和市民社会组织能力,并使服务惠及更多民众的一种方式,③ 代表理论是登哈特夫妇提出的"公民参与和社区建设",公民参与被视为民主政体中政策执行恰当且必要的组成部分。或者说此时公民应当是主人翁而不是顾客、当事人和受益人。公民不应只是指望政府满足自己的需要,而是要自己参与治理。④特别是 21 世纪在社会发展和环境激变的形势下,公共安全治理共同体更加需要权力的共享,虽然这种分权与授权不能免除分工的必要性,但是,平等合作以共同面对公共安全问题是必然的选择。

而对于与西方经济基础和政治体制完全不同的中国,权力共享也与"权力和权利同质性"理念相统一。"国家权力对于公民权利的从属性质,决定了国家权力应当处于公民权利的约束之下。公民权利和国家权

① 〔美〕理查德·C. 博克斯:《公民治理:引领 21 世纪的美国社区》(中文修订版),孙柏瑛等译,中国人民大学出版社,2013,第 23 页。

② 〔美〕戴维·奥斯本、彼得·普拉斯特里克:《再造政府》,谭功荣、刘霞译,中国人民大学出版社,2010,第 16 页;〔美〕戴维·奥斯本、特德·盖布勒:《改革政府:企业家精神如何改革着公共部门》,周敦仁等译,上海译文出版社,2006,第 34 页。

③ 〔美〕G. 沙布尔·吉玛、丹尼斯·A. 荣迪内利:《从政府分权到分权化善治》,载〔美〕G. 沙布尔·吉玛、丹尼斯·A. 荣迪内利编《分权化治理:新概念与新实践》,唐贤兴、张进军等译,格致出版社、上海人民出版社,2013,第 2~6 页。

④ 〔美〕珍妮特·V. 登哈特、罗伯特·B. 登哈特:《新公共服务:服务,而不是掌舵》,丁煌译,中国人民大学出版社,2010,第 83~84 页。

力都是社会整体利益的宪法表现，完全是同质的东西，只不过体现这一整体利益的不同部分，具有不同的外化形式和角色功能而已。公民权利和国家权力的这种深层次联系是它们统一的基础，也是它们可以相互渗透、相互转化的客观依据"①，这说明了参与公共安全治理、共同对公共事务进行管理本身就是公众应当享有的权利，只是这种权利的表现形式由传统上间接地通过政府来行使转换为公众直接参与政府治理。同样，我们也不能将公众仅仅视为公共安全服务的享受者和接受者、公共安全事故中的受害者和弱势群体，他们也是公共安全治理的责任相关者，扮演着政府绩效的"所有者"、"问题形成者"、"共同生产者"和"评估者"等多种角色。②

（二）地位平等的相对性

平等地位意味着任何参与主体都对公共安全治理具有一定的影响力，而不只是单纯地接收信息和命令。当然，我们不能否认，这种平等是相对的。"有些伙伴所掌握的资源比别人更多或者更强大，也更有能力对他们不中意的观点进行有效否决。如果一个地方机构与当地小的社区组织之间建立'伙伴关系'，那么，双方在组织能量和资源方面的差距就可能非常大。因此，没有自动'横向的'伙伴关系，横向合作只是指相关资源的大致平等，但是可以设计有助于限制资源差异不利影响的各种程序性规则。"③ 在中国，可能国家这一主体性特征被单方面放大，而社会生长的自主性却会被忽视④，但 2015 年修订的《食品安全法》提及行业协会、消费者协会、新闻媒体以及社会组织或者个人在食品安全治理中的地位和作用，加上党的十八届五中全会"全民共建共享的社会治理格局"的提出，表明政府已经认识到政府与社会协作共治的政府治理模式的重要性并努力

---

① 张义忠：《善治视野下的有限政府塑造》，《社会科学战线》2005 年第 1 期，第 204 ~ 205 页。

② 包国宪、王学军：《以公共价值为基础的政府绩效治理——源起、架构与研究问题》，《公共管理学报》2012 年第 2 期，第 91 页。

③ 〔英〕克里斯托夫·鲍利特：《重要的公共管理者》，孙迎春译，北京大学出版社，2011，第 63 ~ 64 页。

④ 姚尚建：《政府发展与社会治理创新》，《甘肃社会科学》2012 年第 4 期，第 1 页。

实践，但是，长期行政权力占据主导地位的历史导致仍然有一些政府工作人员难以真正放下高高在上的架子，试图以控制行为来处理治理网络中或现实或潜在的平等合作问题，以形式或表面平等而实质不平等的做法来扭曲规则和制度。现实社会中权力地位实质不平等、公众向上的信息和沟通通道不够开放、意见和声音被轻视和忽略等问题仍然存在，政府在面对日益增长的公共安全社会需求时不可避免地表现出治理能力不足，效果不尽如人意。① 因此，在政府与社会力量之间构建相对平等的理念和规则至关重要。

历史与现实都决定了政府在公共安全治理过程中的主导地位是其他社会组织所无法替代的，而且，市场经济体制改革过程中形成诸多强大的利益集团，而社会和民间力量则相对薄弱和消极，那么，在网络治理中，不能忽视的一点就是，处于主导或强势地位的主体通过对弱小伙伴的操纵和利用、表面的"信任"和夸大的"协作"会增进其既得利益。为了防止这种影响，"沙普和范特威斯特提出了协作网络中个人的否决权，以排除网络中其他行为者操纵的干预"②。但是，反过来，在协作环境中同样可能存在权力共享，利用权力或实力的影响来动员、组织、促进协作行动的开展，如治理网络中政府"元治理"的作用。首先，政府必须认识到通过与社会成员共享权力才能达到和维持其既定的治理目标，"分权如果没有国家和地方政府层面强有力的政治领导，就不能轻易形成。政府官员必须愿意也能够分享权力、权威和财政资源"③；其次，政府不再通过权力自上而下强制落实来体现其主导地位，而是以合作、协商、建立伙伴关系、确立认同和共同目标等方式来充当"同辈中的长者"。这里，权力或实力就是一种资产，正面的、良性的影响力是需要力量来统合的，如不可分割的依

---

① 宋慧宇：《食品安全政府治理能力现代化的制度保障研究》，吉林人民出版社，2017，第105页。

② 〔美〕罗伯特·阿格拉诺夫、迈克尔·麦圭尔：《协作性公共管理：地方政府新战略》，李玲玲、鄞益奋译，北京大学出版社，2007，第169页。

③ 〔美〕G. 沙布尔·吉玛、丹尼斯·A. 荣迪内利：《从政府分权到分权化善治》，载〔美〕G. 沙布尔·吉玛、丹尼斯·A. 荣迪内利编《分权化治理：新概念与新实践》，唐贤兴、张进军等译，格致出版社、上海人民出版社，2013，第8页。

赖关系、共同的信念或目的、相互信任以及规则的保障等，最重要的就是通过规则的保障，包括能力建设、机构强化、资源配置、指标系统等来纠正利益集团之间权力的不平衡，当消费者组织、民间团体、社区力量以及其他社会公益组织真正能够以平等的地位参与治理时，它们将成为公共安全政府良性治理和治理现代化的强劲推动力量。

## 三　公共安全协作治理网络中的主体作用

网络管理为我们构建公共安全协作治理模式提供了一个重要类别，而"一个网络组织就是一组社会关系，所以对其进行观察的有效方法是，从组织成员之间的义务的角度入手"[①]。公共安全协作治理说到底就是允许在政府以及社会其他组织和个人之间分享权力，"跨越组织边界而调整、善于处理、使合伙促成、取得、交换、熟悉以及进行许多其他管理活动"[②]，这个过程可以视为以政府为中心组织各竞争力量展开谈判，以做出解决、控制或支配各种张力的妥协。在这个过程中，确定各主体的角色和能力及强化这种能力是成功治理的关键。

参与主体在治理项目的不同阶段需要展现出不同层次的影响力。在所有参与者中，政府与非政府主体所起作用有着明显的差异，有必要进行区别分析。从所起作用上看，政府主体在目标议题的选取、参与者的甄选、谈判过程的组织和协调以及最终结果的形成和执行方面都具有重要作用，而其他参与者在目标议题的建议、治理过程的参与和监督方面具有更为关键的作用；从能力建设上看，政府在整个治理网络中扮演了"元治理"角色，注重规划能力、组织能力、协调能力等，其他非政府主体最重要的是参与能力，包括谈判能力、沟通能力和监督能力等。

---

① 〔美〕斯蒂芬·B. 彼得森：《层级与网络：非洲公共官僚机构中组织能力建设的战略》，载〔美〕梅里利·S. 格林德尔编《打造一个好政府——发展中国家公共部门的能力建设》，孟华、李彬译，商务印书馆，2015，第166页。

② 〔美〕罗伯特·阿格拉诺夫、迈克尔·麦圭尔：《协作性公共管理：地方政府新战略》，李玲玲、鄞益奋译，北京大学出版社，2007，第90页。

## （一） 政府的"元治理"角色

在政府、市场和社会的关系中，尽管多元主体参与、合作网络关系、平等协调机制、权力责任共享等理论颠覆了传统政府在公共事务管理中的绝对权威和统治地位，但仍然不能否认政府在新型治理模式中的主导地位。也就是说，公共管理者的行为是构建协作治理网络及确认行动效力的重要独立变量，"公共行政官员应该被视为在一个包括公民、团体、民选代表以及其他机构在内的更大治理系统中的关键角色"①，而这个关键的作用和角色可以被称为政府在"元层次"上的运作或"元治理"角色。

协作的成败取决于各种能力构建，但领导能力是统合机构间协作的中心要素。领导能力不是指个人特质、能力或个体条件，而是指在战略交互作用系统中的功能。协作领导和管理需要以"'软的'指导原则"来代替命令和控制，最低限度地使用强制力量和资源，"平衡社会力量和利益，使社会行为者和社会系统自我组织"②，而政府必须承担和接受这个功能，从传统管理体制下拥有凌驾于其他主体之上的至高地位和权力，转变为在合作治理网络中与其他主体具有平等地位，政府虽然不再通过绝对的权威来实施命令控制，但仍然应当是这个信任体系中的核心，扮演"同辈中的长者"的角色。

### 1. 政府需要适应角色转换

政府不再是主管，而只是一个博弈参与者或者说重要的博弈参与者，政府与私人组织以及非营利性组织一起为了寻求公共问题的解决方案而行动，政府从控制者的角色转变为调解、中介甚至裁判者的角色，"政府正变得越来越像一个促进者而不是一个生产者"③，其在治理网络中起到有效

---

① 〔美〕珍妮特·V. 登哈特、罗伯特·B. 登哈特：《新公共服务：服务，而不是掌舵》，丁煌译，中国人民大学出版社，2010，第59页。

② 〔美〕罗伯特·阿格拉诺夫、迈克尔·麦圭尔：《协作性公共管理：地方政府新战略》，李玲玲、鄞益奋译，北京大学出版社，2007，第167、168页。

③ 〔澳〕欧文·E. 休斯：《公共管理导论》，张成福、王学栋、韩兆柱等译，中国人民大学出版社，2007，第109页。

协调和推动治理的核心作用，"公民参与成败与否，关键取决于公共管理者是否了解应该怎样吸引公民参与以及怎样为公民参与的成功提供便利条件"①。特别是在中国，部分地区仍存在"官本位"理念，部分政府部门可能对经济社会领域有过度的干预和介入，但对公共安全等社会领域的监管却存在空缺与不足，机构重叠、职责交叉、相互推诿、寻租腐败、监督乏力等问题偶有发生。当社会公众对公共安全产品（服务）质量普遍感到不满意而又难以通过监督政府保障自身利益时，社会成员就很难对政府监管的制度安排有高度的认同感。但随着服务型政府、社会治理精细化、全民治理格局等理念的提出，中国已经认识到，"现代政府作为公共权力的受托者，不应成为一个经济主体，而应成为体现公共精神、履行公共职能、保障公共秩序、维护公共利益、促进社会公平正义的公共性主体。政府不同于企业，企业作为一个经济主体以追求经济效益最大化为目的，政府则不能仅追求经济增长，更不能仅追求部门利益，而要以追求经济与社会协调、均衡发展，实现公共利益最大化为目的"②。面对社会力量范围越来越广、程度越来越深地参与到政府治理中，同时，被决定的公共安全议题又复杂多变，如何转变政府角色以提高政府的向心力就非常重要了。

**2. 政府需要扮演"同辈中的长者"的角色**

虽然政府在公共安全治理中的定位已经不再是超越所有治理主体的存在，而是平等的共同参与者，但这并不能排除政府作为公共治理的组织者、公共精神的引导者的作用，这也是政府的责任所在。

（1）表率和鼓励

再好的公共治理理念和目标也不能够确保政治信任，政府必须为此做出表率并催生公共精神，以求增进互动合作，达致共同目标。公共精神就是公民会超越自身利益去关注更大的公共利益，要求公民了解公共事务、有归属感、关心整体等，它才是促使社会公众积极有效融入公共安全治理

---

① 〔美〕约翰·克莱顿·托马斯：《公共决策中的公民参与》，孙柏瑛等译，中国人民大学出版社，2010，第109页。

② 周光辉：《从管制转向服务：中国政府的管理革命——中国行政管理改革30年》，《吉林大学社会科学学报》2008年第3期，第24页。

网络的根本驱动力，可以说，"发达的公共精神是良好社会治理的决定性因素"①。充满公共理性和责任感的公共精神并不能自发形成，需要培育和维护，而政府有责任促进确立这样一种集体的、共同的公共利益观念，确切地说，政府是要创立共同的利益和共同的责任，② 特别是在我国政府推动的改革模式之下，政府对公共精神的形塑和带动能力影响着公共安全合作治理的程度和效果。比如，"鼓励公民关注更大的社区，鼓励公民致力于超越短期利益的事情并且愿意为自己邻里和社区中所发生的事情承担个人的责任"；"通过参与公民教育的项目并且通过帮助培养广泛的公民领袖，政府能够激发一种复兴的公民自豪感和责任感。随着各方为参与、合作和社区创造机会而一起工作，这样一种自豪感和责任感将会在许多层次上发展成为一种更为强烈的参与意愿"；③ 大力倡导公民宪章式④的对话方式；通过基层公务员有关友善、尊重、效率、公正等的行为将公共精神传递给社会公众以激发他们参与的意识和行动⑤。

（2）引领和协调

宏观的远景设想是所有参与者努力的目标，而网络管理者即政府需要利用自身组织智慧与信息资源塑造人们的认知和希望，提出协作治理的远景设想，"向潜在的合伙人兜售思想，调动合伙人对协作及协作目的的承

---

① 笪素林：《社会治理与公共精神》，《南京社会科学》2006 年第 9 期，第 92 页。

② 〔美〕珍妮特·V. 登哈特、罗伯特·B. 登哈特：《新公共服务：服务，而不是掌舵》，丁煌译，中国人民大学出版社，2010，第 47 页。

③ 〔美〕珍妮特·V. 登哈特、罗伯特·B. 登哈特：《新公共服务：服务，而不是掌舵》，丁煌译，中国人民大学出版社，2010，第 58、75 页。

④ 这里提到的公民宪章与英国的"公民宪章运动"有所不同，更类似于一种公民契约，本质上是一种倡议手段，以对各行各业公民进行严格咨询的过程为基础，反映民众愿望，代表公民观点，说明他们对当前社会公共问题的理解，将其需要和意愿传达给政府，公民宪章的表现形式包括公民议程、社区章程、公众宣言和社区大会等。

⑤ 从崇尚市场化政府的观点来讲，公务员制度并不以服务为宗旨，公务员只是一群假公济私、自私自利的人，而实际上，这种观点尽管有利于对权力的控制却未免太过消极，其实有很多其他原因同样能够促使公务员积极正面行动，如纪律和法规的消极约束、稳定的报酬、永久的职位、升职的空间等的激励作用，履行责任、创新精神、个人品性甚至奉献精神的鼓励，等等。

诺和支持"①，着力将人们吸引并集合在允许他们就公共安全问题进行无拘无束的真诚对话的背景下。多元主体参与不可避免地存在冲突的目标、不同的意识和相异的价值观，而"政府对于创立公民能够通过明确表达共同价值观并产生一种关于公共利益的集体意识的舞台具有重要的积极作用"②，包括为市场、社会力量介入公共安全治理提供具有普遍适用性的广泛的基本原则，保证不同治理机制和规则的兼容性，通过为公众参与治理提供具体规范的过程、通畅有效的渠道和多样灵活的方式等，促使各方认识到相互之间的功能联系和依存关系，促进各参与主体在目标、空间、时间、行动和结果方面的相对协调，同时预防、最大限度地减少或清除协作的障碍，由此降低在协作中大量存在的交互作用成本。

（3）平衡和保障

协作共治网络管理者需要建立必要的机制保证系统内部的平衡与公正。通过支持较弱的一方或系统设计权力关系的新平衡来整合和凝聚社会公共利益，③避免出现网络治理主体之间强者对弱者的操纵和利用，如建立公共安全产品与服务的质量监控和评价机制，为公共安全领域内弱势群体主张合法权益提供政策、信息、技术、资金等支持和援助，以平衡公共安全领域内社会公众和大集团之间的力量，实现对社会公平正义的承诺；在多元主体内部出现冲突和争议时充当"上诉法庭"来恢复原本的治理秩序，如判定大集团制定的涉及公共安全的免责条款、集团之间所达成的威胁社会公众安全的协议无效等。

## （二）非政府主体的辅助作用

我们已经从相互之间的依赖和信任关系分析了协作治理网络生成和变

---

① 〔美〕罗伯特·阿格拉诺夫、迈克尔·麦圭尔：《协作性公共管理：地方政府新战略》，李玲玲、鄞益奋译，北京大学出版社，2007，第 163 页。

② 〔美〕珍妮特·V. 登哈特、罗伯特·B. 登哈特：《新公共服务：服务，而不是掌舵》，丁煌译，中国人民大学出版社，2010，第 48 页。

③ 〔英〕鲍勃·杰索普：《治理的兴起及其失败的风险：以经济发展为例的论述》，漆芜译，《国际社会科学杂志》（中文版）1999 年第 1 期，第 45 页。

迁的原因，但同时，"网络鼓励沟通与合作的程度以及网络中单个组织有效履行职责的能力大小都会影响到绩效。网络可能由公共部门内外的组织构成，包括 NGO 和私营部门的组织。主要组织在完成一项给定任务中发挥着核心作用；次要组织对于主要组织的工作来说是必不可少的；支持性组织能够为任务的完成提供重要的服务或支持"①，也就是说，相对于政府的"元治理"作用，非政府主体的辅助作用绝对不是可有可无的，反而是网络治理绩效必须参考的要素。而目前我们面对的是过度官僚化和职业化的问题，无论是西方国家的官僚体制还是中国的传统管理体制，都需要一定程度地"回归到由非职业人员和公民拥有更大控制权的时代。这意味着要重新界定公民的角色，即从政府服务的被动消费者变为社区治理的主动参与者"②。

### 1. 公共安全治理目标议题的建议权

网络治理的参与者在认知层面形成联合意向和共同决议是合作机制中价值整合的基础和起点。"能够保证公共政策制定获得'最好的'结果，取决于公民是否能获得信息，并能对公共政策问题进行自由而公开的讨论，而不是依赖于精英集团的偏好或者局限于选任代议者的审慎决断"③，其中的理由即公民参与公共决策的实践优势，前文已经详细分析过，在这里需要重申和关注的有两点。一是非政府主体为了在社会发展中发挥自身的功能（具有一定程度公共性质的职能），必须开发出更高的能力水平以便参加政策辩论、强化其倡导者的角色。比如，人力资源和组织能力，分析、反省及学习自身经验的能力，分析和提供文件的技能，以及

---

① 〔美〕玛丽·E. 希尔德布兰德、梅里利·S. 格林德尔：《公共部门持久能力的建设：我们能够做些什么?》，载〔美〕梅里利·S. 格林德尔编《打造一个好政府——发展中国家公共部门的能力建设》，孟华、李彬译，商务印书馆，2015，第 42 页。

② 〔美〕理查德·C. 博克斯：《公民治理：引领 21 世纪的美国社区》（中文修订版），孙柏瑛等译，中国人民大学出版社，2013，第 23 页。

③ 〔美〕理查德·C. 博克斯：《公民治理：引领 21 世纪的美国社区》（中文修订版），孙柏瑛等译，中国人民大学出版社，2013，第 14 页。

数据收集、政策分析能力。① 二是探索如何保证那些具有相关利益并有意向的非政府主体在公共决策目标议题的建议和讨论中的参与机会，并解决非政府主体存在的对拟解决问题的关注可持续性、参与治理活动的长期性等问题。

### 2. 公共安全服务生产和供给过程的参与权

参与公共安全产品和服务的生产和供给是非政府主体参与公共安全治理的最直接方式。此时，非政府主体不再是被动的接受者，而是更为主动的参与者。这种政府和社会联合起来共同参与公共服务的生产和供给的方式，可以称为"共同生产"。20 世纪七八十年代，共同生产或者说合作生产成为学术界一个新的讨论主题，公共治理这样的公共产品或服务并不意味着政府必须是唯一的生产主体。就公共安全治理来说，政府可以和公民、公民团体、社会组织联合起来共同生产公共产品或提供公共服务，或者说合作进行公共安全治理，如以个体的形式主动举报存在公共安全问题的商家，以团体的形式协助或独自参与维护公共安全的行动，其中的高级形式就是组织或团体承担政府指定或委托的重要责任。当然，共同生产同样需要提升非政府主体的专业技能，否则，在专业性很强的领域内共同生产将受到很大的限制。

### 3. 公共安全治理行动的监督权

公共安全治理的目标是追求公正，必须站在维护整体公共利益的高度，在这个良好目的之下，公权力的滥用更易于被掩盖和忽视。非政府主体对公共安全治理的共同参与打破了公权力的封闭状态，政府必须面对和接受非政府参与者成为公共物品和服务提供系统的必要组成部分，而不仅仅是政府单方面实施监管、强制和处罚后才能提起救济的行政相对方，非政府主体在权力运行的始终都应当起到监督作用，以防止权力在暗箱操作之下恣意妄为，如第三方中立机构或组织接受委托共同参与

---

① 〔美〕马莎·A. 陈：《非政府组织的研究能力建设》，载〔美〕梅里利·S. 格林德尔编《打造一个好政府——发展中国家公共部门的能力建设》，孟华、李彬译，商务印书馆，2015，第 229～234 页。

公共安全事故的调查工作、针对政府公共安全治理政策制定和实施开展评估工作等。

从总体来看，近几年中国的社会组织已呈现出积极繁荣的景象，并开始在某些专门领域承担起公共政策制定的参与责任，同时，非政府组织的蓬勃发展使其公共利益表达水平和公共服务能力日渐提高，并且逐渐向更为专业的方向发展，特别是会关注和参与某一类社会问题的治理过程。如2013 年 6 月，专注于食品安全的公益组织"啄木鸟环境与食品服务中心"在杭州成立，它是国内的一家专注于食品安全的社会公益组织，日常进行食品安全常识的普及活动，也作为第三方，对超市、商店、食品企业进行食品安全调查、监督。① 2014 年 4 月，关注安全食品生态系统的国际民间公益组织"全球安全食品联盟"在北京成立，其致力于推动全球安全食品生态系统建设，从而确保消费者能够发现、获得安全食品，维护消费者健康生存发展的权利。② 2015 年 8 月，中国妇女报社、中国妇女发展基金会共同设立"中国母婴健康专项基金"，旨在救助贫困地区的贫困母亲和患病母亲。③ 这些社会组织对特定公共安全问题有着更为敏锐的洞察力和强烈的责任感，利用自身的知识和技术优势向社会公众和政府部门提供危机信息、传授预防知识、组织危机应对等，对政府公共安全治理起到辅助和补充作用。

## 四　平等协商是公共安全治理网络结构运行的最佳途径

网络治理结构这种复杂的任务绩效网络涉及许多公共部门组织、私营部门和非政府组织，在这个网络中，对绩效产生限制作用的不利之处来自两个渠道：缺少担任任何一项给定任务所需角色的组织或者这些角色的绩

---

① 朱敏：《浙江省首家专注食品安全的 NGO 成立》，《青年时报》2013 年 9 月 3 日，第 A8 版。
② 全球安全食品联盟网，http：//www.gsfa.com/。
③ 智春丽：《中国母婴健康专项基金成立》，《人民日报》2015 年 9 月 1 日，第 14 版。

效表现不佳，网络中的组织之间缺乏有效的相互作用。[①] 也就是说，复杂网络结构的特点使传统公共官僚机构的正式结构和层级制有所削弱，或者说自上而下命令和控制的运行方式不再具有优势地位，治理结构中所有主体对治理目标、治理方式以及相互关系的认同、尊重、依赖和共识是共同行动的基础，显然，这种相互信任关系的建立不能依靠单方的强制行为去压迫，平等协商就成为社会公众参与公共安全治理的最佳途径。

## （一）平等协商方式的优势及实现形式

平等协商方式就是系统内部各主体间特别是政府与非政府主体间通过沟通与协商来表达意愿、消除分歧、整合利益，使沟通在多个方向上更为密切地展开，并最终集中在任务绩效和问题的解决上。

### 1. 平等协商方式的优势

从政府的角度看，平等协商能够促使权力系统从封闭走向开放，弥补政府自身治理在公共安全知识、信息、能力上的局限性，增强公共决策的正确性；加强与社会公众之间的双向沟通和解释，减少隔阂和冲突，增强政府决策的合法性、可接受性和可执行性；聆听社会公众的声音并做出回应和反馈，生成政府与社会之间的信任关系。从社会公众的角度看，平等协商能够使参与公共安全治理的成员表达出自身的偏好和诉求，即使最终结果未能完全符合某些成员的利益，其也能够因诉求曾被考虑而愿意服从，同时，这种"参与和包容的方法是建立公民意识、责任意识和信任的最好方法，而且，它们可以促进公共利益中服务的价值"[②]。协商参与决策更是 20 世纪 90 年代后的主要政治议题，领导者们发现只有深入民众之中才能制定出合理的政策，而不仅仅是征询政策应该是什么的建议。或者说，其实"我们生活在一个权力分享的世界里，在这个世界中，政府组

---

① 〔美〕玛丽·E. 希尔德布兰德、梅里利·S. 格林德尔：《公共部门持久能力的建设：我们能够做些什么?》，载〔美〕梅里利·S. 格林德尔编《打造一个好政府——发展中国家公共部门的能力建设》，孟华、李彬译，商务印书馆，2015，第 51 页。

② 〔美〕珍妮特·V. 登哈特、罗伯特·B. 登哈特：《新公共服务：服务，而不是掌舵》，丁煌译，中国人民大学出版社，2010，第 121 页。

织、准政府组织、非营利组织、私人组织共同参与政策的制定和政策的执行"①。因此，政府在公共安全政策的制定和执行过程中必须增强对社会组织、企业和公众的回应性，认可它们参与治理的能力与地位，在技术上增加公民参与的渠道和途径，同时在制度上予以保障。

### 2. 平等协商方式的具体实现形式

市场机制通过经济规律而官僚体制通过等级制实施协调已经有了充分论证，但跨组织之间如何通过协商方式有效协调行动仍然需要更多的讨论。

（1）谈判

网络治理的决策和执行可以视为以政府为中心组织各个竞争力量展开谈判，以做出解决、控制或支配各种张力的妥协的过程。谈判本身就是一种协商方式，"是协作的核心，规劝、解释、说服和平等交换，考虑所有的利益。协作的成功可能取决于合伙人的谈判和关键问题的探讨，主要在于努力寻找对不同意见的创造性解决方案。谈判的最终支持来自协作管理者——政府"②。网络治理主体通过谈判和对话彼此交换意见，以提高自身对达成公共治理目标的影响力，通过一系列交互作用和协商达成最终共同遵循的结果。

（2）共同学习

共同学习是有效协作的基本手段，协作过程可以被看作共同学习体系。"当合伙人遵从市民交谈的原则，所有的人都有发言的机会并且忠诚、全面、准确、合法，一种有助于学习的环境便创造出来了：促成共同理解，产生协作机制，带来新的知识，使参与者形成共同行动的理念和程序。"③ 在协作与沟通存在严重问题的地方，传统自上而下的控制方式不再有效，共同学

---

① 〔美〕乔治·弗雷德里克森：《公共行政的精神》，张成福、刘霞、张璋等译，中国人民大学出版社，2003，第3页。

② 〔美〕罗伯特·阿格拉诺夫、迈克尔·麦圭尔：《协作性公共管理：地方政府新战略》，李玲玲、鄞益奋译，北京大学出版社，2007，第165页。

③ 〔美〕罗伯特·阿格拉诺夫、迈克尔·麦圭尔：《协作性公共管理：地方政府新战略》，李玲玲、鄞益奋译，北京大学出版社，2007，第165页。

习、共同生产，在新的协作共治远景设想下，吸引人们集合并允许他们就公共问题进行无拘无束的真诚对话，将产生共同参与治理的新的驱动力。

（3）虚拟组织

建设流畅的数据信息共享平台以保证治理主体之间良好的相互协商和沟通非常关键。虚拟组织可以使整个系统对外在变化更加适应，反应更为迅速。"虚拟组织的概念实际上是关于在组织间建立网络系统这种思维的正式体现"①，即统一制定出指引公共安全危机涉及的主体行动的正式或非正式规则及一整套规范，通过互联网进行松散的联系和沟通，使之分工合作、相互配合，协同一致地实现行政目标和提高整体效能。而其中最关键的是建设面向全社会的大数据信息平台，使之作为政府、企业、社会和公民个体等参与公共安全治理的统一接口，由政府应急部门位于平台网络中央对整个网络进行调控，平台具备信息收集、分析和推送的功能，对公共安全风险和事件进行预测和预警，动态协调政府、市场和社会所有应急资源应对公共安全问题。

（二）平等协商方式的参与流程

如果我们一味要求公共管理者不断推进实现公民参与公共事务治理目标的同时不损害管理效率，却又没有赋予他们一个明确的具有可操作性的参照标准和指南，必将使政府组织陷入一种两难的境地：或畏缩不前，或矫枉过正。因此，"政府必须要有一套合法的规范去防范此种情形的发生，同时也要对政策过程中的其他参与者做什么、何时做以及如何做等问题从法律上加以限制"②。政府与非政府主体进行平等协商的流程可以分为三个主要阶段：问题界定、共同决策、监督制约（见表3－1）。

---

① 〔美〕B. 盖伊·彼得斯：《政府未来的治理模式》，吴爱明、夏宏图译，中国人民大学出版社，2001，第96页。

② 〔美〕B. 盖伊·彼得斯：《政府未来的治理模式》，吴爱明、夏宏图译，中国人民大学出版社，2001，第69页。

表 3 - 1　平等协商方式的流程

| 阶段 | 政府 | | 非政府主体 |
| --- | --- | --- | --- |
| 问题界定<br>（目标议题选取） | 预测问题 | | 接受公民调查、公民会议、关键公众接触、公民咨询委员会、斡旋调解、传媒讨论、广告宣传等，主动提供信息 |
| | 开展关于公众参与的提议、评论、评估、研讨会等活动 | | 对无法直接参与的公共决策至少在决策咨询、信息公开、意见反馈等环节提供信息 |
| | 描述难题、提供相关信息、设计适当方案、确立解决目标 | | 了解政府提供的相关信息，做好参与决策的准备工作 |
| 共同决策<br>（结论形成过程） | 界定参与者（筛选标准：利益关联性和专业性） | | |
| | 甄选参与者 | 列出长名单 | 积极接受甄选流程提供的公民调查、关键知情人访谈、申诉筛选、已有团体或论坛等方式；<br>与目标议题利益相关，对目标议题具有"权利"和"风险"的群体积极主动参与决策 |
| | | 甄选方法：公民调查、关键知情人访谈、申诉筛选、已有团体或论坛 | |
| | | 以"权利"和"风险"为判断标准确认参与者名单 | |
| | 具体参与途径 | 整体协商 | 正式参与者通过公民调查、公民大会、咨询委员会、专家咨询、听证会、通告与评论、理由说明、意见反馈等方式参与谈判 |
| | | 分散协商 | |
| 监督制约 | 公开信息、说明理由、设定政策改革"基准线"、改进决策等 | | 针对公共政策本身及政府执行效果进行评估、询问 |

## 1. 问题界定

问题界定或者说目标议题选取决定了其后的所有行动，所以从项目设计与实施的角度来看，这是一个先决问题。

首先，由管理者发现和启动问题。而问题的发现需要管理者预测问题，而不是由外界施加问题压力，即管理者需要在外界强烈要求解决该问题之前就预料并发现问题，具有"先见之明"比问题爆发之后才介入容易使问题得到成功解决。比如，当前的公共安全存在哪些问题？哪些问题需要优先考虑和解决？哪些问题需要长期规划？哪些问题需要立刻采取行动制定政策？等等。发现问题的过程虽然与公众参与没有直接联系，但是，公共管理者准确预测问题的前提必然是与公众保持密切持续的接触，把握公众的脉搏，只有这样，才能提前洞察和预料问题所在。于是，管理者与社会公众日常的密切接触就尤为重要，具体方式包括组织公民咨询委员会、公民调查、传媒讨论、广告宣传等。

其次，确定是否需要公众参与以及大体的参与群体。需要明确的是，与市场和社会协作治理并不意味着所有的公共决策都需要公众的参与和介入，因为公共决策都有一些质量要求，受到很多因素的限制，如专业技术、财政预算等，是否需要公众参与也并不是由政府单方面决定的，而是需要有提案前的提议、评论、评估、研讨会，而且，即便是无法接纳公众直接参与的公共决策也需要保持一定程度的开放性，至少决策咨询、信息公开、意见反馈等环节不可或缺。

最后，做好参与公共治理决策的准备。确定公众参与公共治理决策之后，正式进入决策参与的准备阶段，政府需要向社会公众描述难题、提供相关信息、设计适当方案，并且需要确立问题的解决目标，避免政策制定在复杂的讨论过程中偏离方向。

**2. 共同决策**

共同决策或者说结论形成过程是社会公众直接参与公共治理决策的实质阶段，也是政府与非政府主体平等协商的主要场域。共同决策不仅包括公共治理政策的制定，也包括政策执行过程中政府与非政府主体就具体问题达成共识的过程。

（1）参与者的界定

"如果公民参与是必不可少的，那么，管理者就必须界定公民中的哪些部分可以满足参与需要，其中包括组织化的和未组织化的公民团体。……对参与者的界定不当会带来严重的风险。这集中表现在：太广泛的公民参与会给决策过程带来不必要的复杂性，而同时，如果管理者忽视一个重要团体的存在，而且这个团体对相关决策问题拥有动员能力，公民参与就可能冒失败的风险。"① 公共管理者需要有更为清楚和准确的概念来确认每一次决策的具体参与者。

在协作共治模式下，"协作法则要求公众也承担广泛责任，要求公众参与到这一过程中来"②。这种广泛性的弹性其实很大，多大程度的参与属于广泛性？广泛性的一个方面就是参与者的选择范围。参与公共治理决策的主体范围至少要符合两种筛选标准：利益关联性和专业性。③ 专业性代表着公共决策需要有掌握政策制定和实施相关信息、资源的专业人士参与。利益关联性则相对比较复杂，凡与某项公共政策制定和实施存在利益关系的个人和组织，都应当有权参与其中，表达利益诉求，影响公共决策。利益相关群体分析就是一种重要的工具，用以确定哪些群体在特定政策上有重大的合法利益，这种分析方法的基本目标是使所有利益相关群体都能参与政策制定，以保障社会公众知情、参与和受益的权利。大体上可以将利益群体分为四类。一是被政策拟解决的公共问题所直接影响或其活动能够强烈影响该问题发展的人群，通常也是比较明显的人群。二是对公共问题的解决真正有需要但可能由于经济、精力和时间等原因无法真正参与的潜在利益群体，如偏远农村人群、低收入人群等。三是一些深度参与公共生活的社会活动家群体，虽然人数少，但通常是具备一些专业知识的社会精英阶层，有一定的经济基础，有为公益出力的决心与勇气，有一定的精力和时间。以上三类都是需要仔细筛选甄别并保证其有效参与决策程序的群体。四是不愿意付出更多的时间精力，更倾向于享受免费公共物品的广大一般社会公众，也需要安排适当的程序吸收他们零散的意见。

---

① 〔美〕约翰·克莱顿·托马斯：《公共决策中的公民参与》，孙柏瑛等译，中国人民大学出版社，2010，第110页。

② 〔以色列〕埃瑞·维戈达：《从回应到协作：治理、公民与未来的公共行政》，孙晓莉摘译，《国家行政学院学报》2003年第5期，第95页。

③ 罗豪才、宋功德：《公域之治的转型——对公共治理与公法互动关系的一种透视》，载罗豪才等《软法与公共治理》，北京大学出版社，2006，第29页。

（2）参与者的甄选

根据不同的目标议题确定了大体的参与群体之后，就需要开展具体的甄选过程。

首先，根据目标议题列出长名单。围绕目标议题罗列所有可能的利益相关群体，这个综合的长名单应当确保任何一个重要的利益相关群体没有被漏掉。然后根据不同的标准和特征对其进行分类，标注各类的相关性、能力和利益。以食品安全为例，目标议题明确，虽然广义上涉及所有人，但仍然需要有差别、有重点。比如，食品安全相关政策的制定涉及社会公共利益，受其影响的利益群体较多，根据特征和性质划分，涵盖食品生产经营行业组织及企业或企业联盟，消费者保护组织及其他类似公益组织或团体，掌握和使用食品安全检验检疫相关设施和工具的社会中介组织或机构，食品安全相关领域的学术界专家学者，提供食品安全信息沟通、讨论平台和教育引导场所的媒体，以及广大重要却无组织的公众，等等。

其次，确定甄选参与者的方法。

第一，公民调查。政府可以在日常管理中让公民持续地、低程度地参与政府治理，通过广泛的定期公民调查的方法来筛选哪些群体、团体或组织对哪些特定类别的公共问题或公共利益比较关注，这样在该项相关政策制定时便可以从中甄选代表公共利益的政府决策参与者。调查对象可以是特定的和非特定的人群，方式可以是电话访谈、媒体征集、问卷调查等，政府必须保证公民调查的样本是随机的，实际访问是公正而没有虚假的。

第二，关键知情人访谈。向关键知情人（通常是有组织团体的领导者）征询建议能够把握利益相关群体的性质和需求。这种方法成功的前提是这些少数的知情人具有权威性，能够代表更大范围的群体利益，特别是在政策制定过程中，公众形成一个或几个主要的团体意见，这种方法就显得适当又必要了。当然，关键知情人在代表性方面的缺陷使这种方法很少能够在政策制定中单独运用。

第三，申诉筛选。有效知悉公众利益和价值偏好的一种直接方式就是收集公众自发主动提供的信息，如信访制度、投诉制度等。公众自身对某个公共问题的投诉和申诉能反映更大范围内的公众意见，无论申诉人的申诉是代表自身利益还是社会公共利益，都表示他们对该问题有一定程度的了解和针对性，这类申诉人如十分关注、倡导和呼吁食品安全的社会公益人士，曾经组织或参加过食品安全公益诉讼或集团诉讼的原告、律师、代理人，等等。多媒体、互联网等新兴通信技术的发展为申诉信息获取提供了更为便捷的渠道，但是也同样存在通过这些技术收集的信息缺乏代表性和建设性、充斥非理性等问题。

第四，已有团体或论坛。很多已有或长期存在的公民团体或论坛都在某个范围内代表私人的或相对较小范围的利益，会对涉及自身利益的公共问题感兴趣，或者曾经关注或参与某些公共问题的讨论、倡议或治理，通过基本的历史或经历调查即可识别出这些潜在的参与者，比如最具代表性的消费者协会，专注于食品安全的民间组织如"啄木鸟环境与食品服务中心"①，食品安全研究和服务性机构如"上海交通大学陆伯勋食品安全研究中心"，等等。

最后，确认正式参与者名单。在综合的长名单中，参与决策的人应当限制在确有相关利益并且能够为决策提供重要信息和资源的人群范围内，以"权利"和"风险"为关键的判断标准。公共安全问题涉及的利益及权利的持有者或代表者应当被吸纳进决策过程，比如，帮助消费者群体、低收入群体或社会弱势群体形成自己组织和利益的社会团体尤其是草根组织和社会运动团体，处于公共安全特定风险中或相对于一般公众面对更大风险的群体，如偏远农村人群，必须保证其在公共安全政策制定中的适当比例。需要注意的是，最初确定的公众中的哪些人应当被纳入参与过程不应该被看作最终的结果，对于最初被忽视的可能会对决策产生影响的公众团体要保持一种持续的开放态度。

（3）具体参与途径

具体来说，多元主体参与公共安全治理可以选择两大途径：整体协商

---

① 林柳燕、董碧水：《李海市：做食品安全的民间守望者》，《中国青年报》2015 年 10 月 13 日，第 10 版。

和分散协商①。

如果政府和公众内部各主体间存在着不同程度的分歧，即目标比较分散，宜采取整体协商的方式：由政府进行程序安排，组织政府、所有的利益相关者和专业人员参与讨论和协商，提供相关信息，充分表达意见，使所有主体的观点都得到体现，让分歧各方明了分歧的性质和原因、公共管理者做出决策的困难之处。这有利于政府决策之后分歧各方的理解和接受，其实就是让参与各方在他人的立场和角度考虑问题，而这种考虑问题的立场和角度在没有多方刺激的情况下很难涉及。

如果政府和非政府主体形成比较完整的两大对立意见，政府不宜采取整体协商的方式，因为其可能阻碍公众形成一致的力量从而产生对抗和对峙。此时，使冲突的目标相互协调的最好方法是放弃直接接触，区分不同利益群体进行分别协商，以达成各方都能够接受的协议，促进公共安全问题的解决。

大多数情况下公共安全问题的治理十分复杂多变、利益相关主体也较多，问题的解决可以采用多样化的协商途径。在问题出现之初，可以采用整体协商的方式，大体了解各参与主体的偏好和诉求；如若分歧较大，无法达成一致，就可以采用分散协商途径，以更加深入和有针对性的参与方式解决问题。

协商过程中的具体方式包括但不限于公民调查、公民大会、咨询委员会、专家咨询、听证会、通告与评论、理由说明、意见反馈等。

### 3. 监督制约

欲与公众建立良好的合作关系，管理者必须明确了解和沟通是双向的。如果说问题界定和共同决策阶段主要由政府主导，那么监督制约过程则由非政府主体主导，主要是社会公众对政府制定和实施公共治理政策的监督和制约。

---

① 〔美〕约翰·克莱顿·托马斯：《公共决策中的公民参与》，孙柏瑛等译，中国人民大学出版社，2010，第52～57页。

　　社会公众对公共安全治理的监督和制约机制，包括政策及政府执行效果的评估制度、问责制度和质询制度等，能够切实增强公共治理系统中社会公众对政府公权力的博弈抗衡力量，如对忽视甚至阻碍民众参与决策的有关人员进行询问等。而运行所有这些制度的前提是信息的公开和透明，相关资料（如公共安全总体趋势、监测评估数据、国内外标准等）、参与标准和程序、立法流程、讨论意见、询问过程和结果等，都必须通过一定的方式向社会公开，以便于社会公众的参与和监督。

　　公共治理政策监督的一个很重要的方面在于事后对政策效果的民主评估，以保证公共治理决策符合既定目标或虽有偏差但仍能够及时纠正，促进今后决策的改进。决策评估制度本质上是针对公共政策内容及实施效果进行系统评价。以食品安全为例，政府在食品安全治理中应遵循社会公共利益最大化的原则，而非遵循理性"经济人"的自利性法则，不能以地方经济发展为指标去维护存在食品生产销售风险的地方企业，而是应当维护社会公众生命健康和良好的市场秩序。因此，食品安全决策的评估方式也应更倾向于社会指标评估，评估因素包括：①公共政策既定方向和目标是否实现，如项目是否按照规定得到执行，取得的成效是否与社会公共利益相吻合；②反映公民需求的效果，如人们对食品安全的总体感觉、对政府治理的满意度如何；③政策实施期间的影响，如低收入人群、边缘化人群、弱势群体的食品安全问题是否得到改善；④回应性和民主参与程度，如政策是否顾及所有受影响群体的需要，是否能反映并重视社会公众的诉求，参与是否具有代表性；⑤政策存在的问题，如食品安全标准与国际相比进步还是落后，新的政策是否引发其他的食品安全风险或社会问题，政策执行是否存在腐败问题；等等。

　　决策评估过程需要重点关注两点。一是公众有效参与程度，评估体系和评估过程要向社会公众开放，保证所有与公共问题相关的群体（不仅指能够直接从某一政策中获益的群体，更包括广大的公众群体）在其中均有充分的话语权，并对最终的评估结果有足够的影响力。二是设定政策改革"基准线"，政策出台前对欲达到的政策目标必须予以明确阐述，严格测量改革前的各方面情况，对相关参数进行分析说明；在政策实施一段时间后，再对应测量相同参数，提供改革前后的对比数据。虽然对比数据不能说明结果完全是由该政策实施所产生的，但尝试确认、跟踪和测量政策带来的收益还是非常有必要的，不能想当然地随意启动政策却不知道该项政策是否可以继续执行，是否需要改进，是否应当放弃。

# 第四章

# 公共安全治理方式的市场化和社会化趋势

21 世纪，政府需要适应以信息为基础的经济和社会的新观念，在这种经济和社会中，私人和非营利组织有可能发挥更大的作用，而政府运作的软弱和无效将会代价高昂。

——小约瑟夫·S. 奈等[1]

今天的变革重点是从集权的、以专家为基础的制度向分权的、以公民为中心的制度转变。

——理查德·C. 博克斯[2]

社会现实不断催生理论更新。从广义来讲，协作共治可以看作设计一个政府结构，允许在政府以及社会中的其他组织和个人之间分享权力，合作网络关系、平等协调机制、权力责任共享等理论都是其中的具体化要素。必须明确，多元主体参与公共安全治理并不是要减轻和减少政府公共安全治理的责任，而是要使政府将视野和眼光扩展到市场和社会中，采用共同参与、伙伴关系、市场化与社会化等多种多样的形式和手段重新考虑

---

[1]〔美〕小约瑟夫·S. 奈、菲利普·D. 泽利科、戴维·C. 金编《人们为什么不信任政府》，朱芳芳译，商务印书馆，2015，第 8～9 页。

[2]〔美〕理查德·C. 博克斯：《公民治理：引领 21 世纪的美国社区》，孙柏瑛等译，中国人民大学出版社，2005，第 24 页。

政府的地位，并建立政府与其他治理主体之间的协作关系。

# 一 分权与公共安全治理的市场化和社会化改革

"分权的概念是指如何设计一个政府结构，以允许中央、地方政府以及社会中的其他组织之间分享权力。广义上讲，分权有四种类型：分散、授权、移交和私有化。"[①] 其中，分散和移交基本上是中央政府向地方政府的权力转移，而授权和私有化则侧重于将公权力、公共事业或服务向正规官方机构之外的社会组织和私人部门转移。根据 G. 沙布尔·吉玛和丹尼斯·A. 荣迪内利的观点，[②] 分权概念的演变在过去半个世纪主要经历了三个阶段：①20 世纪 70 年代至 80 年代，分权集中于等级制政府结构和官僚体制，如通过授权代理，中央政府将特定功能的管理权力转移到半自治或者准国家机构、企业、地区计划和区域发展机构以及多目标和单一目标公共机构，与前面提到的权力的分散和移交基本相同；②20 世纪 80 年代中期，分权概念扩大到政府权力共享、民主化和市场自由化以及私人部门决策范围，以市场为导向的新公共管理运动属于这一阶段；③20 世纪 90 年代，分权被视作将善治拓展到更广泛的公民社会组织公共参与的一种途径，分权不仅包括社会在形成公共政策中的政府权力、权威和责任的转移，也包括权威和资源的共享，公共治理、善治、新公共服务等理论基本属于这一阶段。无论是中央政府权力向下级的转移、新公共管理的市场化变革，还是公共治理的公共参与，其核心都是一种分权治理，不过是程度的逐渐递进——从行政体制内的权力中心下移到向社会的有限授权直至共享权力，而后两个阶段政府向社会的分权是我们主要的研究对象。

---

① 〔印〕哈斯·曼德、穆罕默德·阿斯夫编著《善治：以民众为中心的治理》，国际行动援助中国办公室编译，知识产权出版社，2007，第 77 页。

② 〔美〕G. 沙布尔·吉玛、丹尼斯·A. 荣迪内利：《从政府分权到分权化善治》，载〔美〕G. 沙布尔·吉玛、丹尼斯·A. 荣迪内利编《分权化治理：新概念与新实践》，唐贤兴、张进军等译，格致出版社、上海人民出版社，2013，第 2~5 页。

公共安全治理和服务同样面临着分权的考验。其一，政府的财政压力和公共安全日益增长的需求之间的矛盾。从表面上看，当前一系列社会公共安全危机揭示了基层政府及公安机关应对公共安全力量不足以及公共财政投入不够的问题，但从深层次来看，风险社会背景下社会公共安全形势日益复杂化，越来越多的信息和资源分散在社会组织和个人手中，政府垄断对公共安全问题的处置权变得越来越不可能，其已经无力承担较传统社会成倍增加的公共安全责任，风险和权力在政府与市场和社会之间分散与分享已经是大势所趋。分权也就是风险的分散，政府"适当向社会放权，'还权于民'，建立一种社会公共安全的参与体制，对于公共安全的维护，对于公众权利的保障，以至于对于政府的合法性和有效性，都是一个解决之道"①。同时，公众是社会公共安全的直接受益者，他们有参与的动机和欲望，政府需要打破权力的封闭状态，给予社会公众参与的机会，将社会公共安全的管理权归还给公众，以减轻"搭便车"和"政府失败"的压力，否则公共安全风险会反过来转移到政府身上，使之成为众矢之的。其二，社会力量和社会自治理念的膨胀。现实中社会力量的兴起也满足了公共安全治理这种需求，公众权利意识逐渐增强，关心并乐于表达自身对政府行为和社会问题的观点和看法；公众教育水平的上升以及公众政治技能的发展使公众参与治理的能力增强；非政府组织发展壮大、呈现出积极繁荣的景象，开始实现对食品安全、社会治安等专门领域的积极参与，承担起公共事务管理的责任。

## 二　公共产品属性变化与共同生产的可能性

随着经济社会的快速发展，"风险社会"所产生的后果已经远远超出了国家的掌控，面对完全由政府提供公共产品的力不从心，公共管理学中关于公共产品属性与分类、生产者和提供者区分的理论为扩大公共产品生产主体的范围提供了新思路。纯公共产品由公共部门生产和提供，而且不

---

①　陈周旺：《社会公共安全的公众参与》，《探索与争鸣》2014年第8期，第24页。

以收费的方式来提供；介于纯公共产品和私人产品之间的准公共产品的范围是相当广泛的，这类产品或者具有非竞争性，如公共交通，或者具有非排他性，如小区或社区内的公共安全服务，准公共产品是完全可以由非政府主体（私人部门和社会组织）来提供的。

理论落实在具体实践上则显示出不同的侧重点。比如，在新公共管理理论看来，纯公共产品的生产和提供也是可分的，提供某项公共产品的政府组织，不一定直接生产该产品，可以从企业、第三部门或其他组织那里委托经营或购买该产品并提供给消费者，此时为公众服务仍归政府负责，即政府有可能借助私人部门力量来完成纯公共产品的生产。此时，新公共管理更多是借助市场化的方式来吸纳公民和社会团体加入，利用私营部门之所长组织商品和劳务的生产，利用承包或雇用的方式或者干脆民营化或社会化，而政府自己生产只是可供选择的手段之一。① 政府尽可能地"少干预"，通过市场力量和激励来实现公共目标，这为社会力量参与共同生产提供了可能性。但从新公共服务理论的观点来看，政府和社会共同生产这样的机制不是源于市场的概念，而是源于社区的概念，一个社区中的共同生产依赖于相互信任、合作以及共同的责任。② 此时，共同生产更强调社会公众参与时的共同责任和主人翁意识，合作关系对于政府和公众都是必不可少的，基于一种共同的领导，既不同于传统官僚制组织中层级节制的治理结构，也不同于新公共管理将市场机制用作公共领导的替代品，新公共服务的治理结构是共同的领导，或者说领导权是所有主体共享的，政府通过减少等级以及授权外围的消费者、社区和非政府组织参与去做出决定并实施，"这个对公民社会赋权的过程同时也是巩固政府以及民主化的过程"③。这两种对社会参与公共事务治理的不同解读具有鲜明的代表性，

---

① 宋慧宇：《食品安全政府治理能力现代化的制度保障研究》，吉林人民出版社，2017，第150～151页。

② 〔美〕珍妮特·V.登哈特、罗伯特·B.登哈特：《新公共服务：服务，而不是掌舵》，丁煌译，中国人民大学出版社，2010，第84页。

③ 〔印〕哈斯·曼德、穆罕默德·阿斯夫编著《善治：以民众为中心的治理》，国际行动援助中国办公室编译，知识产权出版社，2007，第75页。

最初将一部分公共产品的生产交由市场来承担，但提供的职责仍然完全归属于公权力机关，民营化和市场化的目的更多的是提高公共产品生产的效率；后来公共事务的治理成为社会与政府的共同责任，公民参与被视为民主政体中政策执行恰当且必要的组成部分，政府与社会之间是合作关系。

同样，公共安全在传统上完全属于公权力范畴，但在政府失灵、福利国家式微的大势下，公共安全职责也不再是铁板一块。公共安全治理可以看作特定的机关和组织为维护不特定多数人的人身、财产、心理安全和各项合法权益及其所依赖的社会外部生存和发展环境的安全而采取的各项活动。因为这些活动具有非竞争性和非排他性，无法排除"搭便车者"，传统上将其归于公共产品（服务）范畴，由被视为无私第三方的政府来执行和提供。特别是中国受计划经济体制的影响，政府的定位使得对公共安全的维护被视为一项"行政活动"。但民间资本及民间组织的蓬勃发展使资金投入和行动参与逐渐呈现多元化结构，而且民间资本和民间组织介入公共领域的范围越来越大，美国学者埃莉诺·奥斯特罗姆和 E. S. 萨瓦斯都曾经分析过公共安全服务的市场和社会供给现象。

在奥斯特罗姆、帕克斯和惠特克所著的《公共服务的制度建构——都市警察服务的制度结构》一书中，奥斯特罗姆教授对警察服务进行了 15 年的研究，包括三项直接服务供给（巡逻、交通控制和犯罪调查）和四项间接服务或者辅助服务供给（无线电通信、成人预审拘留、入警培训和犯罪实验室分析），警察部门是最多的直接服务生产者，而辅助服务生产者在数量上虽然少于直接服务生产者，却更具多样性，除了警察部门之外，还有专门通信中心、专门拘留中心，入警培训还涉及所有层次的政府和学院。① 从实践来看，20 世纪 70 年代开始，警务民营化改革就采取了使用者付费、外包警察服务、私人部门提供警察服务等方式，将市场和竞争引入了公共安全治理和服务。②

---

① 〔美〕埃莉诺·奥斯特罗姆、帕克斯、惠特克：《公共服务的制度建构——都市警察服务的制度结构》，宋全喜、任睿译，上海三联书店，2000，第 43～72 页。

② 郑孟望、邱煜：《美国警务民营化改革及其启示》，《中国人民公安大学学报》（社会科学版）2009 年第 3 期，第 86 页。

"世界民营化大师"萨瓦斯在其著作《民营化与公私部门的伙伴关系》中提出，摆脱传统政府生产力低下有两条改革路径：一是民营化，利用私人部门的高效率、低成本来提供公共服务；二是公共部门创新伙伴关系，包括社区伙伴（公民与志愿者）、私营部门伙伴、非营利性组织伙伴等，改善公共服务质量，以重获公众信任。共用资源性质的物品可以通过政府服务、政府间协议、合同承包、补助或凭单、志愿安排等方式向特定人群提供。其中，政府服务和政府间协议由公权力部门生产和提供，合同承包和补助或凭单可以视为市场机制，而志愿安排则由社会自愿无偿提供，萨瓦斯教授提到的两条改革路径分别与新公共管理和新公共服务理论提倡的观点类似。具体来说，根据安排者、生产者和消费者之间的关系，可以将提供公共物品和公共服务的制度安排分为 10 种具体形式，其中城市治安保护服务可以通过政府服务、政府出售、政府间协议、合同承包、自由市场、志愿服务和自我服务等 7 种形式实现，[①] 其中前三种的生产者是政府，最后一种的生产者是公众，那么，合同承包、自由市场和志愿服务就是我们所提到的公共安全治理的协作共治方式，生产任务由私营部门和社会组织来承担。

综上，公共产品和服务的生产和提供方式可以看作从民营化和市场化到社会化和志愿化的过程，具体行为方式则是市场机制、激励过渡到志愿提供的递进过程。

## 三 公共安全产品和服务生产和供给的协作方式

分权理念与公共产品属性的变化引发了公共安全领域传统国家本位意识和政府垄断模式的变化：从一元主体走向多元共治，从纵向垂直走向双向互动，从强制对立走向协商激励，从事后应对走向事前整合，等等。那么，在突破单一主体提供公共安全产品和服务模式之后，多元主体如何平

---

① 〔美〕E. S. 萨瓦斯：《民营化与公私部门的伙伴关系》，周志忍等译，中国人民大学出版社，2017，第 53～54、70 页。

等协作或者说协作方式成为一个主要问题。依经济激励程度，公共安全治理多元主体协作可以划分为三大类：市场供给式协作、激励式协作和志愿式协作。

## （一）市场供给式协作方式

严格说，新公共管理理论并没有突破政府与市场的二元桎梏——这种分析仍然没有脱离主导者与职能单位的关系，也就是说移交的是服务项目的提供任务，而不是服务责任——但它还是带给我们一个新的范式，即将第三部门引入公共安全治理。市场供给式协作方式以公共产品和服务民营化和市场化为基础，通过契约付费的方式将私营部门和市场竞争机制引入公共安全治理领域，目的在于利用私营部门之所长提高公共安全服务效率，降低由政府独家提供产生的巨大行政成本。

市场供给式协作可以有很多方式，政府直接购买或招标最为典型。政府可以直接向企业、第三部门或其他组织购买不必由政府生产的公共安全产品，如安全教育培训，安全设备和设施与工程的维护、检测、认证，对灾害的预测和对易损性影响的评估，抢险救灾中临时性的运输物资和器材的服务，等等。根据《吉林省人民政府办公厅关于政府向社会力量购买服务的实施意见》（吉政办发〔2014〕6号）中的"社会管理类事项"内容，社区矫正心理咨询和服刑人员职业技能培训、考核鉴定等涉及公共安全治理的事项可以向社会力量购买。招标，是指政府机构确定公共产品的种类、数量和质量标准，以公开竞争招标的形式组织多家企业参与竞争以确定合作对象，并与之签订承包合同，由该企业按合同生产公共产品，合同履行完成，政府购买该公共产品后提供给社会公众。例如，深圳市南山区就在街道办事处和市区某地段的保安服务、公安分局大学生运动会保安专业装备和移动式模块化消防执勤保障设备、食品药品安全协管服务等项目的采购中采用了公开招标的方式，并且在企业中标履约过程中进行现场抽检。2017年，南山区政府采购及招标中心委托第三方对北大附中深圳南山分校校园安全监控设备采购及安装项目履约情况进行现场抽检，结果显示部分不符合合同文件技术规格要求。① 无论是直接购买还是招标，本质上都是按照市场规律以竞争的方式让政府能够在企业间进行价格和质量的比较，使公共安全服务质量处于可能达到的最高水平。但是，在市场化过程中必须注意界限，政府不能借此将本应由自身承担的职责转移给私营企业，政府对于由私营企业承担的公共产品生产必须建立监督和评价机制，以保证公共产品的生产符合标准。

另外，市场经济条件下部分营利性组织自身的行为就已经承担了部分公共安全维护的责任，如随着商业小区的建设和物业管理的转型，一些营利性物业公司、保安公司等所进行的日常安全巡逻和管理对一定范围内的多个主体或组织来说具有公共安全产品的属性，对整个社会的公共安全治理起到了重要的补充和辅助作用。

当然，营利性组织虽然在法律上享有市场主体的自主经营权利，但涉及公共安全的市场供给行为仍然需要在公安机关的全程监督与指导之下进行。

## （二） 激励式协作方式

现代政府治理中秩序已经由静止状态变为一种过程状态，以"疏"为主的"动态稳定"开始逐渐替代以"堵"为主的"静态稳定"。② 在由"堵"到"疏"的过程中，协同激励的方式可以给予社会公众更多的个性化选择，以符合公民个人或者团体或组织自己的个体利益和价值偏好，③ 逐步引导社会公众主动参与到公共安全产品和服务的生产和提供之中，拉

---

① 以上资料来自深圳市南山区政府采购及招标中心网站，http://www.szns.gov.cn/cgzx/cg-zx_page_key/index.html。

② 俞可平：《中国治理变迁 30 年 （1978—2008）》，《吉林大学社会科学学报》2008 年第 3 期，第 16 页。

③ 根据奥尔森集体行动的逻辑理论，维护公共安全是符合所有治理参与者利益的共同目标，但具体到公民个人或者团体或组织，其却都有自己的个体利益和价值偏好，即使集团成员采取行动实现他们共同的目标后都能获益，有理性的、寻求自我利益的个人仍然不会自动这样做，除非施以激励或强制。参见〔美〕曼瑟尔·奥尔森《集体行动的逻辑》，陈郁、郭宇峰、李崇新译，格致出版社、上海三联书店、上海人民出版社，2011，第 1 ~ 3 页。

近公共部门和社会公众之间的距离，并使他们相互间建立信任关系。激励
式协作方式根据参与治理主体的实际需要而采取权变激励，对激励对象与
他人加以区别对待，这是驱动协作治理有效运行的动力基础。这种激励机
制更接近于市场手段或理性"经济人"假设，市场式政府治理模式的提倡
者就认为，"政府干预的手段越接近于市场模式，那么就越有可能得到更
好的结果。正因为如此，政府部门所使用的传统的命令式干预机制便常常
被描述为一种无效率的'工具'。相反，更多的以市场为基础的机制如合
同、激励、税收支出等就成了更可取的手段"①。但这种激励机制与市场供
给方式的不同之处在于其并不完全遵循市场等价交换的规律，而是通过其
他的方式来补偿参与者的损失。

公共安全治理的激励式协作关键在利益导向，通过政府的授益行为从
根本上激发私营企业和社会公众的趋利避害性，从而实施符合公共安全治
理目标的参与行为。①对于特定生产经营企业来说，政府可以通过行政指
导或签订行政合同的方式向企业传递有关激励机制的信息，比如，向食品
和煤炭生产企业推荐成本相对高昂但安全性更高的新型生产技术和标准，
或者约定若干强化生产安全的期限、标准或操作规程，向主动接受指导或
者达到合同标准要求的企业提供各项优惠政策、技术服务和市场信息等。
而对于没有履行安全风险合同约定的企业，将按照合同约定予以负向激
励，如收取费用、剥夺荣誉称号、主张可得利益损失等。这种由政府与生
产经营企业通过协商确定，并以相对人同意为发生效力的条件的做法能够
最大限度地尊重相对人的意见，由生产经营企业根据自身的能力做出选
择，可以吸引其共同参与完成公共行政目标，同时又能使生产安全达到比
法律规定的僵化标准更加严格的高度，因为企业一旦选择同意或接受行政
指导或行政合同的内容就会潜移默化地提升生产安全程度而减少违法行
为，从而超越治理所能达到的预期目标。②对于不特定的社会公众来说，
政府可以设置行政奖励，给予主动参与提供公共安全服务的个人、企业或

---

① 〔美〕B. 盖伊·彼得斯：《政府未来的治理模式》，吴爱明、夏宏图译，中国人民大学出
版社，2001，第28页。

第三部门一定的补贴或奖励，如为弥补现役消防警力不足的问题，对于企业专职消防队扑救外单位火灾按照有关规定给予补偿，政府也可以采取财政补贴等政策进行鼓励；① 对公共安全危机应对中做出突出贡献的组织和个人进行奖励，以激励更多的人主动参与其中；食品安全信用等级制度通过标识企业高信誉以获得消费者更多认同的方式激励企业提高产品质量。③对于个人、企业或第三部门做出法律虽不限制但不利于公共安全的行为，规定其需要支付一定的费用或赔偿可得利益损失，如在环境保护领域利用税收或可交易的权利治理企业排污。江苏省宿迁市自 2015 年 1 月 1 日起、北京市自 2015 年 3 月 1 日起在全市范围内征收建设工程施工工地扬尘排污费，以经济杠杆的作用促进治污减排，② 通过负向激励减少危害公共安全行为的发生。

## （三）志愿式协作方式

以公共精神为基础，基于相互依赖、相互信任、共享权力以及共同责任来驱使社会力量以"主人翁"姿态参与公共安全治理是协作共治的最高层次。这类治理主体基本上以非政府组织为核心，一般具有志愿性和非营利性。它们参与公共安全治理的行为不是出于法定责任，也不是追求私人利益，更多的是出于价值偏好或公共精神，相对于私营部门更具有广泛的社会性和代表性，能够有效整合社会公众的意愿和行动，以平等的地位与政府进行利益表达、沟通协调、达成一致等，从而影响政府公共安全治理决策过程，并促进各方共同行动。比如，"三社联动"和"五社联动"，就是以社区为平台，运用社会工作的专业方法提供个性化和有针对性的服务，力图将矛盾和纠纷化解在基层，从而实现社会治理从行政化迈向社会

---

① 参见《企业事业单位专职消防队组织条例》和《新疆维吾尔自治区专职消防队伍管理办法》。

② 余荣华：《北京开征施工扬尘排污费 按扬尘管理等级差别化收费》，《人民日报》2015 年 3 月 2 日，第 14 版；《宿迁市城市施工工地扬尘排污费征收管理试行办法》。

化。① 2021 年 4 月，党中央、国务院印发《关于加强基层治理体系和治理能力现代化建设的意见》，提出了"创新社区与社会组织、社会工作者、社区志愿者、社会慈善资源的联动机制"，"五社联动"是对"三社联动"的创新和发展，主体增加了两个内容：一个是社区志愿者，另一个是社会慈善资源。

主动性和责任性是志愿式协作方式与其他方式最大的区别所在。相对于市场供给式和激励式协作方式，它更为关注通过市场手段刺激非政府主体的行为来配合政府以提高治理效率，志愿式协作方式更为重视民主、公民参与和公共利益等传统公共行政的精神或价值观，更为重视保持绩效和民主责任之间的平衡。也就是说，政府治理不仅需要为达成目标或提高效率而行动，还应当关注治理过程中对社会公共利益目标或者说公共性的可持续追求，效率必须与公共利益、个人利益、平等自由等价值目标结合起来才有意义。这也弥补了过分关注政府企业化、管理自由化和市场化的效率和生产率所产生的缺乏价值和文化理性的缺陷。在斯托克区分的互动过程治理的几种伙伴关系中，类似这种"各个组织互相了解、结合为一，有着共同的想法，通力合作，从而建立起一种自我管理的网络"② 是伙伴关系的最高层次。

政府、社会和公众联合起来共同生产公共安全产品，或者志愿式协作进行公共安全治理有多种表现形式，如在我国由警察机关、基层社区、社区内志愿者组织共同组建安全服务网络，以团体的形式协助或独自参与维护公共安全的行动，其中高级形式就是组织或团体承担政府指定或委托的重要责任等。其中一些私人部门或社会组织维护公共安全的自助行为应当被纳入公共安全志愿式协作参与体系，因为公共安全涉及社会公众的人身自由、生命健康，这些部门或组织，如各类消防志愿者组织、反扒志愿者组织、居民义务巡逻队等，应当处于政府和公安部门的引导和指导之下甚

---

① 王欢：《"三社联动"：社区治理创新的路径》，《中国社会科学报》2019 年 3 月 20 日，第 7 版。

② 〔英〕格里·斯托克：《作为理论的治理：五个论点》，华夏风译，《国际社会科学杂志》（中文版）1999 年第 1 期，第 25 页。

至得到必要的知识和业务技能培训，而不是各行其是。创建于 2003 年的公羊会作为具有独立社团法人资格的民间公益社团组织曾参与抗震、抗台防涝等救援行动，深入一线救助救治受灾群众；① 南京公益组织"天下公"一直关注食品安全问题，先后参与《食品安全法》、"食品监督抽检管理办法"等多部法律法规的立法修法，是中国为数不多的主动参与食品药品安全公共政策制定的民间公益机构，并于 2014 年向全国两会就食品安全问题提出若干建议。② 但是，就总体来说，承接政府职能的服务类民间组织要比倡导类民间组织更受重视，有组织的行业协会、商会等要比公益类维权组织对政府治理参与的广度和深度更高。而且，不可否认，志愿式协作同样存在局限性，由于公众往往缺乏足够的专业技能，在公共安全这种专业性和敏感性很强的领域内共同生产会受到很大的限制。但是，大多数时候这些合作治理的主要参与者作为社会公益或志愿组织为参与公共安全治理贡献自己的时间和力量，却不是产出服务的主要或直接受益者，这种不依靠政府资源而为解决集体或公共安全问题所做出的贡献应当得到正式的承认。

# 四 结语

"政府所要解决的公共问题本身的性质是制约政策工具选择的重要因素。"③ 公共安全事件因其影响和损害范围的广泛性、爆发的突然性和易引发连带反应等特点，需要短时间内聚集有效力量——多数情况下都是行政强制力——及时应对，以尽快恢复秩序。但这种危机应对毕竟是非常态情况，并不妨碍或者更需要在日常公共安全治理中联合其他治理主体运用温和柔性的手段进行充分的风险预防、准备和控制，并且在公共安全危机爆

---

① 公羊会网站，http://www.ramunion.org/facts。
② 刘柳：《国内公益组织致信两会代表就食品安全提出建议》，环球网，2014 年 2 月 28 日，http://hope.huanqiu.com/domesticnews/2014-02/4867223.html。
③ 唐贤兴：《政策工具的选择与政府的社会动员能力——对"运动式治理"的一个解释》，《学习与探索》2009 年第 3 期，第 61 页。

发过程中同样可以整合所有力量共同应对。

选择何种方式来实现治理目标或者说该方式是否有效很大程度上取决于所选择的方式是否能够与治理目标相匹配。我们并不否认传统政府强制性政策和手段有其雷厉风行、立竿见影、威慑性强的效果，但在当前的社会环境下，公共安全已经呈现出与以往不同的多样性、复杂性、动态性和紧迫性，一味压制的公共安全管理方式不利于社会矛盾和不稳定因素的疏导与缓解。更何况，一种工具或者方式的选择并不影响或排斥其他方式的运用，综合运用各种工具并使其相互作用、优势互补才是最佳途径。当然，在我们着力研究和创新公共安全治理方式的同时不能模糊政府强制性行为的作用，只是在治理方式上有个优先选择和次序先后的问题。也就是说，承认公共安全治理方式市场化和社会化的重要性并不是否认传统强制性治理方式的作用，而是建立一种层进式治理方式：实现先柔性后强制、先自治后他治、先市场和社会再政府的顺序，将公共安全的隐患和不稳定因素遏制在政府强制力实施之前，或者说在政府强制力作为后盾和保障的前提下使矛盾通过市场化和社会化的方式先行化解。

# 第五章

# 公共卫生安全的协作治理

新传染病以每年新增一种或多种的速度被发现，与此同时，大流感、疟疾和结核病等传统疾病不断产生变种，人类目前所处的卫生环境远没有大家所想象的那么安全。

——蔡如鹏[①]

现代社会制度的发展以及它们在全球范围内的扩张，为人类创造了数不胜数的享受安全的和有成就的生活的机会。但是现代性也有其阴暗面，这在本世纪变得尤为明显。

——安东尼·吉登斯[②]

卫生健康宣传教育、食品药品卫生监管、上瘾与有害健康食物管制、疫苗接种、重大疾病尤其是传染病的预防、监控和治疗等公共卫生问题，无不关系到一国或一个地区全体社会公众的生命健康，公共卫生安全治理就是有关这些问题的维护、监管和应急管理，是公共安全的重要组成部分。风险社会、全球化和现代科技革命都给公共卫生安全带来了极大的复杂性和不确定性。事实证明，风险社会所蕴藏的矛盾早已不是传统社会中的"纯粹问题"，而是在高度复杂性和高度不确定性条件下生成的"复杂

---

① 蔡如鹏：《威胁潜于何处》，《中国新闻周刊》2007 年第 33 期。

② 〔英〕安东尼·吉登斯：《现代性的后果》，田禾译，译林出版社，2000，第 6 页。

问题"，① 加上中国"转型社会"的双重冲击，公共卫生安全事务的多样
性、复杂性和动态性不断增强，单纯依靠政府力量单极治理必然力有不
逮或漏洞百出。在公共卫生安全风险面前，政府必须认识到只有与社会
成员共享权力才能达到和维持其既定的目标，应着力改革传统政府单中
心治理模式，强调转变政府干预的方式，即政府多样化的角色、多样化
的治理工具以及新型的治理形式，充分调动市场和社会的积极性，或者说
更好地运用市场和社会的积极性，在缩小政府行动领域的同时强化行政干
预能力。

# 一　当前公共卫生安全治理的现实问题

可以说，历次重大公共卫生安全事件都在考验各国政府公共卫生安全
危机的应对能力。2003 年 SARS 疫情之后，中国在传统突发公共卫生医疗
救治体系基础上建立了突发公共卫生事件应急管理体系，该体系主要针对
政府内部，是以公共部门为决策主导者和行动主体的公共卫生危机应对体
系。虽然政府和医疗机构是公共卫生安全治理的主体力量，但是实际上各
种物资、人员、信息、技术等的调动和分配，各类防控措施的统筹和执
行，都离不开全社会的共同支援和协助，甚至在某些领域社会力量成为不
可或缺的支撑力量，多元主体共同参与模式展现了无可比拟的优势。这就
更加促使我们反思现有的公共卫生安全治理体系。面对风险社会背景下公
共卫生安全治理的新挑战，只有优化行政机制的结构，引入市场机制的激
励，拓展社会机制的运作，推动多元主体共同参与的合作伙伴关系形成，
才能实现公共卫生安全的良性治理。

首先，当代全球化和现代性带来了一系列经济、文化和社会后果。人
员、资本、物资和信息等要素快速流动，致使公共卫生安全事件成因更加
复杂、可控性大大减弱、维护难度不断加大，国家内部及国家与国家之间
的联系更加紧密；风险扩散性、危机破坏性也随之大大增强，一地爆发的

---

① 　金太军、鹿斌：《社会治理创新：结构视角》，《中国行政管理》2019 年第 12 期，第 51 页。

事件会迅速蔓延至多地甚至他国；公共卫生危机和事件之后的衍生和次生危害的恶性后果不断增强，甚至超过了危机本身造成的损害和影响。中国历经 40 余年经济体制改革，改革攻坚、转型已经进入深水区，改革阻力越来越大，各种利益和矛盾交织凸显，使得中国在各个领域包括公共卫生领域所面对的改革和治理形势更加复杂。2000 年之后公共卫生领域各类事件有所增加，同时由于在互联网等新媒体的助推下，信息传播速度越来越快，公共卫生事件的辐射和涉及面越来越广。

其次，既有的制度和实践因素会影响或限制我们采取行动的方式。与风险社会相伴产生的公共卫生安全影响因素更加复杂和多元，同时，中国的公共卫生安全治理模式仍然具有一定的路径依赖性，政府的有限理性或治理能力的局限性在公共卫生安全危机应对中同样有所体现。尽管我们已经处于改革开放的新时期，各种企业、社会组织和社会力量异军突起，在全社会范围内承担了大量服务社会的（营利性和非营利性）职能，但市场和社会在公共卫生安全领域积极作用的发挥仍不足。

## 二　公共卫生安全治理模式变革的理性选择

大规模公共卫生安全事件不断突破区域界限和职能边界，诱因日益复杂化、范围日益扩大化、损害程度日益加深，在这种动态且瞬息万变的环境之中，传统公共卫生安全管理模式逐渐显现出孤立性、高成本、低效率和缺乏回应性等特征。与此同时，社会进步带来的公众自身能力和水平的提升促进了公民意识觉醒，为其主动参与公共治理、表达诉求提供了动机和条件；另外，科学技术和基础设施的日趋完善也为社会公众参与公共卫生安全治理提供了物质便利和保障。这些都促使人们转变传统单纯依赖政府的单中心治理理念，发挥现代公共治理理念中协作共治的作用，强调风险社会背景下以相互依存关系为基础的政府、市场和社会横向协作、集体行动，以实现公共安全治理目标。

（一） 公共卫生安全协作治理理念的转变和确立

**1. 政府、市场和社会关系的重构推动公共卫生安全治理变革**

公共卫生安全的范围涉及整个社会的人群，属于传统经济学中的"公共物品"范畴，这也决定了此类物品的提供往往成为行政主体和行政权力的责任。但是，风险社会的来临，特别是全球化趋势的增强使公共卫生安全问题超越了单个国家层面，以更广范围、更快传播速度以及更大影响范围打破了传统研究的局限，使公共卫生安全上升到更高的人类整体性安全层面。20世纪末新公共管理和公共治理理论兴起，其认为公权力干预的必要性并不能证明完全排斥市场机制和社会力量参与是最优的安排和结果，特别是欲达到善治的目标，政府的作用更非充要条件。治理现代化的核心问题在于治理主体即政府、市场和社会之关系的解制与重构，全球化、风险社会为中国国家治理体系、治理能力和社会治理格局提供了深厚的社会改革动力，而网络等新型社会空间的存在为公共治理模式重塑提供了技术支撑。由此，公共卫生安全治理市场化和社会化趋势有了理论与实践层面的有力基础，市场和社会力量的有效参与成为公共卫生安全治理的一个关键性或核心议题。

**2. 公共卫生安全领域相互依存关系的存在促使协作共治成为理性选择**

公共卫生安全如传染病的流行和生态环境的污染可能会危害社会中的每一个人，无论性别、贫富、种族、职业如何，每个人都无法实现完全隔离和逃避，这是现代社会制度为人类创造数不胜数的享受安全和有成就的生活机会的同时不可避免地产生的阴暗面。[1] "系统中的相互依赖表明特定活动中有共同利益的所有参与者都将获益"[2]，公共卫生安全治理的最根本目标是维护社会公共利益，这不仅是政府的职责所在，也是整个社会（包括私营部门和社会公众）的共同诉求。这种共同利益的存在是政府和社会

---

[1] 〔英〕安东尼·吉登斯：《现代性的后果》，田禾译，译林出版社，2000，第6页。

[2] 〔美〕罗伯特·阿格拉诺夫、迈克尔·麦圭尔：《协作性公共管理：地方政府新战略》，李玲玲、鄞益奋译，北京大学出版社，2007，第47页。

协作共治的根本出发点，即共同风险和共生关系迫使政府与社会不得不形成一种相互依赖的合作伙伴关系；随着经济社会的发展，社会或民间在人才、知识、资金、技术和工具等方面的力量不断强大，互联网技术加持下的信息网络和物流网络也很容易实现一体化高效运作，调整政府与社会的关系并重新确定公共卫生安全治理结构中主体的地位和作用是当前公共卫生安全形势下的必要创新。

（二）公共卫生安全治理变革面临的问题及主体间关系的重新定位

目前，中国公共卫生领域内行业协会、商会和私营部门参与治理的意愿和行动能力更强，志愿性质和倡导性质的社会公益性参与则相对较难。传统公共卫生安全治理模式在公共卫生安全的社会性监管与治理中更为注重政府的单向强制作用，特别是非常态的公共卫生安全事件使社会公众对政府应对危机能力的预期很高，一旦政府不能满足这种期望，公众就会产生较大的落差，甚至对政府执政能力产生不满情绪。

面对大规模传染病疫情这种突发公共卫生事件，中国政府能够在短时间内"举全国之力"应对，这种体制所拥有的惊人的应对速度、强大的动员能力和显著的短期效率都是其他国家难以实现的。但我们也应当看到，"大局意识和全局观念"引领下的治理模式虽然有立竿见影的效果，但仍然存在手段和主体单一，成本高昂，精细化、柔性化和个性化不足的问题。必须承认，在公共卫生安全治理中，在行政机制主导下仍需有市场机制和社群机制发挥作用的空间，社会力量应当发挥应有的参与和补充作用。相对于受市场经济利益驱动的强大力量，我们在社会公益类组织的社会治理参与方面不能仅依靠官办慈善机构，也应当对民营慈善机构、组织和力量下大力气予以鼓励和扶持。

**1. 公共卫生安全治理变革需要直面的问题**

第一，政府—市场—社会三者边界和关系的重构。政府干预的目的是矫正市场失灵，公共卫生安全治理就是如此，但是，政府干预的必要性并不绝对排斥市场机制和社会力量的参与，其他"治理方式的重要性并不是要否认传统强制性治理方式的作用，而是建立一种强制与激励相结合的层进式治理方式：实现先柔性后强制、先自治后他治、先市场后社会再政府的顺序"①。也就是说，当前政府和民众都必须直面和解决中国当代工业化、城市化带来的一系列公共卫生安全问题，而我们能否成功地应对这一系列挑战，则取决于我们是否愿意转换角色以适应新的环境，这些转变包括民众的能动主义观念更强和社群主义精神兴盛，民众从被动接受命令的状态转变为主动参与治理的状态，政府从某种程度上而言的控制者转变为组织者和引导者。尽管政府在公共卫生安全治理领域仍然需要发挥基础性作用，但对于如何更好地让市场和社会也参与其中，相互融合、协作共治同样重要，在非政府组织、私营部门、公民个人及国家间组织等非政府社会力量快速发展的时期，要充分利用它们的专业特长和短平快优势，建立可持续的组织化行动和制度化协作机制，对公共卫生安全危机应对起到积极的正面作用。

第二，公共卫生安全治理协作方式的变革。总体来说，我们认为公共卫生安全治理的协作方式有三种：市场供给式协作、激励式协作和志愿式协作。公共产品的生产和提供是可分的，这就为公共卫生服务的市场化参与提供了可能性，比如在卫生健康宣传教育、疫苗生产、传染病的日常预防等领域，政府均可以向私营部门购买服务，而非完全由政府自行组织生产，即这些领域的公共卫生安全治理可采取市场供给式协作；在食品药品卫生监管、上瘾与有害健康食物管制、重大传染病的应急管理等与行政监管和处罚紧密相关的领域，基于公共精神、相互信任和共同责任等理念，政府和社会基于主人翁精神共同生产也即合作进行公共卫生安全治理则可以采用较高层次的激励式协作和更高层次的志愿式协作。当前这三种协作方式面临的主要问题是：市场供给式协作形式下市场化和民营化领域政府监管缺位，以及激励式和志愿式协作下社会共同参与不足。面对风险社会背景下公共卫生安全治理的新挑战，有效吸纳、整合和优化内外资源，共同应对

① 宋慧宇：《论协作共治视角下食品安全政府治理机制的完善》，《当代法学》2015 年第 6 期，第 38 页。

公共卫生安全危机，成为当前公共卫生安全治理机制创新的重要内容。

**2. 公共卫生安全治理主体间关系的重新定位**

第一，在宏观层面，重新定位国家（政府）与整个社会（市场和民间社会）的关系，要避免"非此即彼"的选择，即国家力量强大（大政府）一定会压制社会力量（小社会），社会力量增强（大社会）一定会限缩国家干预（小政府），它们之间不是对抗关系，要调整政府、市场和社会在整个治理结构中的关系和地位。面对多层次的社会结构和复杂的公共事务，单纯市场自发的合作或者等级制下有意识的管理已经不合时宜，放任自流和命令与控制的政府治理方式也已经不能满足社会的需要，政府必须面对和接受非政府的参与者成为公共物品生产和服务提供系统的必要组成部分，并与它们结成一种伙伴关系。

第二，在微观层面，政府在治理网络中发挥主导和协调的核心作用，居中调节整个治理网络中各个主体之间的力量和关系，不同治理主体基于相互信任、沟通协商、认同和共识、规范行动等开展合作以达成公共卫生安全治理目标。治理网络中各治理主体之间是平等伙伴关系，各司其职，协作配合。具体来说，非政府主体并不是在政府控制之下被动参与的，政府与非政府主体作为平等主体相互配合、相互协作，各自承担自身在治理网络中的责任，这是更主动、更自觉、更充分的责任担当，主体间的关系更多地从科层制的纵向服从关系转向网络状的平等互动关系。当然，这种治理模式和治理结构的转型是建立在整体社会基本价值观念转变基础上的，是"政府和民众通过这个过程一起确认共同的价值观、需要和挑战"①的过程，是政府对自身角色的反思，是社会力量崛起后对社会责任担当的诉求，是更为积极的公民意识觉醒和公共精神养成。需要说明的是，治理主体从一元到多元的转变是公共治理结构的创新发展，但是对"单中心"的批评并不能走向极端的无政府主义，政府在新的治理结构中依然是必须存在且发挥主导作用的角色，特别是政府主导改革模式一直是中国经济社

---

① 〔印〕哈斯·曼德、穆罕默德·阿斯夫编著《善治：以民众为中心的治理》，国际行动援助中国办公室编译，知识产权出版社，2007，第75页。

会发展的一大优势。

# 三　公共卫生安全协作共治模式的结构及运行

公共卫生安全协作共治模式转型的关键在于价值观念上由政府本位向社会本位转变，不再以政府权力为中心，而是以社会和公众的需求为导向；治理主体由一元向多元转变，社会和公众从对政府权力的从属、依附、对立向平等、多元、合作关系转型，使社会合作参与成为一种常态、常效的机制，而不是基于公共卫生安全事件产生的临时性和短暂性行为。

## （一）　理念转化：科学权衡政府、市场和社会的平等合作

减轻政府"超负荷"压力、增强公共卫生安全治理有效性的办法是创造性地拓宽公共卫生服务和治理的供应和参与渠道：不仅是政府，非政府组织和私营部门也都参与进来，通过制度化和规范化的方式构建稳定的公共卫生安全治理网络平台，实现共同治理的集体行动。协作治理强调政府与其他治理主体之间的平等地位和分工合作关系，以公共利益为基础，利用市场机制的高效率、社群机制的回应性，补充政府行政机制的强制性和集中性，实现公共卫生安全治理权力的共享；建立以政府为核心的网络状治理结构，重新定位政府的角色，使其从直接管理者转变为间接领导者，以充分激励和挖掘各治理主体和治理工具潜力为行动重心。汶川地震后，中国政府对社会组织的作用有了新的认识，社会组织在社会救助方面开始与政府有了实质性的合作。[①] 再如针对传染病的防控中，除了政府及医疗卫生防疫部门发挥核心作用，私营部门、非政府组织、志愿者和家庭个体都能成为参与主体，如医疗企业、信息和科技公司的大数据平台在流行病学调查中起到了关键作用。

社会与政府协作共治模式代表了社会公众对公共治理的主动参与，是公共精神层面的自身需求和自我实现，因此，协作共治理念转化的关键在

---

① 俞可平：《各级政府应营造官民共治的社会治理格局》，《北京日报》2013 年 6 月 13 日。

于破除"官本位"思想，打造现代公共精神的文化基础。首先，政府要放弃"大政府"时期精英化决策的思想和行为模式，认同社会主体在公共卫生安全治理中的平等参与地位，主动建立与非政府主体之间的"互信"关系，着力培育和扶持社会组织的发展。其次，注重全社会范围内现代公共治理理念和公共精神的培育、普及与内化。公共精神是推动个体主动参与公共事务治理的心理文化动因，虽然公共精神在中国社会先天不足，但并不能否定中国传统文化的积极作用，政府有责任将现代公共精神中的志愿和公益理念、公共理性和公共责任、参与意识等与中国传统文化中的"天下兴亡，匹夫有责""先天下之忧而忧，后天下之乐而乐""穷则独善其身，达则兼济天下"等具有强烈社会责任感的观念相结合，在全社会承担起培育和普及治理理念的责任，使治理理念不断发展并内化为每个公民的情感、行为准则和习惯。

（二）多元参与：重新确定公共卫生安全治理主体的地位和作用

通过正式的制度和规范倡导和保证整个社会不同领域、不同阶层的多元主体以不同的方式参与公共卫生安全治理。尽管公共部门是公共卫生安全治理的核心主体，但其绝不应当是唯一主体。从目前我国公共卫生安全治理现状来看，社会公众的参与率还是偏低，阶层和群体分化比较严重。总体上，受教育程度与参与主动性正相关，经济发达地区的参与度要更高。这就存在绝大多数人仍然是"搭便车者"和"看门人"，"积极参与者"往往是具备专业知识的社会精英，他们有着更为独立理性的思考能力和更加丰富的参与渠道。从政府的角度来看，传统管理方式的惯性使一些地方政府比较排斥社会公众对公共安全治理的参与，这无形中也打击了社会公众参与的积极性。目前，迫切需要解决的是社会公众对公共卫生安全治理的参与热情与规范化和制度化参与渠道的缺乏之间的矛盾，否则，参与的热情可能会转化为非理性的宣泄行为。

无论是从理念还是从实践上，政府都应当是公共卫生安全治理的主导力量。从本质上看，公共卫生安全无疑是一种公共物品，政府作为公共服务的主要责任者的主导作用或者说统领作用是毋庸置疑的，只是公共物品的生产和提供都可以由私营部门和社会组织，甚至是公民个人承担。此外，中国的传统和之前具有的一定程度的"大政府，小社会"特征的管理体制也决定了政府在公共卫生安全治理中的独特地位，特别是重大突发性公共卫生事件涉及的领域众多，治理主体的优势各不相同，需要政府居中统领和协调。但是，尽管政府拥有强大的权力和资源，其仍然无法顾及所有群体的所有需求，此时其他主体在各自擅长领域内的补充和辅助作用就体现出极大的优越性。因此，要调整政府在公共卫生安全治理网络中的姿态。①提供多元主体参与的宏观规划和制度框架。从宏观上规划协作治理共同的远景设想并进行价值观的引导，在法律上肯定其他非政府主体的参与地位，赋予它们更大范围、更自由的行动空间，形成协同参与统筹推进机制。②平衡和协调参与治理主体间的利益需求。多主体参与公共卫生安全治理不可避免地会产生相互之间的目标不一致、权力不平衡、行动不统一、信任关系难以建立以及成员不稳定等问题，政府作为统领者就需要居中进行协调、平衡和保障，以形成治理网络各成员之间的一致性合力，实现对资源的迅速整合与最优配置，这往往比政府直接提供公共安全服务更难。③扶持和鼓励社会力量参与公共卫生安全治理。非政府主体欲在公共卫生安全治理网络中充分发挥其应然作用离不开政府的尊重、信任和支持，政府应积极鼓励非政府主体广泛参与公共卫生事业的服务与治理，放宽非营利性组织的准入并提供物质和政策扶持，为社会公众和志愿者参与公共卫生安全治理提供激励、保障和救济等。

私营部门以市场机制的方式参与公共卫生安全治理。无论是日常公共卫生服务产品的提供还是应急状态下公共卫生安全事件的应对都可以按照市场经济规律达成公私合作，通过政府向私营部门购买服务的方式将公共卫生产品的生产交给市场主体进行，从而建立一种竞争或者准竞争机制，降低成本，提高服务质量和效率，如公共卫生知识的普及、疫情报告和监测、疫苗预防接种等基本公共卫生服务可以由政府面向社会采取公开招标、邀请谈判、竞争性谈判、单一来源采购等方式购买。相对于非营利性组织资金有限、缺乏长期规划与目标、参与的连贯性和持续性欠缺等问题，营利性组织则更为稳定、专业和实力雄厚，能够提供更为专业的技术人才和物资设备，但是，也存在重利润轻责任、碎片式参与的问题。

非营利性组织通常具有民间性、组织性、非营利性、自治性和志愿性等特征，其参与公共卫生安全治理有自身独特的优势。①贴近基层和满足精细化需求。与政府卫生行政部门自上而下的官方行为相比，成熟良性的非营利性组织通常在民间自发形成，具有草根性，辐射范围和工作方式都具有独特性。一来更为了解基层民众的需求，也更易于与基层社会沟通；二来往往能够关注到政府部门忽略或无暇顾及的角落，如对公共卫生安全事件中的弱势群体和边缘人群等的照顾，社会公益组织、慈善机构、民间团体等非营利性组织可以发挥补充作用，这一点也是官办慈善机构没办法相比的。②专业和资源补充。公共部门虽然庞大，但也不可能掌握所有的专业资源，特别是公共卫生领域的专业性更强，很多高端专业人才如医疗救助、公共管理、环境保护等人才聚集在一些非政府学术或专业团体，具有一定的经济基础、强烈志愿精神、积极参与热情、必要的精力和时间的专业知识人群致力于主动参与公共生活，在公共卫生安全治理中发挥自身的专业优势。公共卫生安全治理所需要的资源主要来自两个方面：政府掌握的公共资源以及社会捐助的公益资源。由于政府日常储备的资源是有限的，在发生公共卫生事件特别是重大突发公共卫生事件时其必然难以独自应对，此时征用和动员社会资源加入就成为必要手段，"社会组织便成为政府之外公共应急资源的主要筹集者，能够实现人、财、物以及信息等社会公益资源的多元化、快速化集结，从而有效弥补公共危机应对的资源短板"①。③兼具灵活与效率。相对于政府行政部门，非营利性组织通常规模较小、身份独立、组织结构相对简单和扁平，少有"科层制"自上而下的限制，无论是决策还是行动都更为灵活迅速，在公益、无偿和自愿精神的支配下，非营利性组织能够以积极主动、较低成本、及时高效的参与行动成为政府治理的有效补充。在多次公共卫生事件应对和救援中，

---

① 金华：《我国公共危机治理的挑战与回应——社会组织参与的视角》，《甘肃社会科学》2019年第4期，第172页。

社会志愿者组织和队伍灵活、精准、细致的支援行动受到了社会广泛关注和好评。

公民个体可以说是维护公共卫生安全的直接受益者，他们对公共卫生安全治理参与的意愿与行动能力将直接影响公共卫生安全治理成效。目前我国公民个体参与公共卫生安全治理存在被动性、分散性和可持续性不高等问题，很多人仍然习惯性地认为自己是公共卫生安全事件的受害者或受助者，没有意识到自己也是公共卫生安全治理的参与者，即使志愿者也多为临时性和短期性的，志愿精神和志愿能力有待提高仍然是社会力量参与社会治理的一大障碍。根据我们所做的问卷调查，绝大多数人了解并认可社会力量参与公共安全治理。在被问及"是否认为社会治安和警务活动（公安工作）都由公安机关（警察）提供，不会有其他公司和社会组织参与"时，79%的调查对象选择了"不是，有社会力量的参与"；在被问及"维护校园安全应当采取哪些措施"时，遥遥领先的前三位选项分别是"政府、家庭、社会与学校合作共同出力"（78.68%）、"提高学生自身的安全教育和防范意识"（77.74%）、"完善监控等技术手段"（75.24%）。这说明社会公众已经认识到整个社会共同参与公共安全维护能够达到更好的效果。但是，在被问及"应当如何改善当前社会的公共安全环境"时，约78.7%的调查对象认为应当"加强政府的监管和执法力度"，排名第一，说明社会公众仍然认为政府是公共安全治理的绝对主体，其他选项依次为"提高社会和公民自身的安全防范意识和能力"（66.14%）、"制定相关的法律法规"（63.64%）、"不断完善高科技监控和防范手段"（62.38%）、"社会组织和公众共同参与社会秩序和安全治理"（58.93%）、"加强安全知识的宣传和教育"（51.1%）、"其他"（8.78%），其中"社会组织和公众共同参与社会秩序和安全治理"的选择占比只排到所有6个具体选项中的第五位。而且，社会公众在面临一些具体公共安全问题时所采取的行动也并不十分积极。比如，在日常食品安全事件或消息的关注度方面，只有21.3%的调查对象会"积极关注有关食品安全的信息，并会通过微信评论、网站发帖、公开电话检举举报、向新闻媒体投稿或参与一些公益性活动等方式发表自己的意见和建议"，绝大多数人只会偶尔关心甚至毫不理会。在对目前的食品安全问题的态度和行动问题上，只有差不多一半的调查对象选择"通过正规渠道监督和参与政府管理的活动"和"积极参与相关社会公益活动，尽己所能亲力亲为维护食品安全"，剩余调查对象或者认为只要与己无关就不会关心，或者认为这些是政府的责任。

从总体上讲，当前在公共卫生安全治理中，如何让非政府主体有效参与、协作共治是当前面临的重大课题。完善公共卫生安全协作治理要注意重心下沉，分散且扁平化，无论是日常维护公共卫生安全还是面对突发公共卫生安全事件，都应当鼓励社会公益机构和社会力量分散决策和独立运行，政府（或官办机构）则依托互联网技术建立平台汇总信息、协调沟通、统筹通路，为有需求的机构和个人提供求助平台，也为捐赠意向人以及慈善组织提供有效信息，再根据实际需求指派和认领任务，解决具体问题，查缺补漏，此时公权力机构更应当发挥的是枢纽和保障作用，允许社会力量更多参与公共安全治理，优化政府单中心治理结构。以社区为例，世界卫生组织就积极鼓励社区参与公共卫生监测，[①]"进行公共卫生监测的机构或组织应以透明的方式考虑社区的价值观、关切和优先事项。如果社区无法了解监测的好处和风险（或潜在的危害），就无法参与。社区的积极参与可能包括与社区领导人举行会议，组织专题小组讨论和其他论坛，这些可为成员提供机会，使成员清楚表达其价值观和关切。无论社区以何种方式参与，至关重要的是，决策必须透明、公正且允许修改。社区的积极融入和参与可促进信任，并创造条件使公民能够从个体和集体层面增进共同利益"[②]。我国公共卫生安全治理同样不能忽视社区的重要作用，应培育社区志愿者文化，建立社区内政府、卫生服务机构、志愿者组织、企业和个人共同参与的工作网络，保障社区参与公共卫生安全治理的物质条件。非政府组织有效参与公共卫生安全治理可以从两方面着手：一是外部创造良好的参与环境，放宽社会组织准入、提供优惠政策和物质条件以扶

---

① 进行常规公共卫生监测的目的是监测疾病趋势，同时也可在应对疫情方面发挥重要作用。公共卫生监测可以通过挨家挨户调查、网络调查、疾病登记、实验室数据处理等方式进行。

② 世界卫生组织官网，https：//www.wto.int/zh。

持社会组织发展、对积极参与公共卫生安全治理的社会组织予以表彰等；二是内部提升社会组织自身的参与能力，明确管理组织目标、健全内部管理制度、拓展资金来源、积极吸纳各类人才、提高工作效率，通过积极展示自身价值和优势赢得政府、社会公众的尊重、信任和支持。

### （三）柔性协商：塑造新的公共卫生安全治理网络运行方式

在传统行政法理论体系中，政府与社会之间更多地被看作对立和被动的关系，政府单方面实施监管、强制和处罚，行政相对方只能被动地接受行政主体的管理，只有在行政过程结束之后才知道行政结果并启动相应救济，针对抽象行政行为更是连提起诉讼的机会都没有。这种被动的参与方式在 21 世纪之后已经不能适应行政监管实践的客观要求，"通过行政民主化导向的行政管理创新（包括体制创新、机制创新、方法创新），改造那些存量的行政管理方式，以提高管理水平和实效，就成为行政改革的紧要课题"①。协作治理网络结构的特殊之处在于超越了我们所熟悉的公共官僚机构的正式结构和层级制，不再以自上而下的命令的方式运行，而是激励所有参与者平等参与协商。

运用柔性协商而非单纯依靠强制性手段进行互动、对话、达成共识，是平等治理主体间化解矛盾和冲突、增进相互理解和沟通、进行快速整合的有效方式。比如，通过签订合同的方式授权、委托社区或社会组织参与日常公共卫生服务或治理活动，或者在特定的应急状态下与其他主体共同承担物资捐助、分配、运输、整合等任务或使其利用自身专业优势直接参与救援行动；通过付费购买、项目资助、减免税费、行政奖励等物质方式引导营利性和非营利性组织承担社会责任。

共同学习是实现网状治理结构主体间有效协商的基本手段，整个公共卫生安全协作治理的过程可以被看作共同学习的过程，在公共卫生安全不

---

① 莫于川：《公法视野中的依法治国、依法执政、依法行政共同推进——十八届四中全会决定的战略意义、重大任务和现实课题解读》，《河南财经政法大学学报》2015 年第 2 期，第 15 页。

同阶段，包括日常治理、危机治理、恢复期治理等阶段，需要进行不同的学习，使公共卫生安全知识与信息不断地在治理网络中传播和共享，不断提升整个治理网络的合作能力，改变传统"刺激—反应"的被动危机管理模式，真正建成相互信任、集体行动以共同解决公共卫生安全问题的高度弹性化协作组织网。

# 四　结语

经过近 20 年的不断努力，中国公共卫生安全模式的应急能力不断提升，在重大突发公共卫生事件的救援中发挥了巨大作用，中国已经初步建立起独具特色的公共卫生应急管理体系。但是，面对全球化的进一步加深，各国联系日益密切，人们之间的交往互动更加频繁，以各种新的传染病为代表的突发公共卫生事件造成的危害也愈加明显，成为各国需要共同面对的巨大挑战。2021 年发布的《中华人民共和国国民经济和社会发展第十四个五年规划和 2035 年远景目标纲要》提出了"提高应对突发公共卫生事件能力"的重大任务。而随着中国经济社会不断发展，政府职能加快转变，中国更加需要重视对公共卫生安全的协同治理，推动政府单边行动转化为政府和其他非政府主体的联合行动，而且更加需要强调增强各主体之间的行动协调性和稳定性等的机制设计问题。事实证明，一些社会力量的参与一定程度上消除了政府机构与社会组织之间的结构性隔阂，缓解了以往政府与市场和社会之间存在的冲突和矛盾，说明了政府、市场和社会协作共治的可能性并引发了强烈呼声。超越"刺激—回应"的管理模式、引入当代公共治理理念、重构和优化政府与社会之间的关系成为必然的选择，关键是政府在这个过程中如何进行自我调整，如何协同社会共同控制风险、把握机遇，而这正是当下政府治理能力所面临的一大挑战。

# 第六章

# 社会治安的协作治理

> 协同学揭示了开放系统中结构形成的一个普遍的新原则。在一个开放系统中各组成部分不断地探索新的相对位置、新的运动过程或新的反应过程，一种或几种共同的即集体的运动和反应过程压倒了其他过程，最终支配了所有其他运动形式，系统即达到了新状态或具有较高级的有序性。
>
> ——赫尔曼·哈肯[①]

> 需要对行政经验进行一种周密的分析，以便阐明有关问题，如什么条件有助于提高认知能力，包括有效地运用政策和规划参谋机构；什么样的分散管理方式与维持计划的完整性一致；什么种类的协商促进或损害强有力的实施；要一般地说，那些专门类型的部门为了实现其独特目的而要求认知手段、组织手段和政治手段的怎样一种混合。
>
> ——P. 诺内特、P. 塞尔兹尼克[②]

"治安"一词从词源学上来说，我国古代即有。早期的"治"和

---

① 〔德〕赫尔曼·哈肯：《大自然成功的奥秘：协同学》，凌复华译，上海译文出版社，2018，第227页。

② 〔美〕P. 诺内特、P. 塞尔兹尼克：《转变中的法律与社会：迈向回应型法》，张志铭译，中国政法大学出版社，2004，第126页。

"安"是分别使用的："治"与"乱"相对，指治理或者管理；"安"与"危"相对，指安全、安宁。后来也有将"治"和"安"连在一起的用法，如汉文帝时期贾谊的《治安策》等。在古代，无论是分开使用还是连在一起使用的"治安"，其含义都较为广泛，通常指治理国家、管理社会、统治民众，使国家政治清明、社会稳定。今天我们给"治安"下的定义要比古代的含义狭窄，一般从两种意义上理解"社会治安"：一为动态的社会活动，即由特定的社会主体所实施的，有目的并遵循社会规范的社会安全管理活动；二为静态的社会状态，即由一定规则所调整的，具有公共安全内容的社会客观状况。作为协作治理的对象或者实现的目标，我们将"社会治安"视为静态的理想的社会安全、有序的状态，本章更多地从这个角度来使用该词。而若从动态角度理解，在协作治理的理念下，协作治理的过程就是"社会治安"本身。

# 一　中国与西方社会治安治理体制演进的共性与差异

近现代制服警察是 19 世纪 20 年代的产物，即现代警察要比治安概念出现得晚许多。依照马斯洛需求层次理论，人类的需求从低到高的排序为：生理需求、安全需求、爱和归属感、尊重、自我实现。安全需求对于人们来说是除了呼吸、水、食物等生理需求之外的与社会生活密不可分的基本需求。由此可知，从广义而言，有人类社会即存在满足人类基本需求的治安状态，而治安状态在不同社会由不同主体通过不同的方式在不同程度或好或坏地实现着。从历史发展的进程来看，社会治安主要经历了民众自治、警察管理、多元主体共治这三个时期，其中，多元主体共治时期是我们研究的重点。

## （一）社会治安的民众自治时期

在国家雇用的职业警察产生之前，社会治安的维护主要靠各种民众组织或公民个人来实现，保甲制度、户籍制度等封建时期用以维系社会稳定和限制人口流动的制度起到了保障社会安定有序的作用。

在人类社会的早期，国家虽然建立了，但是国家职能并没有得到细致的划分。国家权力在社会治安方面有介入，但是无论是机构设置、人员职权方面，还是管理事务方面，都体现出国家的治安管理力量远未成熟。社会治安作为社会秩序和安宁的基本保障，古代国家通常都会设置主管治安的机构和人员，但是或者表现出对内的治安职能与对外的军事职能混同、军队武装与治安武装混同而不具有专门性，或者表现出治安主管机构力量不足而必须以严格的监管和限制流动制度以及民众自治为补充，如英国以"郡行政代理人"、保安官、太兴保甲（Tything）等制度维护古代的基本治安，随后，太兴制、十户联保制等以保甲制度为基础的治安维系制度被逐步淘汰，形成了巡夜人、警务官、治安法官相互合作的治安体系。[①]

中国古代基础的乡村治安主体可以国家治安主体和社会治安主体的二分法进行划分，但总体上仍以社会治安主体为主，基本上的演进历程为：秦汉魏晋以国家治安主体为主，南北朝隋唐国家治安主体衰落，宋元明清以社会治安主体为主。[②] 可见，我国封建时期与古代西方国家的治安管理状况一样，以社会自治为主，国家的直接治安管理不多。民众自治在古代能够有效开展并基本完成治安任务是以当时的社会背景和相关制度为依托。古代社会的人身依附关系很强，人身关系、财产关系固着于土地，流动的范围不大，治安的维护者和破坏者多数情况下时空距离不远，治安成本在分散的情况下并不高，而且守望互助的治安效果也很明显，在此情境下民众具备主要靠自治的方式实现社会秩序平稳和社会安宁的能力。户籍制度[③]、坊

---

① 刘锦涛：《18 世纪以前英国旧警察制度的演进轨迹》，《广西警官高等专科学校学报》2011 年第 6 期，第 45 页。

② 陈涌清：《中国古代基层乡村治安主体的演变》，《中国人民公安大学学报》（社会科学版）2009 年第 1 期，第 73~82 页。需要提及的是，有研究显示在我国宋代时期，建立了巡检制、分厢管理体制和防隅巡警和消防队等，这在世界警察史上具有重要意义。参见陈鸿彝《宋代城市治安管理模式杂谈》，《公安大学学报》2001 年第 2 期。

③ 我国自西周时期即创建了人口登记、统计制度并设有专门掌管户籍的官职，经秦汉时期发展形成了严密且严格的户籍登记管理制度。户籍登记管理制度对减少人口流动、稳定社会秩序具有积极的作用。

（里）市制度/厢坊制度①、保甲制度②也促进了民众的自治治安，除了来自保甲制度的强制性民众自治之外，宗族族长、地方绅士、乡老、会社组织也推动了多元化的民间治安自治。户籍制度和坊（里）市制度限制了人们的活动范围但便于治安管理，保甲制度使维护社会治安成为民众的强制性义务，督促、强化了民众对治安的参与，但需要注意的是，古代以被动为保障的民众自治与我们今日所谈及的主动参与式协作治理在本质上是有区别的。

## （二）社会治安的警察管理时期

以公安员、守夜人等自发或基于义务组织起来的自治治安力量有明显的弊端，如由村民轮流承担，而承担者的能力参差不齐，意愿和努力程度也大相径庭，自组织的形式很难有效实现治安预期。后来发展出的私人雇用专门的"捕盗人"依旧有不可回避的问题，以乔纳森·威尔德（Jonathan Wild）为代表的"捕盗人"通常兼具抓贼者和做贼者的身份，腐败、骗取奖赏、挪用费用、监守自盗等行为多发。于是，替代这种不协调、不确定、无计划的自治治安体系的制度应运而生。1829 年英国《大都市警察

① 坊（里）市制度/厢坊制度是我国古代对城市的管理制度。坊（里）市制度主要是在城市内将住宅区（坊，也称为里或者坊里）和交易区（市）严格分开，住宅区内禁止经商的制度。坊（里）市制度在周代即出现，到汉代已达到较高水平，唐代的坊（里）市制度兼具管理和服务功能，管理功能主要指对"坊"内居民居住的管理，服务功能主要指对"市"内经济秩序的维护。唐代中后期开始，坊（里）市制度逐步被打破。宋代起，坊（里）市制度转型为厢坊制度，封闭式的市被取消，不再以围墙相互隔离，住宅区和交易区交叉存在，大街小巷畅通，逐渐连成一片。宋代在打破坊（里）市制度封闭形式的同时，加强了国家治安力量的部署，这在治安史和警察史上具有重要意义。参见陈涌清《中国古代基层乡村治安主体的演变》，《中国人民公安大学学报》（社会科学版）2009 年第 1 期，第 73～82 页。

② 保甲制度是古代最为典型的治安制度。我国的保甲制度滥觞于西周，完备于宋代，明清在此基础上有较大的发展，其以"户"（家庭）为基本单位，以一定的户组成甲，再由甲组成保，防奸缉盗、调解纠纷、教化民众是其重要功能。保甲制度将国家权力的触角伸到基层，在社会最基层形成严密的监视网络。西方也存在保甲制度，例如英国的"太兴保甲"，其功能与我国的保甲制度相同，但是西方的保甲制度多以人为单位而非如中国以家庭为单位。参见朱德新《民国保甲制度研究述评》，《安徽史学》1996 年第 1 期；田先红《废弃抑或存留——村民组长制的困境与前瞻》，《求实》2006 年第 1 期；张兆端《警察哲学》，中国人民公安大学出版社，2008，第 143 页。

法案》通过，随着伦敦大都市警察局的建立，世界上最早的职业制服警察产生。社会治安也以此为标志进入了警察管理时期。①

近现代警察产生之后，按时间发展顺序经历了四次典型的世界性警务变革，也被称为四次警务革命，从这四次警务革命中可见在社会治安方面警察管理的发展变化。①1829年到1890年是第一次警务革命时期，警察组织虽然因职业化而独立出来，在社会治安的管理方面也全面承担了基本的安全维护、预防犯罪和治理无序等治安职能，基本从传统的社会治安自治转为以警察管理为基础的国家管理，但是其面对的是积久而成的治安混乱和民众长期形成的不信任、不满意态度，因而需要更为亲民的态度和行动来换取民众支持。②1891年到1930年是第二次警务革命时期，伴随着警察职业化、专业化，警察机构应对违法犯罪的整体能力增强，对调查刑事犯罪、追捕犯罪嫌疑人以及维护整体社会治安能够进行基本的控制，在维持社会秩序和稳定方面成为主力军。因而，这一警务革命时期可以说基本上完成了国家权力对社会治安的接管，人们也逐渐习惯警察管理下的社会秩序维护。③1931年到1970年是第三次警务革命时期，技术革命带来警务装备的更新换代，间接改变和提升了警务的整体运行模式和效率，但在强化警察专业化的同时，警务活动的核心范围缩小了，警察与公众的联系也逐渐薄弱。社会不安定、违法犯罪是个综合问题，打击的迅速和出警的快速，并不能从根本上遏制犯罪的发生和社会失序状况。当犯罪高潮来临、治安状况持续下降之时，原本快速反应的警务也应接不暇，第三次警务革命的弊端显露。④1971年至今是第四次警务革命时期，该时期以社区警务运动的兴起为标志。在社区警务运动的倡导下，警察对治安管理的垄断开始被打破，越来越多的警察机构开始融入社区，组织社区居民共同进行犯罪预防和治安防控。总之，经历了从依靠公众到脱离公众又回归公众的循环，社会治安在警察管理时期，完成了由警察接管到警察全面管理再到警察主导、引导的治理模式递进，也开始步入多元主体

---

① 〔英〕罗伯特·雷纳:《警察与政治》，易继苍、朱俊瑞译，知识产权出版社，2008，第19～22页。

共治的治理新时期。

中国警察管理的发展与西方的警察管理有不尽相同的发展路径，但"警察接管—警察全面管理—警察主导、引导管理"的社会治安管理发展过程是基本一致的。①中国古代警务转向近现代警务之前，清政府建立了严密的治安组织，其弊端是军警合一、职责不清，古代沿袭下来的保甲制度、捕快制度也难以适应当时社会发展的需要。清末随着西学东渐思潮的兴起，建立新式警察制度的观念也得到了传播，近现代警察制度在清代末期天津、湖南、浙江等地逐渐创建起来。与英国具有代表性的伦敦大都市警察获得民众支持方式不同的是：我国清末民初各地的警察，在资金供给方面，因政府提供不了财政支持而主要依靠地方绅商出资；政府在警察机构中起主导作用，但是在人员选任和财物管理方面绅商势力依旧明显；警察职能导向也不是通过亲民的方式提升民众认可率和信任度，而是革除旧有捕快制度的腐败和低效。因此，我国近现代警察制度在清末形成时期，虽然也体现着国家警察权对社会治安事务从自治为主到国家为主的接管，但是由于当时国家政权动荡的社会环境，在微观上表现为地方政权与地方绅商的共同投入与治理。②清政府统治结束到新中国成立之前，近代警务系统得以全面建立并不断完善，社会治安主要由警察系统进行全面的管理，但是保甲组织依旧存在，而且部分执行警察职能，特别是在没有设立警察的乡村则由保甲代行警察事务。① ③新中国成立后，中国构建了从中央到地方统一的人民公安体制，随着新中国警务的不断发展，中国警察管理完成了从近代警察到现代警察的过渡，并形成了自己的鲜明特色。粗略观之，新中国警务发展也经历了初期依赖民众支持共同进行治安维护到专业化时期以刑事打击为主要任务的警务职业化，再到近期反思过度专业化带来的社会治安管理问题并探索中国式的社区警务特别是有中国特色的社会治安综合治理之路。与欧美警务管理社会治安的发展轨迹不同，从清末民国时期保甲组织的维持到新中国成立后社会治安综合治理体系的构建，

---

① 马玉生：《中国近代中央警察机构建立、发展与演变》，中国政法大学出版社，2015，第191 页。

一直以来我国的社会治安从未完全脱离民众的参与，只是在不同时期民众参与有主动和被动之分，民众参与治安管理的作用有强弱大小之分。

### （三）社会治安的多元主体共治时期

社区警务的倡导标志着西方社会治安由警察管理向多元主体共治转变。这一转变导源于现有警务弊端、缺陷的暴露，这一时期以破解弊端为基础，倡导贴近基层、亲民的警务执法机构和更具亲和力的警员形象，同时也发动社区等服务基础单位的自治组织、社区居民参与。另外，颇具特色的是警务私有化趋向的出现，其不仅与警务失灵有关，更与公共管理理论在西方的更新和市场机制引入公共警察机构的成效初显有关。

由于治安传统、社会背景等差异，中国社会治安的多元主体共治道路与西方进路有所不同。中国在警务结构变革中，不断推动治安管理向社会参与、公共服务的新型模式转变，以专职警察之外的力量辅助治安管理。新中国成立初期，我国城乡普遍建立了治安保卫委员会（简称"治保会"），该组织是群众自治组织，是公安机关依靠群众维护治安的重要力量。改革开放后，城乡又建立了治安联防队，其由企业出人、出资，由公安机关直接管理，专门维护社会治安，是治保会的补充和发展。随后，各地保安服务公司逐步发展起来，成为市场经济发展阶段的治安力量补充。除此之外，治安志愿者、单位内部保卫人员、社区保安等各种形式的群防群治力量都成为多元主体治安治理中的一员，丰富了治安治理的形式。①

宏观上说，西方警务和我国警务都经历了从专业化警务又回到社会化警务的过程，只是促成警务再社会化的传统承袭和时代背景因素有所不同。西方警务受新公共管理理论影响，将较为成熟的市场机制引入警务实施过程之中，形成以保安公司为主、以市场经济运营为依托的多元主体共治模式。而我国沿袭一直以来的群防群治传统，形成了治安联防、专职保安、志愿者等多层次的治安共治群体，专业治安力量仍发挥主要作用，市

---

① 董纯朴：《中国当代治安历史特点研究》，《广州市公安管理干部学院学报》2012 年第 1 期，第 37~38 页。

场化的保安公司有所发展但是运营模式尚不如西方健全。

## 二　西方警务多元主体共治模式与中国"社会治安综合治理"体系的兴起

### （一）西方警务多元主体共治模式

在此，我们以警务私有化这一特色为侧重点，简略梳理其在西方警务中呈现的私营部门参与这一侧面展现出的西方警务多元主体共治的状况、效果及反思。

有学者认为新公共管理理论中的新管理主义[①]和公共选择理论[②]将引领全球范围内的第五次警务革命。尽管第五次警务革命究竟以何种面貌席卷全球尚未形成定论，[③] 但是新公共管理理论下的警务私营化、社会化应该引起重视，其在国家警力资源的多元构成中是重要一极。就西方各国而言，警务私营化的推动以英美为显著。概括来算，美国私人警察制度已历时半个世纪。1963 年到 1971 年，美国治安一度恶化，治安资源的短缺被视为治安恶化的重要原因，因而私人警察作为警力的补充不断发展起来。21 世纪初，据统计，美国私人警察的数量一度接近官方警察数量的 5 倍。[④] 英国警务私营化的提出和私营警务的大举参与比美国略晚，

---

① 该理论主张，政府公共部门内部应通过引入市场机制来完善政府管理，以市场调配机制来纠正政府失灵的弊端；将私营部门的管理策略引入公共部门，以提高政府的工作效率。

② 该理论主张，用经济学方法研究政府管理活动及公共领域政策制定、执行，提出公共服务并非必须由政府官僚机构来提供，建议打破政府在公共服务提供中的垄断地位，以促进公私组织之间的竞争，从而使公民得到自由选择的机会。

③ 也有很多学者指出，第五次警务革命的路向应为新专业化，如 2011 年美国学者魁斯特佛·斯顿提出的"警务改革新专业化"［参见王大伟《新警察专业化论——第五次警务革命向何处去》，《中国人民公安大学学报》（社会科学版）2012 年第 6 期］，以及我国警务研究者提出的"专业化精确打击"（参见彭会《略论专业化精确打击——第五次警务革命的有益探索》，《公安研究》2013 年第 9 期）。

④ 姜鹏：《美国私人警察法律规制及其对我国的启示》，《江苏警官学院学报》2017 年第 6 期，第 123 页。

转折点是 20 世纪 90 年代，越来越多的非政府属性的警务主体参与到公共警务活动中来。①

　　营利性私营部门提供的警务服务主要体现为形形色色的保安公司提供的保安服务。美国私人警察与中国所称的保安类似，主要提供三种基本服务：资产安全、信息安全和人员安全。资产安全主要是对商务人员和财产的保护，如在工厂入口或娱乐场所检票处及内部日常安全管理中的保安业务；信息安全主要是对商业信息的保护，如防范商业间谍活动、构筑公司网络安全体系；人员安全主要是保护有特殊安全需求的经理人员和工人免遭恐怖主义者、示威者、绑架者以及其他人身威胁者的袭击。私人警务的提供方式，主要包括直接雇用形式和与第三方签约形成的合同委托形式，前者指希望得到警务服务的企业自己雇用、培训并管理保安队伍，后者指从独立的第三方保安公司租用保安服务。② 英国私营部门介入警务主要有两种方式：第一种被称作"减负荷"，即私人部门直接或间接地履行公共警察职责或者在公共警察无法满足需求时提供补充警务服务，代表性例子为举办英超联赛等大型足球比赛时，维持公共秩序的工作主要由足球俱乐部主导的私人警务承担；第二种为合同外包形式，警务职责名义上仍属于政府警察，但通过政府与私营部门签订合同的方式由私人警察履行，政府警察主要进行概括性管理和监督，代表性例子为押送囚犯的活动，原来主要由警察和监狱职员负责押送，而英格兰和威尔士将之视为可以"外包"的领域，治安法院可以以安全合同的方式，将之转让给私营部门负责。③当然，警务私营化也有一定弊端，经过多年的警务私营化实践，英美警务部门也在反思警察服务私有化的问题，如有研究指出警务服务私有化所追求的"成本—效率"有可能产生副作用，甚至副作用会超过其有益效用，另有研究指出私营警务的监督与问责具有不确定性，有研究者建议

---

① 刘家家：《关于英国公共警务私营化及其启示》，《黑龙江省政法管理干部学院学报》2016年第 2 期；Mark Button, *Private Policing*, Willan Publishing, 2002。

② 刘安媛：《评析英美警务社会化发展》，《湖南公安高等专科学校学报》2009 年第 1 期，第 104 页。

③ Les Johnston, *The Rebirth of Private Policing*, Taylor & Francis E – Library, 2005.

更为全面地考虑警察服务私有化的需求以及私有化可能产生的潜在法律问题。[①]

### (二) 中国社会治安多元主体共治模式——有中国特色的 "社会治安综合治理" 体系

中国社会治安多元主体共治模式的特色是 "社会治安综合治理"。改革开放初期 "社会治安综合治理" 概念被提出，1991 年中央社会治安综合治理委员会建立，因而多数研究者认为社会治安综合治理至今已有 40 余年的发展历程。[②]

"综合治理" 原用于指水利建设中治理黄河、防止水患所采取的各种综合性措施，这里被借用来指社会治安的治理。这种借用表现了中国传统的总体性 "治水" 方式在治安工作中的思路移植。1991 年 2 月 19 日，中共中央、国务院颁布《关于加强社会治安综合治理的决定》，同年 3 月 2 日第七届全国人民代表大会常务委员会第十八次会议通过了《关于加强社会治安综合治理的决定》，该决定作为国家决策和法律在全国正式推行。《关于加强社会治安综合治理的决定》指出加强社会治安综合治理 "是解决我国社会治安问题的根本出路"，"社会治安问题是诸多社会矛盾和消极因素的综合反映"，"必须全面加强综合治理才能奏效"，"社会治安综合治理的基本任务是：在各级党委和政府的统一领导下，各部门协调一致、齐抓共管，依靠广大人民群众，运用政治的、经济的、行政的、法律的、文化的、教育的等多种手段，整治社会治安，打击犯罪和预防犯罪，保障社会稳定，为社会主义现代化建设和改革开放创造良好的社会环境"。自 1991 年 "社会治安综合治理" 以中央决策和国家立法的形式被强调和推行

---

① 〔美〕佩斯·威廉姆·罗林斯、权承旭：《警务服务私有化路线：效率、问责与法院判例》，王冬芳译，《国际行政科学评论》（中文版）2017 年第 1 期。

② 也有研究者认为，我国社会治安综合治理的源头可以上溯至中华苏维埃政权时期，虽然中央苏区的社会治安治理工作没有明确提出 "社会治安综合治理" 概念，但其以一种事实存在于社会治安实践之中。参见马俊霞、陈爽《中国社会治安综合治理历史探源》，《广州市公安管理干部学院学报》2015 年第 4 期，第 3~4 页。

以来，社会治安综合治理工作一直在不断发展和更新的过程之中，并在社会治安维护、犯罪预防治理等方面发挥着重要功能，本部分从社会治安综合治理参与主体的多重性、涉及内容的广泛性、治理方式的革新探索等角度进行讨论。

**1. 社会治安综合治理的协作参与主体——以国家公权力为主导，积极动员私主体参与**

《关于加强社会治安综合治理的决定》规定，社会治安综合治理工作由各级人民政府统一组织实施。1991 年 3 月 21 日，中共中央决定成立中央社会治安综合治理委员会，将其作为协助党中央、国务院领导全国社会治安综合治理工作的常设机构，并设立中央社会治安综合治理委员会办公室（简称"中央综治办"），将其作为中央社会治安综合治理委员会的办事机构，与中央政法委机关合署办公。可见，社会治安综合治理是由统筹机构——中央社会治安综合治理委员会及其办公室集中协调开展的，体现了我国社会治安治理体系自上而下推动的方式，并强调在核心领导基础上的治理综合性和各机构协同性。社会治安综合治理的总体构想形成于改革开放初期我国社会治安情势严峻阶段，因而，其核心任务是通过全社会统筹协作的方式打击各种危害社会的违法犯罪活动，维护社会秩序和治安，由此，刑事司法系统、以公安部门为主的治安管理部门就成为社会治安综合治理的核心力量。

社会治安综合治理参与主体的基础是社会公众和各种基层社会组织。①最初 1991 年《关于加强社会治安综合治理的决定》将积极组织民兵参与维护社会治安，充分发挥村民委员会、城市居民委员会维护社会治安和组织群防群治的作用作为动员群众参与综合治理的主要内容。②2001 年《关于进一步加强社会治安综合治理的意见》又结合新阶段的情况，强调企事业单位应积极参与所在地区的社会治安综合治理工作；并指出要促进新发展起来的城市社区物业管理公司和保安公司发挥维护居民住宅区治安秩序的积极作用，推进保安服务专业化；同时说明应通过激励机制和社会保障机制鼓励和动员广大社会公众参与同违法犯罪分子做斗争的活动。③近几年，面对新的公共安全治理环境，习近平总书记提出了一系列社会治理的新理念、新思想、新战略，特别是其中对"枫桥经验"的弘扬与创新发展，使在新的背景下动员群众参与社会治安综合治理又有了新的举措，如不断强化和推进居民自治和社区治理创新，以居民参与决策、协商、监督工作激发治理参与动力，以服务性、公益性、互助性社区组织培育拓展参与治理资源，以信息化建设助推治理现代化。①

综上可见，社会治安综合治理的参与主体有如下显著特征。第一，参与主体体现出明显的以国家公权力为主导、积极动员私主体参与的倾向，从中央到地方的体系性协同参与突出，更多地表现为自上而下的参与，公众参与多为在各级权力机关或专设职能部门组织下有序加入，国家主导、系统协同、私主体有序加入的状况保持了社会治安综合治理在参与主体方面的基本稳定。第二，参与主体的范围表现出基于不同时代背景的动态发展状况，改革开放早期主要依托单位自发组织保安、联防；改革开放促进市场主体成长后，专业的保安公司和保安部门成为社会治安维护私主体范围的主力，保安公司与企事业单位、居（村）委会、派出所在治安治理方面实现分工协作。这种动态发展的参与主体状况表现出社会治安综合治理在主体范围上的较强包容性，也预示了未来继续发展的可能性。

**2. 社会治安综合治理的内容——从打击犯罪为主到关切民众需求和参与**

早期，1991 年《关于加强社会治安综合治理的决定》和 2001 年《关于进一步加强社会治安综合治理的意见》都将打击犯罪作为社会治安综合治理的首要关注点。前者从治理内容或治理领域来说凸显了对既成违法犯罪行为、潜在的影响治安的不稳定因素的综合治理，以及对已经接受刑罚或行政处罚的重点人员和青少年等特殊人员的关注。后者对于预防工作的主要安排强调"深入"排查矛盾纠纷等潜在治安风险隐患和"深入"开展基层安全创建活动；进一步明确治安防控治理重点，持续将刑满释放、解除劳教人员和青少年作为重点关注人员，明确将对重点地区、要害部位、特种行业、特殊物品等的管控作为对物防控重点。

---

① 《坚持发展"枫桥经验"集民智护民利聚民心》，《检察日报》2018 年 11 月 14 日，第 2 版。

中期，2006 年，中央提出开展平安建设，并强调平安建设是社会治安综合治理工作的深化和发展。2010 年，上海世博会等对外大型交流项目开展，为保持我国经济平稳较快发展创造和谐稳定的社会环境成为综合治理工作的核心任务，[①] 和谐社会是这一阶段社会治安综合治理的主题。这一时期，随着治安形势好转和市场经济转轨完成，促进经济平稳快速发展成为社会发展要务，社会治安综合治理内容也逐渐体系化，维护平安社会、和谐社会成为工作引领，而且实践更加关注基层的各项基础工作，将社会治安综合治理工作内容不断向更广泛领域展开，高校、企业、城市社区和农村基层等的社会治安综合治理工作得到全面渗透，社会治理从全方位带动、督促群众参与转向关切民众需求、激励民众参与，社会治安综合治理的评估体系建设、体制创新、公众参与机制构建不断得到探索。

2013 年，习近平总书记在平安建设会议上提出，"把平安中国建设置于中国特色社会主义事业发展全局中来谋划"[②]。2017 年，习近平总书记提出"着力推进社会治理系统化、科学化、智能化、法治化"[③]。社会治安综合治理工作进一步深入，并且着重突出探索综合治理过程中的法治化建设和系统化建设，特别是良法善治机制、社会共治机制、统筹协调机制、风险预警机制、舆情引导机制、应急处置机制、考核评价机制等[④]都不断引入社会公众的参与。

综上可见，社会治安综合治理的内容从明确提出到走向系统化、科学化、智能化、法治化的进程中表现出如下特色：第一，社会治安综合治理一直以治安、稳定、和谐、平安为工作主题，以打击预防犯罪、维护社会治安为主线，并围绕主题和主线全方位开展综合治理工作，中后期开始重视基层公众需求，激励民众参与；第二，在不同时期，随着社会治安状

---

① 陈泽伟：《本刊专访中央综治委副主任、中央政法委副秘书长、中央综治办主任陈冀平 社会治安综合治理新策》，《〈瞭望〉新闻周刊》2010 年第 16 期，第 40~42 页。

② 《习近平关于总体国家安全观论述摘编》，中央文献出版社，2018，第 131 页。

③ 《习近平关于总体国家安全观论述摘编》，中央文献出版社，2018，第 152 页。

④ 王占军：《社会治安综合治理机制建设解析》，《江西警察学院学报》2016 年第 2 期，第 14~16 页。

况、经济社会环境的变化，不断更新和调整社会治安综合治理工作的侧重点，这表现了社会治安综合治理在社会基层的深层次延展性和可持续开展的长效性。

### 3. 社会治安综合治理的方式——从自上而下垂直管理到社会治安治理社会化

1991 年前后是社会治安综合治理在全国全面展开的初期，因社会治安形势比较严峻，综合治理工作以公安机关的工作为重点，与"严打"工作相结合，侧重通过治安案件、刑事案件发案率（犯罪率）、破案率等的比较、考察来推动工作开展，因此，在发动群众、协调调动社会各部门各方面力量参与的过程中，主要采用自上而下的工作部署和综合治理专管机构协调督促的方式。

2001 年之后，在一些地方继续坚持将"严打"作为有效消解治安危机的方法手段的同时，更多的人、更多的地方开始对以往的社会治安综合治理方式进行反思，认为波浪形"严打"并非长效机制，而且政策性、强制性的方式不利于调动广大民众积极性，难以使其自发地积极参与综合治理。各地开始逐步转向政府政策性引导方式，将民众权益的切实保障作为综合治理工作中动员社会公众参与的基本动力机制，注重社会的自我调节功能，突出广大民众的自觉性发挥；[1] 促进与政府提供公共产品模式并行的社会准公共产品非政府供给，[2] 以此来强化非政府力量在综合治理工作中的参与和作用；还出现了管理规范化、工作职业化、报酬结构化等新型有特色的市场化"治安承包"模式[3]。

2006 年起，社会治安综合治理工作进入新的五年发展时期，结合域外社区警务理论，中国警务实践试图将宏观社会治安综合治理防控体系与以

---

[1] 杨毅：《转型时期我国社会治安综合治理的新视角》，《湖北警官学院学报》2005 年第 1 期，第 45~52 页。

[2] 钟广静：《论准公共产品非政府供给的可行性与途径——以社会治安综合治理为例》，《台声·新视角》2005 年第 5 期，第 3 页。

[3] 黎津平：《"治安承包"是社会治安综合治理的一种新形式》，《新疆警官高等专科学校学报》2004 年第 3 期，第 21~24 页。

警察为主导，以全社区群众共同预防、打击犯罪为基础的治安体系相结合，形成以警民结合为基础，各街道、各社区、各组织团体、各政府机构等共同配合的全方位、多层次、宽领域、人防物防相结合的整体性和协作性的治安防范体系。① 此外，非公有经济组织中的高校、乡村和社区基层等都在积极探索在新的社会情势下参与社会治安综合治理工作的路径，认同转型社会背景下应由带有较重计划经济色彩和以权威政治组织保证、以身份制运转的传统模式向市场化、社会化、法治化、信息化模式转换，② 应探索由政府单独主导的社会治安综合治理管理模式向政府与社会合作机制转变的制度创新。

2011 年至 2015 年，公共治理理论、国家权力和社会自治关系理念以及各种新型警务创新理论和模式不断与中国实际相结合，融入宏观社会治安综合治理架构中，这推进了社会治安综合治理的转型，也带动了各个地方和领域社会治安综合治理具体方式手段的创新发展。特别是基于公共治理理论，强调在社会治安综合治理工作开展中从思想观念和认识层面把植根于计划经济背景的综合"管制"变革为现代治理模式框架下的多中心治理，③ 从社会协商④、政府和公众双向视角⑤、正负反馈调节工作机制⑥等多方面对社会治安综合治理进行模式转型。

近几年，非传统安全威胁的情势变化给我国社会治安综合治理工作带来了新的挑战，也带动了社会治安综合治理非政府主体协作参与的新发

---

① 余红梅、宋奇飞：《社会治安综合治理与社区警务的比较研究》，《江西公安专科学校学报》2006 年第 5 期，第 50～52 页。

② 陈瑞林、张薇：《转型社会与社会治安综合治理工作的转型》，《太平洋学报》2008 年第 1 期，第 76～80 页。

③ 谢子传：《基于公共治理理论的社会治安综合治理治道变革研究》，《福建警察学院学报》2013 年第 1 期，第 1～8 页。

④ 游祥斌、李祥：《反思与重构：基于协商视角的社会治安综合治理体制改革研究》，《中国行政管理》2014 年第 12 期，第 58～62 页。

⑤ 王焱：《社会治安综合治理理论和工作模式的重新审视》，《江苏警官学院学报》2012 年第 1 期，第 116～120 页。

⑥ 李富声：《论社会治安综合治理工作创新——从〈治安管理处罚法〉第六条谈起》，《江西警察学院学报》2012 年第 3 期，第 49～52 页。

展。例如，边境区域情况复杂、执法难度大，有学者提出"通过推进边境区域经济一体化发展，多元合力加强社会治安立体化防控体系建设，加快建设国际执法合作法律制度基础来实现边境社会治安的'善治'目标"①，这在我国与老挝、缅甸等国边界开展的联合巡逻执法、禁毒等行动中展现了初步成果。信息网络的飞速发展、"万物互联"的逐步推开使网络空间安全的综合治理成为新的探索领域，如何改进具体治理方法以适应网络空间的新情境等，是亟待回答的现实问题。有学者强调当前应重视社会治安综合治理信息化建设，重基础、重基层、重管理、重保护、重分享，② 以信息科技化的综合治理方法治理信息化过程中的治安隐患；也有学者将信息安全中的综合治理视为新机遇，强调政府应与私营部门共同研发社会治安综合治理平台，推出并部署警务大数据分析及研判系统、社会治安综合治理大联动系统、公安多维数据侦查防控系统、公安可视化立体防控系统等。③

综上可见，社会治安综合治理在方式手段方面的特色如下。第一，社会治安综合治理的方式手段随着计划经济背景向市场经济背景的转换也发生了转变，从以国家为主导自上而下的动员到吸纳更多体制外因素，以市场激励机制引入更多的市场组织因素和社会因素。第二，社会治安综合治理的方式手段基于科技的发展和具体治理场域的变化，以信息化手段、大数据技术应用、多维度防控体系回应网络空间的失序行为和不安定因素，以国际合作及多元化的融合促进国际大都市治安综合治理创新并解决边境地区非传统安全隐患带来的难题。第三，社会治安综合治理的方式手段在变化中依然有鲜明的国家主导特性，政府仍发挥核心和引导的作用，主要创新也基本上是由政府首倡和推进的。

---

① 刘崧：《区域安全视角下陆地边境社会治安综合治理》，《辽宁警察学院学报》2018 年第 6 期，第 50 ~ 56 页。

② 刘霞：《"互联网＋"时代社会治安综合治理信息化建设》，《产业与科技论坛》2018 年第 2 期，第 174 ~ 175 页。

③ 罗超：《综治信息化带来的新机遇——评测天津普泰国信社会治安综合治理信息系统》，《中国公共安全》2018 年第 8 期，第 120 ~ 121 页。

# 三　社会治安协作治理：社会治安
综合治理未来的发展趋势

有学者在对社会治安综合治理历史演进及发展趋势的分析中，提出我国社会治安综合治理从总体性治理到综合性治理再到弥散型治理的发展路径。总体性治理模式中，由于国家治理资源匮乏，可选择通过群众运动配合间歇性"严打""专项整治""集中整治"等方式进行运动式治理；综合性治理模式是"执政党在重构国家治理体系的过程中，通过设立高规格的综合协调机构（各级党委内部设立社会治安综合治理委员会及其办事机构——社会治安综合治理办公室），利用政党权威整合体系内资源，同时把日益增多的体制外资源（如市场资源、社会资源等）纳入国家治理体系，从而构成庞大的社会治安综合治理制度体系和组织网络，以及有效的资源动员和资源集中机制"；弥散型治理模式的形成需要将社会规范"内化"为人们日常生活中的规范体系，实现社会秩序建构与人心秩序维系之间的有机衔接，需要强化国家基础性权力，突破"间歇性的社会控制"模式，实现国家治理弥散化，而且这种弥散化将通过社会成长与国家治理的良性循环、互相促进实现。[①]

社会治安协作治理与弥散型治理并不矛盾，并且在维系人心秩序及强化国家基础性权力方面认同弥散型治理的观点，但它更进一步，还强调法治在其中的作用和协作主体视角的分析。社会治安综合治理的未来发展应该在法治的轨道上进行，注重治理主体间的协作，治理主体是治理工作的实际承担者，应以治理主体协作带动治理工作协调，实现治理内容、治理方式齐头并进。

## （一）社会治安治理主体之间的协作性

"新时代的中国行政体制改革，既要继续回应社会差异性，又要回应

---

[①]　唐皇凤：《社会成长与国家治理——以中国社会治安综合治理为分析对象》，《中南大学学报》（社会科学版）2007 年第 3 期，第 131～136 页。

社会多元性，即双向回应。"① 无论是社会差异性还是社会多元性，首先表现为人的差异性和多元性，最终也都要归属到人的差异性和多元性上，即作为社会现象的贫富差异等具体表现为人与人之间的差异性，而社会多元性也表现为人的价值的多元性，最终消除不合理社会差异性的理想和保障社会多元性、促进社会多元性的体制改革也要落脚于人的不合理差异性是否被消除和人的多元性是否得到保障。因此，社会协作治理首要是主体间的协作问题，具体就社会治安治理而言即是多元化的社会主体如何协作地参与到共治之中来，以及作为社会治安综合治理的进阶形态，社会治安协作治理在主体组织或者联合方面与原有的社会治安综合治理主体有何不同。

**1. 社会治安治理主体之间的平等合作**

社会治安治理主体之间的协作性首先表现为主体之间的平等合作。计划经济时期，中国的社会治安综合治理过程是发端于国家特别是中央政府然后渗透到地方再到基层的自上而下主体间的动员过程，政府组织在其中起到了较为明显、突出的组织作用。随着社会经济环境的不断发展，社会治安综合治理也在不断调整。首先，伴随着计划经济向市场经济转变，由政府单独主导的社会治安综合治理融入了很多市场因素，保安力量的发展使治安作为一种服务产品可以由单位和群体等进行购买，社会治安综合治理也不再仅是政治管理活动还包含了经济成分，市场经济给社会治安综合治理带来了新的活力和面向。其次，网络社会的到来不仅丰富了社会治安综合治理的手段，也带来了社会治安综合治理深层次的改变。网络的实时性和移动终端的普及使更多个体的生活工作以及感知管理、参与治理的可能性发生了变化。最后，自媒体时代资讯的迅速传播强烈冲击了单向的传统媒体，在广泛资讯、信息的基础上，个体参与治理决策的知情前提发生了改变，即知情的广泛性和普遍性极大地激发了个体参与治理的热情，同时，信息社会又为个体参与治理决策提供了便利，使直接治理在更广泛的领域成为可能。

社会治安与人们的生活息息相关，相较其他领域，公众的参与热情本

---

① 何艳玲：《中国行政体制改革的价值显现》，《中国社会科学》2020年第2期，第25页。

身就比较高，而且社会基层自下而上、自发自觉参与社会治安治理的活动
也是不断增多的，加上市场经济和信息技术的助力，社会治安综合治理的
实际操作越来越多地体现出平等合作关系，尽管在紧急状态下依旧要依赖
于政府的组织协调，然而越来越多的治安领域体现出平等主体之间的相互
合作、共同参与、共同治理。

### 2. 社会治安治理主体之间的沟通互动

社会治安治理主体之间的协作性表现为增进主体之间的沟通互动。治
理主体间的地位平等为沟通互动提供了契机和更好的环境。传统被动式社
会治安管理方式多是通过组织动员、任务分配来完成治安治理，其特点是
信息传达反馈是单向的、不活跃的，内容也比较单一、同质化较强。而在
强调平等主体关系的社会治安协作治理中，平等关系为主体间的相互沟通
提供了基础。社会治安治理主体在协作过程中更多地表现出积极参与治
理，基本程序保障下的信息双向沟通交流频繁；不同治理主体间的差异性
和治安治理目标的多元化、多样化也要求通过沟通互动实现充分表达，并
在协商一致的基础上达成多元、多样基础上的秩序和稳定。

如果说社会治安综合治理中更多的是考虑如何贯彻中央的治安精神以
及实现中央治安目标并将之渗透于基层，那么社会治安协作治理则更多的
是考虑如何在基层调动各类治理主体的参与积极性，通过更多的沟通和交
流，促进治安治理共识形成，推动治安治理工作协作，将基层微观的治安
治理嵌入全社会治安治理的大环境中，以微观收效促宏观精细化改进。如
当前一些学者探索的社区微治理，将精细化治理理念推行到社区日常事务
治理中，以弥补治理末端高成本、低效能的弊端。在微治理模式运行过程
中，主体间的协作与博弈是影响微治理效率的主要因素。① 而在社会治安
微治理过程中，治理主体之间多角度、多方位的沟通互动成为可能，也成
为治理的必要基础。

### 3. 社会治安治理主体之间的有序相干

社会治安治理主体之间的协作性表现为主体之间的有序相干。根据德

---

① 王倩、危怀安：《城市社区微治理主体博弈逻辑与协同路径研究》，《西南民族大学学报》
（人文社会科学版）2020 年第 5 期，第 194 页。

国著名理论物理学家哈肯教授的协同理论，协同学是一门在普遍规律支配下的有序自组织集体行为的科学，协同学的任务是确定不同科学领域中系统自组织的规律。在一个开放系统中，一种或几种共同的即集体的运动和反应过程压倒了其他过程，最终支配了所有其他运动形式，系统即达到了新状态或具有较高级的有序性。[①] 协同性也是相干性。协同性的自组织是从无序、不稳定状态向有序、稳定的组织状态发展的过程，当然各系统在相互影响、相互干涉的过程中，也表现出或阻滞良性协同或促进良性协同的不同样态。有研究者直接将协作与治理主体密切联系起来，认为"协同治理在本质上是多元主体间相互关系的探究，基于多主体间建立共同行动、联合结构和资源共享，进而实现协同处理复杂社会公共事务的目的"[②]。

就社会治安协作治理主体之间的协作性而言，可以借助协同理论，在参与协作的治理主体间通过正向引导的方式，促进有序相干、有序互动，进而实现社会治安的预期目标和效果。第一，社会治安协作治理中的各类主体依其职责、特征、能力等各自发挥作用，这些作用产生互补效果、相互影响，进而实现整体效应。第二，社会治安协作治理中各类主体的相互干涉关系从自发、无序到自觉、有序，将正向、有益的主体间协作治理关系确定下来，形成稳定的关系结构，促进有效治安治理的常态化。第三，基层社会治安治理构成独立的自组织治安治理微系统，在该微系统内部，未来的发展是形成公民、单位、市场、社会、基层政府等主体间的内在治理秩序自组织形态。外部的宏观治安治理主体（如中央政府）以信息政策导向、物资资源调控等方式进行外在干预，而基层微治安治理秩序更大程度上是内部主体间通过沟通、协作并借助外部的信息和资源完成自组织实现的，它不是由外部强加的微系统秩序。如此，基层社会治安治理微系统的自组织将根据微系统自身的特征和主体间特点形成适合微系统特色的微

---

① 〔德〕赫尔曼·哈肯：《大自然成功的奥秘：协同学》，凌复华译，上海译文出版社，2018，第9、227页。

② 苏曦凌等：《广西社会治理政社协同机制的理论模型与实证研究》，中国政法大学出版社，2017，第1页。

协作治理形式，这样不仅会增强社会治安治理的内生动力，而且在整体上使全社会的治安治理更为多样化，防止整齐划一的规划治理样态带来的"水土不服"和僵化。

### （二）社会治安协作治理方式的多样化和社会化

社会治安综合治理的成功经验之一即是综合治理手段和方式随时代变化、社会发展以及技术革新不断调整和更新。如市场经济逐渐取代计划经济占据主体地位之后，市场通过调配社会治安治理资源、激发社会力量（如保安公司）加入，促进了社会治安综合治理领域专业化的私主体治安力量的出现，私主体治安力量与以警察为主体的公权力治安力量共同完成了社会治安综合治理基础面治安秩序的维持和维护。随着社会差异化、多样化增强，以动员、宣传、统一调配为手段的综合治理驱动方式显示出驱动力不足的征兆，创新或者挖掘社会治安治理驱动力要求参与治理方式的多样化，以多样的方式、多样的驱动机制适应差异化的社会。面对信息技术提供的新手段，各方也在具体方式上积极运用信息技术完成社会治安综合治理的各项任务。社会治安协作治理作为社会治安综合治理的进一步发展成果，其治理方式的核心在于同步保障适宜的多样化形态。

#### 1. 社会治安协作治理应根据具体环境灵活主动地选择适宜的治理方式

社会治安综合治理的发展过程已经体现了其在治理方式方面紧随时代变化的发展性和吸纳多种治理方式的包容性。然而，这种发展性和包容性主要体现在方式的多样化上，并没有反映出治理方式选用中的适当性和契合性。因此，未来社会治安协作治理方式的发展目标是在不断发展、不断包容新的治理方式的同时，使治理方式和治理手段的选用精致化。社会治安协作治理不仅是主体间的协作，也是治理方式的协作，力争使多种治理方式从无序、杂糅到有序、互动、协调。

社会治安协作治理方式的适切主要强调两方面的内容：第一，在对治理对象深入了解的基础上，选取适宜的治理方式或综合运用多种治理方式；第二，各方治理主体充分发挥积极主动性和灵活性，在充分了解各种治理方式利弊基础上适切地选择治理方式。毋庸置疑，最好的治理方式应是最适宜的治理方式。社会治安协作治理方式的未来发展，关键之处不在于方式数量多，也不在于方式产生早，而在于确定适于治理环境的方法，找到适宜方法需要发挥治理主体的主动性，观察、体悟、分析治理环境和治理方式，做到适当"匹配"。

**2. 社会治安协作治理应适时创造和发展新的治理方式**

当前的社会治安综合治理虽然体现出不断发展并吸纳新的治理方式的趋势，然而，其中很多治理方式是社会治安综合治理被动性地接受的，如对于信息技术的应用，很多情况下并非社会治安综合治理主动选择了"互联网＋"、大数据分析、人工智能，而是漫卷各行各业的信息技术经由对社会生活的渗透和商业驱动，主动进入社会治安综合治理领域的。社会治安的特殊性必然要求治理方法的独特性：与经济领域的治理相比，在社会治安领域的治理中，市场资源调配等经济手段显然仅是应予考虑的内容而不能成为主要手段，治安所涉内容的复杂性和广泛性，意味着社会治安治理应综合多种手段而为之，不能偏重某一个或某一类方式；与网络空间治理相比，社会治安治理更需要运用新兴技术手段，然而技术并不是治理中的重要一极，社会治安治理涉及网络空间的安全治理，特别是在网络空间与现实空间高度融合的今日，社会治安治理方式必然需要兼顾网络空间治理方式的引入和发展，但同时也要确保现实社会传统的社会治安治理方式依旧发挥重要作用。因此，尽管公共安全治理的共性以及方式在各治理领域的相互借鉴有助于实现治理方式的互通，然而社会治安协作治理应致力于发展社会治安领域的适切方法，并将适于社会治安领域的方式再传播、输出到其他治理领域，"枫桥经验"从产生到发展、从治安治理领域到多元治理领域的发展就是很好的一例。

社会治安治理方式的创新有赖于贴近观察治理环境和灵活主动因地、因时、因事、因人适用治理方式，只有关切实践并在实践之中探索方能发展出治理方式的创新可能性。同时，社会多元化、公众需求多样化、技术日新月异的发展为当前社会治安治理创新和引入新的治理方式提供了最好的契机。

### 3. 社会治安协作治理方式的多样化和社会化有待检验、沉淀、固化

随着社会治安治理在基层向微治理、精致化治理发展，各地社会治安治理的新方式不断涌现，然而这些方式尚待时间的检验，并需要与传统的、既有的方式进行比较。例如，伴随着私营部门的成熟和新兴科学技术的应用，视频监控系统、大数据分析、人工智能应用等在社会治安领域不断引入，形成了"雪亮工程""天网工程""平安城市"等以社会治安治理为中心或包含社会治安治理的现代化治理系统工程，这些系统工程通过硬件设施的强化产生了明显的治安收效，然而与之相应的"软件"内容却亟待补足，如视频监控系统设置的适法性、正当性，系统安全维护，相关数据、信息的存储、传输、处理、应用的基本规则等规范不足，需要各层级立法予以关注，也需要在没有法律规范或规范不足时，社会治安治理主体提供指引性参考规范并善意运用硬件设施及其产生的数据资源。

在社会治安治理过程中充分发挥积极性、主动性，探索和创新社会治安治理方式是值得鼓励和倡导的；同时，也应发挥治理主体相互间的协调、审验功能，从多角度审查、检验、比较各种治安治理方式，淘汰不合法、不适当的治安治理措施，选优并推广收效好的治安治理措施。在这个过程中特别需要强调以下两点。第一，社会治安协作治理方式的检验不仅要看治理效果是否明显、高效，也要关注治理方式手段中有没有违法或者不适当的举措以及相关举措是否考虑周全，如社会治安治理中大量使用视频监控能够扩大治安维护范围、拓展覆盖面，并能为进一步的追责固定证据，然而视频监控安装是否有参与程序、是否要求相关方知情同意，系统安装和管理费用的分担是否合理，视频监控所获数据的管理和使用是否有明确规范等都是社会治安协作治理方式应该全面考虑的问题。第二，在社会治安协作治理方式的择优、固化和推广过程中，应充分发挥协作治理主体参与机制的作用。协作治理作为综合治理的进阶形态，其突出特点即治理主体涵摄的范围更广泛、全面，治理主体参与的范围更宽广、程度更深入，治理主体参与的驱动机制更多元，尤其突出私主体的积极介入。因此，对于社会治安治理方式的选择和推介，应该更多地征求治安治理参与主体的意见，这些意见不仅包括首创、运用该种治安治理方式的治理主体

的意见，还应包括其他治理主体的意见，特别是被推介治理主体的意见。

## （三）社会治安协作治理的法治化基底

社会治安治理与其他领域治理的一个显著差别在于，无论是紧急状态下社会秩序的维护，还是常态社会治安治理，公权力的行使都会更多地涉及私权利，这就会产生公共利益与私人权利之间审慎权衡的问题。因此，社会治安协作治理在本质上是法治的一部分，无论是社会治安治理主体的协同化还是社会治安治理方式的多样化和社会化，都离不开社会治安协作治理过程中法治化的保障。"适应社会治理的发展进程，法治不仅是社会治理的重器，也是社会善治的前提。"[1]

随着法治的倡导和法治观念的深入人心，社会治安综合治理逐步走上法治的轨道，在治理的过程中注意权力行使的基本界限，将治理关系、内容和方式逐步纳入法律的框架，各地尝试将治安治理中成功的经验固化为法律等。社会治安协作治理比以往传统的社会治安综合治理更为强调法治在其中的作用，协作治理是以法治化为基底的，即必须以法律为基础保障社会治安治理主体的协作参与地位，以法律规范社会治安治理方式而不使其侵犯参与治理的私主体和其他社会公众的合法权益和期待利益，以法律固化、推广社会治安治理中发挥优势的有效手段，以法律推进社会治安治理的有序发展，等等。

### 1. 社会治安治理主体之间的协同化有赖于主体间平等地位和关系的法治化

社会治安治理主体包括政府、企业、民间团体、公民个人等多层次、职能不同、组织化程度不同的多重主体：政府对社会治安治理的参与有职能需求、历史传统，也有权力职责来予以保障；企业等私营部门对社会治安治理的参与有一定的经济利益需求，但除专门的保安企业之外，其他企业参与社会治安治理的动力不足、专业化程度也不高；民间团体在中国尚

---

[1] 邸晓星：《社会协同治理的法治意涵探析》，《山西大学学报》（哲学社会科学版）2017 年第 6 期，第 40 页。

未成熟，其组织运行、行动宗旨、活动方式尚待进一步健全、完善，一直以来与社会治安综合治理密切相关的治安治理组织的独立自治意识和能力不强，在治安协作治理方面难以发挥更大作用；公民个人的参与状况不仅与公民受教育程度、民主意识相关，还与公民工作领域、空闲时间等相关，并受公民所参与组织的具体情况、参与范围的直接影响。凡此种种，若要超越以往社会治安综合治理中政府单独主导的治理状况，并转向多元主体之间的协作治理，就既需要企业、民间团体、公民个人在社会治安治理参与中不断发展、壮大和完善，也需要政府在社会治安治理职能中完成角色的转换。而在这个过程中，基础且关键的问题即是厘定主体间的地位和关系，保障私权利主体平等参与的法律地位，促进私权利主体向社会治安多元治理主体的协同化方向发展，并不断以法律形式对此进行固化。

社会治安治理主体间协同化的法治保障包括以下几点。第一，公民参与治理意识的培育、人心秩序的养成需要外部环境熏陶、人们内心自觉，打造这方面的人心秩序是最根本的治安之策。所以，法治的过程中必须考虑如何为人心秩序、私主体自觉参与意识的培育创设条件并推动其实现。第二，社会治安治理主体参与的基础是对各方治理主体地位的承认，以及各方在治安事项决策、执行、规划、维护方面的平等参与。法治是最稳定的保障，必须以法律确定社会治安治理主体间的平等地位，并以法治促进平等地位的实现，其中对私主体参与治理地位的保障尤为重要。第三，社会治安治理主体的平等地位并不意味着一切均等，而是实现法治环境下适当、适宜的相互关系，如政府在常态下主要承担督导和协调责任，在紧急事态下则要担负起维持基本秩序和社会治安的主要责任；企业除保障自身内部治安秩序之外，对社会治安治理工作应积极参与，承担社会责任；民间团体根据团体的性质和功能发挥作用，一般性地促进治安向好，与治安有密切关系的团体则应该发挥重要的社会治安治理组织功能；公民个人在社区、工作场所等小环境与国家社会的不同范围内依据法律赋予的权利积极参与治理。

**2. 社会治安协作治理所遵循的参与程序有赖于法治体系的设立和保障**

多元、多层次主体参与社会治安协作治理过程中，参与程序是基本保障，而程序的构建与运行又有赖于法治，可以说，社会治安协作治理在本质上是法治之一环。社会治安治理的框架式程序体现为：治安问题的提出—治安决策的形成—治安策略的部署和实施—治安治理效果的反馈。各类社会治安治理主体的协作参与应贯穿于整个程序之中，当前协作参与的困境或难题主要在于私主体，即零散的公民个体如何切实参与到治理全过程之中。此外，在微治理、基层治理创新活跃的时期，社会治安治理框架式程序的各个环节都要考虑私主体的参与问题，如何总结微治理中参与程序的基本内容和具体措施并将其固化等，这些都是法治环节需要积极考虑的内容，以保证参与程序的可行性及持久性。社会治安协作治理框架式程序的法治保障如下。

第一，治安问题提出环节的参与程序及其法治保障。对社会治安治理问题的确定有助于确定治理内容的侧重点和治理方法的选择，因而应将其作为重要的治理环节予以关注。以往我们对社会治安治理问题的提出，在中央层面是主动的，而在基层层面常常是被动的，当治安失序或治安不稳时才视其为问题是欠妥的。积极的社会治安治理应关注治安问题提出的参与性，即治安问题提出也需要多方主体参与，特别是对基层治安区域性、阶段性治理问题的形成，要设计多种渠道的参与程序，如意见征集、听证会、公示、表达异议等；参与途径应充分考虑私主体特别是公民个体的参与，应该结合信息技术的发展，多利用移动智能终端等有助于简便参与和进行数据分析的工具。治安问题如何征集、如何筛选、如何形成洞见、如何确定、如何公示等都需要在实践中摸索，以形成精致化的程序并固化为执法指导程序规则并形成定制，成为未来和其他区域治安治理的参考或者遵循。

第二，治安决策形成环节的参与程序及其法治保障。在基层治安治理过程中，社会治安治理决策形成的重要基础是决策参与程序。社会治安治理决策是针对治安问题的解决方针，是宏观上的治安问题解决策略，也是未来社会治安治理部署实施的基础。决策需要体现集中原则，也就是说各治理主体的参与只是为决策提供储备、参考，而最终要由社会治安综合治理的核心组织（如政府等）运用科学的决策知识和理论并结合其他参考信息完成决策制定。决策参与程序的设计可以考虑参照治安问题提出程序的基本结构和路径、方式，但是侧重点在保障参与决策环节的动力和参与者热情。治安问题的提出因反映了参与者的切身需求而往往易于引起关注，而决策过程的参与则存在多种阻滞因素，如多数私主体决策知识相对匮乏，或认为自身对决策影响较小和参与效果不明显而不愿浪费精力参与等，故而决策环节的参与程序及其法治保障应侧重克服阻滞因素，并强化参与激励机制。

第三，治安策略部署实施环节的参与程序及其法治保障。社会治安问题的特点是治安失序未出现时常常被忽略，各方投入的关注度和热情也不高，而一旦治安失序出现人们便怨声载道，易于形成治安危机。因此，社会治安治理策略的部署实施重在日常的治安维护和防微杜渐，而其实施重点在于所有主体的一体参与，特别是私主体在忙于自身领域工作、生活的同时，需要兼顾日常治安策略的落实。日常治安策略的落实包括政府治安管理、司法系统运行以及社会基本面的秩序维持，前两者有固定的系统和程序内容，后者则需要因地制宜地督促实施，通常并无定法定式，其中的参与程序及其法治保障主要体现为基本程序规范的保障，如制定具体实施细则、实施流程等，以及在实施过程中保障参与和激励机制公平、有效和救济机制畅通。

第四，治安治理效果反馈环节的参与程序及其法治保障。通常认为，效果反馈环节应在部署实施之后，然而如果以社会治安协作治理的协同参与性为考察重点，应强调反馈环节贯穿于社会治安治理的全过程中，即所谓将"规划后博弈"转变为"规划中博弈"。[1] 在社会治安协作治理全过程中开通参与效果反馈渠道，接受反馈，梳理反馈，并及时调整、修正参与程序。

保证私主体参与社会治安协作治理的积极性和主动性是协作治理的关键。除在治理的基本环节中增设参与程序，并保障各层次主体有序参与和便捷参与外，还需要考虑设置对参与程序等相关内容是否满意的反馈机

---

[1] 舒林：《多主体情境下市民参与公共规划的路径》，《领导科学》2018 年第 19 期，第 20 页。

制，这样既有利于改进参与程序，也有利于提升参与者的满意度和参与热情。社会治安协作治理中的反馈程序可以参照司法程序、行政程序中的救济程序和信访制度中的申诉控告程序进行设置，同时将反馈作为社会治安协作治理情报信息收集的一部分，即反馈不仅是对治理过程中侵权、不合理行为的反馈，还是其他积极建议的反馈，这就超越了救济程序、申诉控告程序的程序预期和制度承载，体现出更广泛的制度功能。在反馈程序中，要特别注意对反馈的反馈（反馈回应机制）和对消极反馈的反馈人信息保密制度的设计，如对于反馈回应机制，要保证反馈回复率和回应的时效性，确保反馈信息的登记、调查、回复、满意度测评等环节清晰，设置反馈回复期限以加快反馈处理的速度，以反馈程序的高效处置和有效回应来激发社会治安协作治理中各层次私主体的参与热情，保障社会治安协作治理程序合法、有效开展和逐步改良。

# 第七章

# 网络空间安全的协作治理

> 网络空间要求我们用一个新的角度去理解规则运作。它迫使我们超越传统法学家的视野去观察——超越法律，甚至超越社群规范。
>
> ——劳伦斯·莱斯格[①]

"网络空间"是与"互联网"共生的概念。随着互联网的飞速发展，网络空间安全问题日益引发世界各国政府的关注，计算机病毒、黑客入侵、网络诈骗和群体活动、信息泄露等严重危害了国家和社会安全。网络空间与现实社会相互映射、相互影响，具有较强的联系，与此同时，网络空间作为虚拟空间，其所具有的与现实社会相异的新特征又使其与现实社会存在较大差异。因此，对网络空间也必然无法完全套用现实社会的治理模式和治理手段进行治理。安全和秩序是网络空间和现实社会的共同需求，如何对网络空间进行治理不仅是理论研讨的热点，更是现实的迫切需求。对于网络空间中的每个主体来说，美国心理学家马斯洛的需求层次理论[②]关于安全需求的基础作用的论述依旧有效。因而，网络空间安全是网络空间治理乃

---

[①] 〔美〕劳伦斯·莱斯格：《代码 2.0：网络空间中的法律》，李旭、沈伟伟译，清华大学出版社，2018，第 5 页。

[②] 美国心理学家马斯洛在其 1943 年的著作《动机论》中提出，人的需求可以分为五个层次，依次是生理需求、安全需求、爱和归属感、尊重、自我实现。

至社会治理中亟待关注的议题。

# 一　网络空间安全治理面临的现实挑战

从总体上看，因为传统公共安全问题在网络空间延伸，所以传统治理手段在网络空间中仍旧可以套用；同时，网络空间安全治理有不同于传统公共安全治理的新特点和新问题，所以既有的传统公共安全治理手段必然会有不足甚至无效，需要发展新的治理手段和治理方法。

## （一）　网络空间安全及治理

"互联网"发源于美国国防部高级研究计划局（ARPA）建立的军用网"阿帕网"（ARPAnet），并从20世纪70年代起逐步向非军事领域发展，成为将不同计算机局域网互联起来的"互联网"（internet）。全球互联网自20世纪90年代实现商用以来，迅速拓展，已经成为当今世界推动经济发展和社会进步的重要信息基础设施。"网络空间"一词最早出现于文学作品中。20世纪80年代，加拿大科幻小说家威廉·吉布森在《神经浪游者》（*Neuromancer*）中创造了"网络空间"（cyberspace）这一词语，用以描写在电脑网络化地把全球的人、机器、信息源都联系起来的时代形成的一种社会生活和交往的新型空间。因与"互联网"给人类社会带来的变化恰好相呼应，该词语很快得到普遍使用，用以指称现实中"互联网"为人类社会营造的特殊空间。有人认为，互联网所创造的网络空间不同于人们已知的物理空间、历史空间或思维空间，它是互联网技术发展到特定阶段的产物，它的重要意义之一在于，最大限度地开发和利用了当今最重要的资源——信息资源。[1] 也有人称，网络空间是继"海、陆、空、天"之后的第五重空间。

网络空间安全治理的议题领域主要包括四个方面：第一，网络基础设

---

[1]　何精华：《网络空间的政府治理——电子治理前沿问题研究》，上海社会科学院出版社，2006，第2页。

施安全管理，主要表现为 CPU（中央处理器）、操作系统和网络三个技术层面的安全问题；第二，网络空间内流动数据的治理，主要涉及跨国数据流动、数据开放、隐私和机密等问题；第三，网络文化空间与内容的治理，主要涉及强势文化和弱势文化的不对称竞争，网络信息霸权、文化帝国主义等带来的威胁，以网络空间为介质传播的暴力、色情、谣言等影响社会秩序的问题，等等；第四，网络空间内的行为治理，主要涉及借助网络空间实施的跨国网络犯罪、恐怖主义活动、非适度的金融制裁等。①

有研究者将与治理有关的网络空间的基本特征概括如下。第一，虚拟性与匿名性。网络社会不是物质的，是由纯粹的数据或信息所组成的，在网络社会中可以隐匿现实生活中的真实身份，网络交往表现出非身体性和非身份性相统一的状态，与之相伴的是在网络空间身体和身份的缺乏导致责任落空。第二，跨国界性和无界性。网络空间中物理边界不复存在，信息以数码方式组织并以电子为载体传送，在这里时空压缩化，现实世界的时空障碍几乎完全消失。第三，开放性和无中心性。网络资源可以被各类参与者便捷、低成本地共享和利用，并且具有分散的结构，没有管理中心、协调中心或信息中心，或者说，网络空间的每个节点都是中心，"多中心即无中心"。第四，即时性和交互性。在网络空间能够瞬时获取信息，同步行动，即时互动，网络空间的信息传播模式模糊了传播者和接受者的身份，传播者和接受者互为主体、相互沟通。②

综上可见，网络安全既关涉传统安全，包括网络基础设施安全、现实社会中的安全问题在网络空间中的折射，如文化霸权、暴力黄色等非法内容传播等，同时又关涉新兴的与传统安全不同的特有问题，包括数据治理、数据隐私、网络犯罪等。

---

① 任琳、吕欣：《网络安全治理：议题领域与权力博弈》，《社会科学文摘》2017 年第 6 期，第 26~28 页。

② 张影强等：《全球网络空间治理体系与中国方案》，中国经济出版社，2017，第 25~27 页。

（二）网络空间安全治理面临的现实挑战

**1. 网络空间是现实与虚拟的交错，网络空间安全治理也困于现实与虚拟的纠结处**

网络空间最初给人们的印象是：它是非实体的，人们可以在此以虚拟身份感受现实中不能有的生活，并获得与实体世界或现实世界不同的思想自由。因而，有人发表了《网络空间独立宣言》（A Declaration of the Independence of Cyberspace），宣称网络世界不是实体所存的世界，网络世界不处于工业世界政府的领地之内，在网络世界，工业世界的政府没有主权。[①] 然而，网络空间并不完全独立于现实世界，多数情况下网络空间不过是现实世界的投射，如关键信息基础设施运行安全问题不过是现实世界中能源、交通、水利、金融等关涉国家安全、国计民生、公共利益的内容在网络空间的数字化反映；传统犯罪借助于网络手段衍生发展，如涉案人数众多、涉案财产巨大的"电信诈骗"以及各种形式的网络赌博、网络色情、网络恐怖主义等，犯罪主体以新的方式，通过新的路径，实施各种实体空间既有的犯罪行为，并借助网络影响更广泛的受害对象，造成更大的法益损害。

尽管多数情况下网络空间是人们在现实社会的利益、欲求、行为等在虚拟空间的投射，但是网络空间也有不同于现实空间的新问题，特别是网络空间安全治理较以往传统基于现实空间的治理有了更多的新内容。除了传统安全问题之外，网络空间有自己独有的安全问题，网络空间是以通信为基础的数据空间，因而对数据安全、数据治理的需求远远超过传统安全对基本信息的认识与处理，流量安全、勒索病毒等词语、技术或现象是网络空间特有的，也是网络空间安全治理需要面对的与传统社会治理不同的新问题；传统安全问题的基本路径是"人—人"，而网络空间则多了中间

---

[①] John Perry Barlow, A Declaration of the Independence of Cyberspace, Davos, Switzerland, February 8, 1996. 参见〔美〕约翰·P. 巴洛《网络独立宣言》，李旭、李小武译，载高鸿钧主编《清华法治论衡》（第 5 辑），清华大学出版社，2005，第 509～512 页。

环节，转变为"人—机—网络—机—人"，中间的机器和网络介质使事件或者人都变得模糊，难以对应到现实空间的事件或人以辨别真伪，难以查找源头进行治理。

同时，移动互联网的发展又对网络空间安全治理提出了新要求。有研究者指出，移动互联网的快速发展，既延续了传统互联网对社会形态的建构，又在时空重组、社会交往、信息传播与表达、社会分化等方面发挥着独特的形塑当今社会的作用。① 移动终端与使用者"如影随形"，移动互联网以及相关网络、通信技术的发展使现实空间与虚拟空间的联系更加紧密，在消费行为、生活轨迹、社会互动等诸多移动应用密集领域，移动互联网呈现的虚拟空间与现实空间有更高的重合度，这一方面便利了人们的工作、生活和社交，另一方面也产生了更多更为复杂的数据安全、舆情预警、风险管控等安全治理问题。

综上，网络空间安全的治理既要依循传统安全治理的规律，也要突破陈规、另觅他法；既要以新方式、新方法面对传统安全投射于网络空间所产生的新的治理领域，也要以新理念、新技术解决网络空间安全治理所独有的问题。同时，网络空间安全治理引发的新方式、新方法、新理念、新技术也会对传统安全治理进行"反哺"，以更为开阔的思路和灵活的方法解决传统安全问题，如协作治理。尽管在传统安全治理时代就已提出协作治理，但其在网络空间安全治理场域成为应用更为广泛且迫切的要求，网络安全治理中的协作理念将开拓传统安全治理中的解决问题思路。

**2. 网络空间基于技术而生，网络空间安全治理有赖于治理者与技术力量的跨域合作**

网络空间的搭建是在计算机、互联网、通信技术等基础上完成的。网络空间是以技术为依托的世界，其运行、维护、治理乃至其中的违法犯罪、破坏、失范、无序等行为也是借助技术进行的。尽管各种软件、程序的开发者已经使网络空间的进入"门槛"越来越低，界面越来越友好和便

---

① 王迪、王汉生：《移动互联网的崛起与社会变迁》，《中国社会科学》2016 年第 7 期，第111 页。

捷，但是其基础依旧是不为普通民众所掌握的技术层面，因而，网络空间安全治理与技术力量、技术人员的合作是必需的，同时，网络空间安全的治理者也需要具有基础性技术知识并能够有效地与技术力量进行沟通，而从更长远的角度来看，应该要生成二者的融合体，即懂得治理的技术人才或者懂得技术的治理人才，甚至是根本消除两个领域界限的融合型人才。

网络空间安全治理与技术融合的属性加大了治理难度，也提升了治理的复杂度。网络空间不仅是与现实世界既相映照又不完全相同的虚拟空间，更是依托于技术搭建的空间；网络空间安全治理的理念、制度、措施等，无论是传统的还是新型的，都需经由技术手段实现，而且需要与技术手段形成更有效的契合。现实世界的治理手段不仅要考虑是否适合于虚拟空间，更要考虑借助何种技术予以实现。同时，既然技术搭建了虚拟空间并在虚拟空间中起着基础性作用，那么网络空间安全的治理便必然要密切关注技术的治理。

网络空间治理与技术融合的属性必然会使治理合作领域拓展到技术支持领域，将治理人才合作范围拓宽到与技术人才的合作上。然而，领域和人才的融合、合作本身就是个难题，要求对近期和中期的合作范围、合作流程、合作方式、合作成效评估等都予以关注；远期的深度融合意味着治理理念、策略、方式本身是跨越现实世界和虚拟空间的；未来的治理领域在高度融合的作用下将不必区分技术领域和治理领域，因为技术将内含于治理过程之中，治理领域包含技术领域，对于治理人才也无须区分技术人才和治理人才，因为技术知识和治理知识将是未来人才的基本知识内容。

网络空间安全治理与技术融合属性也为治理的未来描绘了美好蓝图。当我们已经习惯于在现实世界与虚拟空间之间穿梭时，未来的治理活动也应该是跨越现实世界与虚拟空间无碍的，这正是治理与技术融合的理想形态。首先，现实世界的治理方式通过技术筛选能够于网络空间实现。传统治理方式借助与技术的融合，不仅排除了跨越现实与虚拟的障碍，而且有更好、更便捷的实现方式，如投票表决，现实世界中限于时间与空间、人力、财力等，往往无法实现全体意志的完全展现，或者即使能完全展现也要耗费过多的人力、物力，而借助技术手段，通过虚拟平台，投票表决可以超越时间、空间等种种局限，使以往难以实现的传统治理方法有效实现。其次，网络空间安全治理需要技术提供新的治理手段，同时基于技术融合，网络空间能够开发出现实世界无法设想的治理模式。面对网络空间独有的混乱、失序，需要治理与技术共同提供新的治理方式乃至新的治理模式，如技术勒索①是网络空间特有的违法犯罪形式，将敲诈勒索、诈骗行为在网络空间以技术手段实施，对于它的治理也应主要通过网络空间独有的技术手段进行；流量安全管理也将成为治理的新议题，在不同于传统空间的网络空间治理领域，也将发展出不同于传统治理手段的新方法，而这些治理方法必将是治理与技术相融合的。最后，网络空间安全治理面临的挑战最终要归为对治理人才的挑战，治理的机遇和发展最终也要归于治理人才的机遇和发展。治理人才培养模式、学历教学规划和在职培训规划的调整和变革已经预示了未来治理人才新的知识结构和新的能力体系。治理与技术融合所带来的挑战，会转化为治理与技术融合所带来的新机遇，并终将促进治理与技术融合背景下的治理新发展。

**3. 网络空间是"脱域"的、去中心化的，网络空间安全治理也需要探寻少中心或无中心环境下的治理方式**

吉登斯在《现代性的后果》中提出了"脱域"（disembeding）问题，指出"社会关系从彼此互动的地域性关联中，从通过对不确定的时间的无限穿越而被重构的关联中'脱离出来'"，即以"脱域"来描述现代时空转换中社会关系的重构以及社会变迁的特征。② 网络空间是新型的时空关系转换，从现实的时空转入虚拟的时空，必然对社会关系造成深刻的重构。"去中心化"是互联网发展过程中逐渐流行起来的词语，是作为"中心化"的对应而存在的，描述了在互联网发展进入新阶段后社会关系形态和内容产生的新变化，而且这种发展经由网络或者超越网络在各个学科、各个领域都可见端倪。"中心化"意味着各个"节点"或各个"部分"要

---

① 技术勒索是对英文"tech scams"的汉译，通常包括使用恶意软件、有害软件或以技术支持、网络钓鱼等方式实施的敲诈勒索和诈骗行为。参见曹诗权主编《2017年新型网络犯罪研究报告》，中国人民公安大学出版社，2018，第108~109页。

② 〔英〕安东尼·吉登斯：《现代性的后果》，田禾译，译林出版社，2011，第18页。

依赖于个别或者少数的"中心",离开"中心","节点"或者"部分"是无法存在的。而"去中心化"并不意味着没有"中心"或者不要"中心","中心"是可以自由选择的,任何"节点"或"部分"都可能成为"中心",具备成为"中心"的一切条件。网络空间显然是明显"去中心化"的空间。以网络自媒体的发展为例,网络空间媒体的发展显现出明显的"去中心化",微博账号、微信公众号等形成一个个"节点",媒体不再被大公司等专业集团、专业力量垄断,甚至一个微博大 V("节点")也可以成为新的"中心"。

治理在传统以管理为主的基础上,发展为目前以管理者为主导、多方合作的协作治理。可以说,从传统管理到现代治理是一个逐渐"去中心化"的过程。进入网络空间、网络社会以后,基于"脱域"加剧带来的从现实时空到虚拟时空转换的错综复杂的社会关系重构,治理所体现的"去中心化"也在不断发展。网络空间高度发展的今日,仅仅体现管理者与被管理者双方的管理制度、管理机制以及管理者与被管理者的完全对立状态、上下位状态已经不复存在。在网络空间中,由于被治理对象涉及的范围空前宽泛、空间和时间上呈弥散状态,治理手段也必须与技术结合、融合才能发挥效力,因而可能需要更高级别同时也更为复杂的治理协作。今日以管理者为主导、多方合作的协作治理模式依然是有中心的,不过是这个中心弱化了,需要更多的参与方进行合作,需要分区域、分领域对治理模式进行分层,如有些领域管理者角色应该淡去,更多采用共治模式;有些领域仍需依托管理功能的发挥以维持基本秩序,但是管理者的管理手段应更为柔性和多元,管理者必须依靠包括被管理者在内的其他主体共同完成管理。而在网络空间以及网络空间与现实空间交错更为深化的未来社会,管理者的角色将在更多的领域淡化甚至消失,管理者与被管理者将是混同的,因而治理本身不仅是管理者主导下的协作共治,还是没有主导、没有中心的共治,或者主导、中心根据领域、境况随时调整的共治。治理的进一步"弱中心化""去中心化"无疑需要我们随之考虑新的治理模式、治理方式,在不远的未来某些新的治理模式也许会基于原有的协作治理模式产生,也许会经过某一次或几次明显的跃迁或者范式转型而跨越式生成。但是无论哪种情况，站在当下，我们已经感到新环境、新境况带来的新机遇、新机会以及新压力和新挑战。

## 二 网络空间安全多种治理模式的择取

传统治理模式既涉及主权国家之内的治理也涉及全球的国际社会治理，而无论就哪个层面而言，传统治理模式都已显露出其弊端，这些弊端无法通过对现有模式的调整而去除，亟待向新的治理模式转型以实现改进。网络空间是传统公共安全治理模式在当代社会遇到的危机境遇之一，面对网络空间安全治理的挑战，传统治理模式在网络空间也显示出其局限性。传统治理模式的转型受到顶层设计者和基层公众、研究者和实践者等各方面的广泛关注，多种替代性治理模式建言得以提出。

### （一）传统治理模式在网络空间安全领域的局限

#### 1. 传统治理模式无法回应网络空间风险性和复杂性叠加带来的挑战

传统治理模式表现出明显的线性治理特征，不仅无法应对高风险、复杂性社会新的治理需求，也无法回应网络空间风险性、复杂性叠加带来的挑战。"人类社会本质上是一个充满非线性与不确定性、脆弱性与风险性的复杂性社会。20世纪80年代以来，随着人类社会全球化、现代化进程的加快，科技创新的持续推动，国际政治的深刻变化，人类社会发生了深刻的系统性结构转型，进入一个高度不确定和高度复杂的'全球风险社会'时代。"[①]

网络空间的建构及网络空间对现实社会生活的广泛介入使"全球风险社会"产生了高度叠加效应。第一，风险多极化。网络空间在网络层面回应了现实空间的公共安全多元化风险，并增加了多元化风险的新的一极，它同时也是广泛多元的一极。第二，不可控性和毁灭性。网络空间的网民

---

① 范如国：《"全球风险社会"治理：复杂性范式与中国参与》，《中国社会科学》2017年第2期，第65页。

"狂欢"式参与增强了公共安全的不可控性，并增加了更为迅速的人类社会自我参与式毁灭的风险。第三，人为制造的"人化风险"增多。现代社会风险渗透了更多的人类决策和行为，由于网络空间的泛在性，"人化风险"经由网络空间媒介将在更广泛的领域有爆发的可能。第四，高度复合的系统性风险出现。网络空间的融入增强了多重复合性，并导致且促进了风险的"时空压缩"。第五，风险具有均布性。经由网络空间，承受风险与参与风险治理的"均匀分布"特性更为凸显，无人可以置身事外。第六，制度化风险频发。经由网络空间，制度性、结构化的风险更为突出，风险的产生更为固化，影响更为广泛。

网络空间存在的当下以及未来社会的公共安全治理显然应摒弃线性的、单向度的传统治理模式，探求具有更强的风险前瞻性、应急性、抵御性的复杂治理模式。

**2. 网络空间的"脱域"和"去中心化"亟待公共安全治理模式重构**

传统治理模式是在现实时空基础上形成和发展的以地域区划或者强权政治为核心的治理模式，而网络空间加剧了"脱域"和"去中心化"，这亟待公共安全治理模式的重构。

一方面，传统社会治理模式是以现实时空为基础的，而且以时空为基本要素，如一国内部基本以地区划分行政管理体系、以时期标界行政管理绩效，以地域分配司法管辖基本范围、以时间区隔司法追诉时效；而在国际上也有所谓的"地缘政治"，即以地理要素为讨论基点的政治格局理论，有基于历史时期的观点，即以时间要素划分政治演进等。传统治理模式是在现实时空之中存在的，即使面对网络空间，也要将网络空间投射于现实时空，才能套用传统管理模式下的治理方式，如目前争议颇为剧烈的数据主权问题即便以国家疆界为基础，也要将虚拟空间问题对应于现实时空后才能展开讨论。另一方面，传统国际格局中的强权政治以及以利益为基础的结盟，将在网络空间中被多重解构。尽管网络空间初期也呈现出人类社会早期存在的"丛林法则"，各国可以凭借先发优势和科技实力制定网络空间的规则，但是随着网络空间的发展，网络空间越来越体现出不同于现实空间的特点。

网络空间规则需要平等共建，网络空间安全需要多方共同参与。网络空间中不存在固定的中心，或者说每个个体在网络空间中都可能成为中心，因而强权是不存在的或者是极其不稳定的。在网络空间中，"信息流动突破了所有界限，实现了社会的再度脱域化，以至于物理空间距离不再成为政策问题建构权获取的障碍"；"社会的中心——边缘结构失去了存在的根据，进入一个'去中心化'过程"。① 因而，在再度脱域与去中心化的网络空间中，以现实时空为基础、以"中心—边缘"为基本表现的传统治理模式无力施展本领，需要探寻新的适用于网络空间的治理模式，或者新的能够包容网络空间和现实空间的治理模式。

**3. 网络空间的治机和治网带来传统公共安全治理模式无法直接驾驭的难题**

传统治理模式是以治人、治物为基本指向的，而网络空间治理还要考虑治机、治网的问题。计算机和网络虽然仍以物理设施为物质基础、以人的知识运用为管理基础，然而治机和治网带来传统公共安全治理模式无法直接驾驭的难题。

计算机科学技术、信息技术的发展已经产生了人工智能、云计算、区块链等新兴事物，我们需要对爆炸式增长的新兴事物进行批量治理，对此，传统治理模式早已应接不暇，如新冠疫情初期官方慈善机构对海量捐赠物资进行接收、统计和分配的工作低效率广受诟病，而我国互联网技术加持的信息网络和物流网络已经位于世界前列，相关技术、管理方法的引入无疑对慈善机构的一体化高效运作有着不可忽视的积极作用。

通过计算机和网络，风险、危机、利益、机会、信息等将以更快的速度衍生、传播、弥散，传统公共安全治理模式在治理时效、治理规模、治理效果等方面力有不逮。传统社会人、物基本是一一对应的，治人、治物有明晰的掌控范围，网络空间则因匿名化、多元化、衍生化而问题丛生，是更加驳杂的世界，几乎不存在传统公共安全治理模式中的明确可控范

---

① 张康之、向玉琼：《网络空间中的政策问题建构》，《中国社会科学》2015 年第 2 期，第123 页。

围。因此，应网络空间而生的新型治理模式需要同时考虑治人、治物、治机、治网，在人机共现的现实空间与网络空间交错中，既要掌控现实世界的人与物，又要在虚拟世界有适度且满足治理需求的影响力。

### （二）多种网络空间安全治理模式的兴起与协作治理机制的倡导

进入网络社会之后，论及网络空间安全的保障就必须谈及网络空间的治理模式选择，传统公共安全治理模式在网络空间中存在种种局限，仅通过内部微调的方式无法适应网络空间的发展，需要在治理模式和机制方面创新以应对现今社会的发展以及未来社会的挑战。众多研究者以及实践先行者已经敏锐感知到了治理模式转型和创新的需求，并对新的治理模式建言献策或者正在进行治理模式调整的尝试。

#### 1. 多种网络空间安全治理模式理念的兴起

第一，影响最为广泛的新兴治理模式是"多利益攸关方治理模式"（Multi‑stakeholder Governance Model），该模式由国际组织首次提出，互联网治理论坛（IGF）、信息社会世界峰会（WSIS）、互联网名称与数字地址分配机构（ICANN）等国际组织认为互联网的治理应为利益攸关的诸方的共同治理。[①]"多利益攸关方治理模式"提出在互联网治理中要强调多方参与，建议参与到互联网中并受其直接或间接影响的各方主体都积极参与到网络空间的治理中，这些主体包括国际组织、主权国家政府、私人部门乃至公民个人等。该模式的认识基础是将网络空间视为与公海、国际空域、太空相同的人类新开辟的空间，属于主权国家管辖之外的"全球公域"，因而需要共同治理。然而，目前该模式依旧体现并强化现存权力关系体系，是现实社会权力关系体系在网络空间的投射，依旧沿袭既有的权力格局，因而距离理想状态的各国平等参与、共同治理还很遥远。[②]

---

① Working Group on Internet Governance, Report from the Working Group on Internet Governance, Document WSIS‑II/PC‑3/DOC/5‑E, August, 2005, p. 3.

② 邹军：《全球互联网治理的新趋势及启示——解析"多利益攸关方"模式》，《现代传播（中国传媒大学学报）》2015 年第 11 期，第 53 页。

第二，"网络空间主权治理模式"由我国学者张新宝等提出，该模式与"多利益攸关方治理模式"相对应，论证了网络空间主权的正当性。[①]"网络空间主权治理模式"的倡导者认为网络空间主权是现实空间国家主权的自然延伸，网络空间是有现实空间的基础设施、程序设计、使用者归属的，因而基于现实空间，国家主权的正当性可以证成国家对网络使用者及其网络空间行为的规制。"网络空间主权治理模式"的提出者认为，《网络空间独立宣言》、电子前线基金会及《连线》杂志提出的"网络自身主权"（cyberspace as sovereignty）过度强调网络空间的独立性；"多利益攸关方治理模式"的缺陷在于，以形式上的平等掩盖实质上的不平等，网络技术优势因"多利益攸关方治理模式"的倡导而将现实空间中的强权政治带入网络空间。

第三，徐汉明教授等提出了"网络社会治理的法治模式"，该模式运用法治思维和法治方式将网络社会治理要素、治理结构、治理程序、治理功能纳入法治范围及运行轨道的治理理论、制度与实践中。[②] 该模式将法治方法和法治理念引入网络空间，其实质是对网络空间治理方式的构建，而非讨论网络空间治理的基本权力归属，因此"网络社会治理的法治模式"与前述两种模式并不矛盾，可以有"多利益攸关方治理模式"下的法治模式，也可以有"网络空间主权治理模式"下的法治模式。

第四，何明升教授建议采用"嵌入式治理模式"，认为有效的网络治理模式应契合网络社会存在机制，嵌入现实社会治理体系，并融入法治中国进程。[③] 网络空间既然是现实社会的投射，其治理就不能与现实社会治理相割裂，应考虑国家政权的组织形式，这点与"网络空间主权治理模式"是相通的；应考虑通过法治进程的推进来维护网络空间的公序良俗和基本秩序，这点与"网络社会治理的法治模式"是一致的。

---

① 张新宝、许可：《网络空间主权的治理模式及其制度构建》，《中国社会科学》2016 年第 8 期，第 139～158 页。

② 徐汉明、张新平：《网络社会治理的法治模式》，《中国社会科学》2018 年第 2 期，第 48 页。

③ 何明升：《中国网络治理的定位及现实路径》，《中国社会科学》2016 年第 7 期，第 112 页。

第五，自曼纽尔·卡斯特在其《网络社会的崛起》① 中提出"网络社会"这一概念以来，很多欧美学者倡导网络空间的"复合中心治理模式"。学者们认为传统的科层治理结构在快速变化的环境中显得反应滞后，而且以科层治理结构为基础的治理模式可以提供的选择余地和调整空间已经很小，需要用新的治理模式来取代科层治理结构。"网络治理"② 是一种复合中心的治理形式，具有自我组织的特征，表现出对政府干预的抵制，能够制定自己的政策并构建自己的环境，"网络治理意味着治理主体能够按照相互达成的博弈规则和信任进行资源交换、妥协以及互动"③。尽管"复合中心治理模式"不是针对网络空间治理而提出的，但显而易见的是，网络空间促进了该模式的发展演进，国与国之间的"多利益攸关方治理模式"与"复合中心治理模式"的设计是颇为相似的，而且作为治理的基本架构，"复合中心治理模式"不与前述"网络社会治理的法治模式""嵌入式治理模式"相冲突。

此外，还有丹麦学者提出的"民主治理模式"④，丹伯格提出的"自由主义模式""社群主义模式""协商民主模式"等多种模式⑤。有研究者经过梳理西方发达国家在网络空间治理方面的丰富经验后认为，西方发达国家网络空间治理的治理目标，体现为权力与权利平衡、自由与安全兼顾；在治理主体方面，以自律为主、他律为辅，强调多元主体协同治理；在治理方式方面，法律权威与依法治理贯穿于治理过程中；在治理手段方面，

---

① 〔美〕曼纽尔·卡斯特：《网络社会的崛起》，夏铸九、王志弘等译，社会科学文献出版社，2006。

② 注意此处的网络治理与本文中的网络治理所指称对象是不同的，本文多数语境下网络治理可以等同于网络空间治理，是对网络这个虚拟空间的治理，而此处的网络治理是网络化的治理方式，围绕"相互依赖""协商""协调""合作"等概念展开，与层级式的治理方式对应。

③ 张康之、程倩：《网络治理理论及其实践》，《新视野》2010 年第 6 期，第 36～39 页。

④ Eva SØrensen and Jacob Torfing, "Theories of Democratic Network Governance," *Public Administration*, 2008, 86（3）: 859–862.

⑤ 徐汉明、张新平：《网络社会治理的法治模式》，《中国社会科学》2018 年第 2 期，第 54～55 页。

重视应用新媒体等技术手段。① 随着网络空间治理在理论研讨和各国社会治理实践中的热度逐渐提升，网络空间治理模式的明示及暗示概括必将不断增多。各种治理模式之间并非完全排斥的或者仅是逻辑上的平行并列关系，往往因研究者强调内容和侧重方面的不同而形成不同的模式概括，很多治理模式之间是兼容的，选取其中一种模式未必排斥其他模式的运用。在各种网络空间治理模式的"交相辉映"之中，人类社会寻找着既能更为契合虚拟空间治理也能与现实社会治理模式相融合的新型治理模式。

### 2. 网络空间安全协作治理模式的倡导

对于网络空间治理而言，我们发现各种治理模式的设计尝试或者理论建言中都含有"协作"的要素。与传统治理模式以及现实空间治理模式相对应，各种网络空间治理模式更多地强调"协作"因素的融入比例，因而我们在此对各种网络空间治理模式建言进行要素抽取，进而倡导网络空间内部及网络空间与现实社会之间的协作治理模式。网络空间的协作治理模式，一是强调治理，是具有高度包容性的多主体共同治理，主体是多元、多方的；二是强调治理方式是多样且相互协调的，是在传统治理方式的基础上发展出的更具融合性的治理机制，是将传统治理方式移入网络空间，并依据网络空间"脱域""去中心化""技术归化""虚实结合"等特征发展出的超越传统治理方式的新型治理模式。具体而言，有以下几点。

首先，网络空间安全协作治理模式的主体为多重主体，既包括以往的管理者和被管理者，也包括治理的主导者和参与者，还包括平等共治的主体。也就是说，根据治理领域的不同，协作治理模式可以表现出不同的治理面向，协作治理主体之间的关系也是多重的、杂糅的。因此，协作治理模式体现为传统治理主体的他组织管理模式和多元化主体的自组织治理模式的结合。范如国教授在阐述社会治理协同创新时指出："协同社会治理是指社会治理主体之间、社会各子系统之间，通过既竞争又协作、自组织非线性作用，把社会系统中彼此无秩序、混沌的各种要素在统一目标、内

---

① 许鑫：《西方国家网络治理经验及对我国的启示》，《电子政务》2018 年第 12 期，第 45 ~
49 页。

在动力和相对规范的结构形式中整合起来，形成社会系统的宏观时空结构或有序功能结构的自组织状态，产生单一社会主体无法实现的社会治理整体效应。"① 由此可见，范如国教授的协同社会治理模式是与传统治理模式相对立的存在，即社会治理方式分为以政府指令型存在的他组织方式和以社会协同型存在的自组织方式，而协同治理模式指的是后者，协同社会治理是依赖自组织演化机制的自发性与人为的协调机制实现的。而本书中的协作治理模式与此不同，是传统的他组织治理与新型的自组织治理的有机融合。网络空间安全治理需要网络空间与现实空间的合力，也最好能够实现网络空间与现实空间同步治理，因而网络空间安全协作治理模式不能与现实空间治理模式区隔太大，在现实空间还不能摆脱传统的各种他组织治理方式之时，网络空间的治理模式也需要考虑他组织治理方式的存在，有时他组织治理方式甚至要发挥主导作用。此外，完全的自组织治理方式的心理基础和物质基础都尚未形成，因而即使是网络空间的治理也无法全然依赖自组织的方式。

其次，网络空间安全协作治理模式强调多元主体的参与和协作共治。网络空间是多主体参与的、弥散化的存在，单一主体的治理模式在网络空间必然捉襟见肘。单一主体治理无法满足网络空间不断发展的高度技术要求，也无法应对网络空间的海量治理需求，因而网络空间的治理必须是协作治理模式，而且要强调多元化主体的积极参与、协同共治。在多元主体共治的过程中，需要进行参与范围、参与内容、协同方式的基本区分，在核心安全领域强调他组织治理的责任，发挥他组织治理的效率优势，在其他领域应尽量鼓励多元主体参与，不断探索协作治理的规则和方式。同时，要在现实空间和网络空间为多元主体的参与提供基础、创造条件，如应增强多元主体对协作治理的认同意识，特别是激发多元主体中弱势主体（如公民个人）的参与意愿和参与热情，构建多元主体在尊重彼此之间的差异和共同治理利益基础上的共治机制。

---

① 范如国：《复杂网络结构范型下的社会治理协同创新》，《中国社会科学》2014 年第 4 期，第 107 页。

再次，从国际视野来看，网络空间安全协作治理模式更为认可"网络空间主权治理模式"。尽管协作治理模式的远景理想是更多主体的平等参与和协作共治，包括国际范围内各国家和地区的协作治理，然而不得不承认，在现实空间以主权治理为基础的情境下，网络空间安全治理也应该考虑主权因素。尽管"多利益攸关方治理模式"形式上与协作治理模式更相近，但是应注意到"多利益攸关方治理模式"提供的国际社会形式上的平等参与遮蔽了技术发展和网络布局能力不同而引发的治理过程中的实质不平等。尽管"网络空间主权治理模式"也会带来现实空间中基于主权治理的种种不平等以及主权分割网络空间的种种不便，然而其毕竟是最为现实的治理模式，唯有在此基础上才可以谈及有可行性、循序渐进的网络空间安全协作治理模式。当前，关于数据主权的争论恰是此方面的例证，尽管网络空间的"脱域"性打破了时空的区隔和界限，然而在网络空间基础数据的权益争夺方面，各国更愿意接受数据主权从属于领土主权，显然在此领域，"多利益攸关方治理模式"似乎实质上已让位于"网络空间主权治理模式"，也就是说，在一切涉及实质利益的场合基于现实空间主权的"网络空间主权治理模式"是更易被接受的，而"多利益攸关方治理模式"往往更多地表现为远景式的未来构想。

最后，基于主体的多元性和主体关系的多重性，网络空间安全协作治理模式的治理方式也是多层次融合且多种多样的。网络空间安全协作治理模式接纳现代社会的法治思维和法治传统，认可法治模式是人类社会当前所能想象到的最好的治理模式，因此，可以说协同治理模式也属于新型的"网络社会治理的法治模式"。其一，网络空间并不是法外之地，现实空间的社会关系传导进入网络空间并以新的形式存在，甚至基于这些关系发展为新的网络社会关系，但是无论如何，网络空间既然具有社会性和交互性，就已不是纯粹的私人空间，法治的触角应该伸入网络空间并规范网络空间行为。其二，法治模式是具有包容性的规范模式，可以对协作治理中的多元主体进行各个层面的协调，如可以凭借公法的形式、以公法的基本原理和基本规则处理管理者与被管理者之间的治理事务；可以凭借私法的形式、以私法的基本原理和基本规则处理平等主体之间共治的治理事务；

还可以为主导主体与参与主体之间的复杂关系和行为确立可遵守的规范。总之，人类法治文明为网络空间安全协作治理模式的有序开展、持续展开奠定了基础框架，法治模式与协作治理模式并不冲突，而是相辅相成的关系。

## 三　网络空间安全协作治理模式的建构
### ——以网络犯罪治理为例

网络空间安全涉及网络运行安全和网络信息安全两个方面。前者包括作为网络空间物质基础的网络基础设施的安全，后者包括网络空间中储存和流转的数据的安全、网络文化和网络内容的安全等。除了战争威胁级别的网络安全问题以外，目前对个人、社会和国家影响最大的网络安全威胁还来自网络犯罪。网络犯罪不限于对计算机信息系统、网络本身进行攻击、侵害的犯罪，还包含各种主要借助网络手段实施的传统犯罪。[①] 我国刑事法律对网络犯罪的界定是以犯罪行为主要发生于网络空间这个虚拟空间为标界线，因而对于网络基础设施的破坏通常并不被视为网络犯罪。本书所指的网络犯罪主要是根据我国刑事法律对于网络犯罪所界定的以网络空间中发生的犯罪为主的犯罪，鉴于网络空间安全对于网络基础设施的依赖性，个别情况下也会讨论涉及网络基础设施犯罪的情况。网络犯罪作为对网络空间安全的主要威胁之一，其治理方式当然也应尝试适用协作治理模式。

### （一）　网络犯罪的特征及治理困境

计算机和网络发展初期，计算机和网络的使用被作为一种专门技术为

---

① 2014 年由最高法、最高检和公安部共同发布的《关于办理网络犯罪案件适用刑事诉讼程序若干问题的意见》（已废止）将网络犯罪的范围概括为四个方面：第一，危害计算机信息系统安全犯罪案件；第二，通过危害计算机信息系统安全实施的盗窃、诈骗、敲诈勒索等犯罪案件；第三，在网络上发布信息或者设立主要用于实施犯罪活动的网站、通信群组，针对或者组织、教唆、帮助不特定多数人实施的犯罪案件；第四，主要犯罪行为在网络上实施的其他案件。

特殊目标服务。随着计算机应用逐渐普及并且互联网由军用转为民用,特别是移动终端、智能穿戴设备的飞跃性发展,传统上以现实空间为基础的犯罪逐步开始向网络空间转移,各种传统犯罪形态移植入网络空间,并且因为网络空间的独特性,发展出流量挟持、技术勒索等新型犯罪以及传统犯罪在网络空间的新形态。概括而言,网络犯罪的特征主要表现在以下几方面。

### 1. 隐蔽性强,取证存证困难,难于追惩

就时空而言,因网络空间是"脱域"的,不受时间和地域限制,一旦网络犯罪发生,犯罪行为人在现实空间的犯罪时间和犯罪地点便很难追查;就犯罪行为人而言,因网络空间是匿名的,追查到具体的犯罪行为人,并将犯罪行为与具体行为人联系起来且予以证明难度很大。特别是对于"暗网"① 中存在的违法犯罪行为以及相关人员更是难以追查。用于证明网络犯罪的证据种类绝大多数属于电子数据。电子数据是证据学中的新生事物,其取证、存证、举证、质证以及审查判断等都依赖于技术规范和法律规范的合作,而这种融合性的证据运用活动无论是在司法、立法还是在理论研讨中都属于尚待发展完善的领域,争议与模糊之处颇多。

### 2. 影响波及面广,社会危害较大

无论是以网络为犯罪手段或犯罪工具的传统犯罪(典型的如电信网络诈骗),还是以网络为空间的新型网络犯罪(如网络恐怖主义犯罪),网络犯罪多数表现为涉众型犯罪、受害人人数众多、犯罪行为和结果所影响的范围较广、所涉证据众多、待梳理涉案事实众多,不仅查处、追惩较传统犯罪难度大,而且社会所受不良影响和威胁的去除和弥合难度较大。与现实空间相比,网络空间在空间上是无疆界的,在时间上可能是瞬时的,也可能是永久的,通过网络空间实施的犯罪或者作用于网络空间的犯罪具有

---

① "暗网"有多重含义,一般是指 Tor(the onion router)隐藏服务搭建的加密网络世界,在其中无法追踪用户的行迹,用户的身份也无法识别;也指传统搜索引擎搜索不到的网站,包括秘密受保护的网页,不链接外部的网站,包含只对"内部人"开放的隐藏内容,也被称作"深层网络"。参见〔英〕杰米·巴特利特《暗网》,刘丹丹译,北京时代华文书局,2018,第3页。

迅速和广泛的扩散性（如网络色情传播），也表现为侵害个体权益微小但是集聚效应、叠加效应显著（如网络侮辱诽谤），还可能创造难以被现实空间囊括的新权益对象（如虚拟财产），网络空间为本来已经处于风险社会边缘的人类社会增加了新的风险威胁，而网络犯罪正是这些风险威胁的危险和危害具体化的严重体现。

### 3. 犯罪主体类型多元，结构复杂

在以网络为犯罪对象的阶段，犯罪主体几乎都是掌握计算机专业知识的人甚至是其中的佼佼者，犯罪常常源于这些主体的炫技甚至玩闹；在以网络为犯罪工具的阶段，犯罪主体不再限于有计算机专业知识的人，网络犯罪逐步产业化，出现了成员的分层和分工，具有计算机专业知识的人往往处于犯罪链条的前端或者犯罪组织分工中开发软件的一部分。如今，我们已初步进入以网络为犯罪空间的阶段，犯罪主体之间的关系更为复杂，帮助犯和教唆犯、主犯和从犯等的区分和关系呈现新的形态，不仅犯罪主体的构成人员知识背景呈现多元化，犯罪主体的组合方式也向多元化方向发展，如以上下游犯罪为发展趋势的网络犯罪，其犯意勾连的直接性并不那么明显，这不仅给证明犯罪带来难题，也形成了新的犯罪主体结合方式。

综上所述，网络犯罪隐蔽性强、取证存证困难的特点要求追惩和审判犯罪的执法人员和司法人员不能凭法律人一己之力查证犯罪，更要借助各方力量特别是网络公司、专门取证公司的介入，优化取证存证技术手段，倡导主动侦查模式，更多地进行犯罪预警而非被动反应；网络犯罪影响广、危害大的特点要求把对犯罪的打击和追惩更多地转向犯罪的治理和预防，更多地防患于未然而非弥合已经产生的创伤，要求对网络犯罪的打击更迅速、挽损反应更快捷，而这些要求难以通过传统的犯罪打击模式满足；网络犯罪主体的复杂化要求追惩主体的复合化，单纯调整刑事立法、扩大犯罪圈以囊括上下游犯罪等方法无法实现对网络犯罪的有效治理，需要在治理主体、治理模式等方面进行更系统的研究并拓展更多的治理方式。网络犯罪的特征及发展趋势预示着仅凭执法机构和司法机关的单一力量无法完成对网络犯罪的有效打击，面向未来的网络犯罪治理，需要全社会共同参与，以多元主体协作共治的方式面对网络犯罪给社会带来的各种

挑战和负面影响。

## (二) 网络犯罪协作治理模式的建构

与对传统犯罪的惩治类似，对已造成严重社会威胁或损害的网络犯罪进行打击和个别追惩是被动、低效的并且对于整体犯罪预防来说是无效的。网络犯罪的泛在性、隐蔽性和微小的海量性等特征决定了必须采取更为综合全面的治理手段应对逐步占据犯罪主流的网络犯罪，以长期遏制犯罪发展势头，各国在应对网络犯罪的过程中都在积极探索协作治理甚至跨国的协作治理方式和手段。确定网络犯罪治理参与主体是开端，更为重要的是网络犯罪治理主体间如何协作治理：从静态角度而言，这些主体之间的基本关系如何；从动态角度而言，这些主体之间的协作方式为何。

### 1. 网络犯罪协作治理的参与主体

总体来说，面对网络空间与现实空间全面且深入的融合，网络犯罪治理的参与主体越广泛、越多元，则越具协作优势，如针对暗网犯罪，有研究者指出："治理暗网犯罪仅仅依靠传统刑事司法手段并不能奏效，必须建立专门的暗网犯罪监测部门以及'产—官—学'协同合作机制，加强公私部门信息共享，提高电子取证技术，同时还要积极寻求国际刑事司法合作。"[①]针对网络恐怖主义犯罪的治理，有研究者建言，不能过于依靠国家力量而忽视社会力量，而应该进行"国家安全—社会治安"效用分析。[②] 由此可见，网络犯罪协作治理主体至少包括公、私两个方面，网络犯罪治理中社会力量、私主体力量的发挥是研究者和实践者的共识。

网络犯罪治理中公权力主体一方应当肩负起支持者和倡导者的重任。首先，最为核心的网络犯罪治理主体当然是刑事司法系统的国家机关，其中走在最前端的是公安机关特别是其中的网警部门，如公安部开展的"净网2018"专项行动中，侦破网络犯罪案件5.7万余起，抓获犯罪嫌疑人

---

① 陈璐：《暗网犯罪与多元治理：挑战与出路》，《铁道警察学院学报》2019年第1期，第83页。

② 焦俊峰、李晓东：《网络恐怖主义犯罪的治理路径选择》，《重庆大学学报》（社会科学版）2020年第6期。

8.3万余名,① 有效遏制了网络犯罪的发展势头。其次,网络犯罪治理的权力运行中,立法机关的作为也不容忽视。网络犯罪在犯罪体系中是新生事物,网络犯罪治理的前提是有法可依,无论是刑事实体法中新罪名的产生、既有罪名的网络空间适用,还是刑事程序法中网络犯罪证据的收集、网络空间犯罪的特殊性和侦查行为的特殊性的证明等,都需要立法机关积极作为,持续跟进且进行具有前瞻性的立法。最后,除了刑事司法系统和立法机关这类网络犯罪治理的公权力"核心区"之外,其他公权力机关也应该积极协同,各类行政机关在网络犯罪打击转变为网络犯罪治理、公权力主导和协调私权利共治、促进社会力量和私主体力量参与方面发挥着主要作用。

网络犯罪治理中的私主体主要包括公民个人、互联网企业以及各种与网络治理相关的社会组织。首先,网络犯罪呈现"微损害+海量"的特征,这说明公民个人是网络犯罪最大的受害群体,尽管受侵害的权益微小,但是聚少成多,短时间内侵害海量微小权益,犯罪危害总体上很可能是巨大的。同时,微小的侵害发现困难、取证困难、诉讼成本高等也对此类网络犯罪治理造成了障碍。单纯依靠国家机关和社会组织的努力很难实现网络犯罪的有效治理,"微损害+海量"的网络犯罪必须依靠每个作为个体的公民,以海量的自发、自觉参与到网络犯罪治理中,这才是治本之法。其次,互联网企业是网络犯罪治理私主体中的关键力量。互联网企业相较于公民个人具有资金、技术等方面的参与优势,每个互联网企业都需要具备与自身相应的网络安全意识和网络安全治理能力。大型平台企业在互联网企业中尤为特殊,因其聚合了大量的行业数据,既是网络犯罪严重威胁的犯罪对象,也是刑事司法侦查中重要的取证、存证渠道。充分发挥大型平台企业在网络犯罪预防、打击以及治理活动中的作用是网络犯罪治理成功的关键。最后,在政府不断放权、市民社会不断形成的过程中,社会组织逐步成长、成熟,白帽子联盟、网络志愿者群体等自

① 王茜、曹雪盟:《公安部:"净网2018"行动侦破网络犯罪案件5.7万余起》,新华网,2019年3月17日,http://www.xinhuanet.com/legal/2019-03/07/c_1124205639.htm。

发组织或者经国家公权力倡导扶持而形成的网络安全相关社会组织，目前已成为我国网络安全和网络犯罪治理中的重要力量，未来将起到重要的协调和补充作用。

### 2. 网络犯罪协作治理主体的地位和作用

因其各自的职责、权义、特性、优势等不同，网络犯罪治理主体在治理过程中不可能平行发力、同等重要，必然会有不同的角色和侧重。

从宏观来看，国家公权力机关要充当网络犯罪治理的框架构建者、倡导者、主持者、协调者，公民、社会组织等私主体是参与者。国家公权力机关之中，立法机关是行为模式的基本建构者，包括公安机关在内的刑事司法机关是网络犯罪治理的核心力量，行政机关是私主体参与的组织者、协调者。在私主体中，个人和企业是网络犯罪治理的基础力量，其中互联网企业是网络犯罪治理的关键；社会组织是网络犯罪治理的重要参与者，也是私主体中的参与主体和组织主体。

从微观来看，在不同的网络犯罪治理领域和活动中，不同主体参与的功能和作用定位会有所区别，在一定条件下会发生角色和功能的转换和调整，如在已然犯罪的调查和追惩中，治理的核心力量当然是刑事司法机关，而相关网络企业，有时还有具有专业知识的个人，将成为重要的辅助力量。在未然犯罪的预防中，社会组织和行政机关将是核心力量，公民个人和广大企业是基础力量，而且从目前的发展趋势看，私主体将在网络犯罪治理中发挥越来越重要的作用，甚至成为网络犯罪防控的重要力量和基础资源。

### 3. 网络犯罪协作治理的网络状运行方式

在"网络空间主权治理模式""网络社会治理的法治模式"的基础上，网络犯罪治理应引入更为适宜协作治理的网络状运行治理方式。网络犯罪治理是政府与非政府主体多元共同治理实现的，而且由于社会环境的变化以及网络空间的特殊性，网络犯罪治理各主体更多地表现出以网络安全为核心的共同利益关注以及日益增进的相互信任和相互依赖，以此为主体间协作共治提供保障，增进沟通，强化互信互助，并形成促进协同整合的模式。

首先，网络空间较之于现实空间，权力分散且多中心的状态更明显，公权力主体不可能也不必把控一切，更趋向于协调社会中广泛的私权利主体力量共同参与，包括公权力主体和私权利主体在内的各方治理主体构成网状运行治理模式的基本节点。在现今以公权力为主导的网络犯罪治理结构之中，刑事司法机关是网状治理结构的核心节点；在立法机关和行政机关的积极作为下，私权利主体之中的网络企业、社会组织将成为关键节点，有时也可能转而成为核心节点；广大其他私营部门和公民个体将成为弥散状态下的各个独立的节点，较现实空间，其在网络空间的参与度和影响力要更为明显。根据复杂网络的择优连接①特征，不仅以刑事司法机关为主体的公权力主体作为固有的重要节点将发挥作用，在网状运行模式中随着网络企业、社会组织、公民个人参与的频次增多、影响加强，也将形成新的择优连接，如网络灰黑产②中刑事司法的触角终究是有限的，需要私主体力量壮大并发挥优势作用。根据复杂网络的"鲁棒性""脆弱性"③特征，中心节点影响着网状运行治理的基本运行，中心节点如果发挥不佳则网状运行治理会受影响；而众多非中心节点参与度之高低尽管对网络空间治理也有一定影响，但是相对影响不大，个别的不积极或失效并不会破坏治理的基本样态。

---

① 择优连接（preferential attachment）是指，社会网络中的节点与其他节点的连接具有差异性，影响力越大的节点优先获得其他节点连接的概率也越大，变得越来越强，表现为同向匹配特征，类似于"富者愈富"现象。择优连接机制体现了主体之间的不平等性和竞争性。参见范如国《复杂网络结构范型下的社会治理协同创新》，《中国社会科学》2014年第4期，第104页。

② 网络灰黑产，指电信诈骗、钓鱼网站、黑客勒索等利用网络开展违法犯罪活动形成的产业链。"黑产"指直接触犯国家法律的网络犯罪形成的产业链；"灰产"指处于法律边缘的作为"黑产"辅助的产业链内容。

③ 鲁棒性（robust rroperty）是指，一般性社会节点的数量远远多于中心节点，这些一般性节点中某个或某些节点随机消失不会影响整个社会的结构和秩序，社会网络表现出较强的抗风险能力。脆弱性（brittleness property）是指，中心节点在社会网络中起支配作用，其他节点与这些节点同向匹配，形成对其的高度依赖，当中心节点出现问题时，社会网络不堪一击。参见范如国《复杂网络结构范型下的社会治理协同创新》，《中国社会科学》2014年第4期，第104～105页。

其次，网络空间治理网络状运行的具体方式是平等协商、协同行动。治理的内容可以具体化为一个个现存的待治理问题，而问题的解决需要平等协商基础上的协同行动。①问题如何产生或如何界定"问题"是一个问题。网络空间安全总会有层出不穷的问题，而这些问题的界定、筛选、优先处理次序等需要最先解决。在此环节，公权力或者政府主体的责任是预测问题、汇聚问题，可以通过传统方法中的社会调查、民众会议等方式实现问题预测与汇聚，也可以借助态势感知、舆情大数据等网络空间发展出的特有方式。而私权利或者非政府主体的参与方式主要是主动、积极提供信息和诉求，辅助实现预测的准确性和汇聚的全面性。在界定、筛选、确定问题处理次序过程中，应体现公权力主导、私权利协同。网络犯罪治理问题林林总总，根据权益保护和风险状况，要在公权力主体主导下考虑私权利主体的迫切需求并制定治理策略，如将网络恐怖主义作为积极防范的领域，将网络诈骗、个人信息盗用等侵权犯罪作为打击重点和优先治理对象。②在选定问题领域后，共同决策，形成结论。在此过程中，公权力主体需确定参与者范围，如网络诈骗犯罪治理要考虑到利益关联性和专业性，需要作为受害群体代表的公民、企业和作为专业技术代表的计算机网络专家、专门性平台企业的参与。针对具体的治理行动，还涉及在参与者范围中选择具体参与者，并结合具体参与者的特点选择适宜的决策方式，如以问卷、座谈、听证、投票等方式获知广大利益相关者的需求，以座谈、邀请草案起草等方式鼓励专业性组织参与。③根据制定的策略，协同实施。比如，在网络诈骗犯罪的治理中，刑事司法权力主体发挥了组织和治理核心的作用，对依法制裁已然的网络诈骗犯罪发挥重要作用；而为了更好地挽回损失需要网络企业（特别是第三方网络平台企业）、金融单位的积极配合，如及时止付、涉案资产的查询冻结、涉案人员的查证等都需要不同类型私权利主体的协同行动；同时，更深入也是更基础的网络诈骗犯罪治理工作是提高公民防范意识。④在从问题界定到协同行动的整个治理过程中，需要监督的力量，不仅要监督公权力运行的效力和效率，也要监督协同是否良好运作。在监督中，需要相关协同行动主体特别是公权力主体及时公开信息，使运行流程透明化、信息交流互通，也需要私权利主体特别是其中的利益相关者不断关注，通过监督途径行使监督权，如在网络诈骗犯罪治理中的监督体现为对治理的法律效果、经济效果、社会效果的多方关注，办案机关及时公开办案进程和裁判结果，其他参与主体积极互通信息，网络诈骗犯罪被害人等有便捷的途径了解并评价治理成效，等等。

# 四　网络空间安全协作治理的关键：网络平台企业的治理参与

网络空间给我们带来了虚拟空间体验，也带来了全新的生活方式。万物互联时代开启后，网络空间与现实空间有了密切的联结，互联网企业应运而生并且以全新的方式激活市场、产生红利。互联网平台企业作为互联网企业中的特殊类型，具有汇聚众多微商和消费者的作用，不仅是营利性组织，也是承担一定公共职能和公共责任的组织，其治理参与者角色的定位和治理功能的发挥、治理责任的承担是网络空间安全协作治理模式中的重要环节。

## （一）网络平台企业及其社会责任

互联网企业是以计算机网络为基础、利用互联网提供服务并获得收入的企业。[①] 互联网企业中有一种类型的企业为众多参与互联网商务的企业和个人提供虚拟的交易场所即"平台"，这类企业因而也被称为互联网平台企业。随着"互联网＋"创业热潮的兴起，互联网平台企业快速发展，购物平台、信息平台、订餐平台、打车平台、旅游平台等迅速进入人们的日常生活。平台企业不仅形成了平台经济，进而盘活社会资源、激发大众创新热情，也引发了新的社会问题，如播放平台"涉黄"、网约车的"问

---

① 广义的互联网企业包括基础层互联网企业、服务层互联网企业和终端层互联网企业。狭义的互联网企业指广义互联网企业中的终端层互联网企业，指在互联网上注册域名、建立网站，利用互联网进行商业活动的企业。通常所指的互联网企业是狭义的互联网企业，如提供搜索引擎服务的谷歌、百度等，提供综合服务的雅虎、新浪、网易等，提供电子商务服务的淘宝、亚马逊等。

题司机"、搜索网站的"问题搜索"等引发广泛关注的焦点案件或者热点事件,充分体现了平台企业不仅展开与传统企业一致的经营与盈利,还涉足较传统企业更广泛的参与领域;平台企业不仅带来了远超传统企业的聚集性经济效益,还产生了远超传统企业的社会影响力。

有研究者指出,企业的社会责任问题经历了从个体语境到群体语境再到平台语境的三次语境转变。在个体语境下,社会责任问题集中于单个企业,其成因主要源于企业自身多重价值博弈失衡,影响范围相对较小。在群体语境下,社会责任问题呈现出行业式、群体式、产业链式的爆发特征,企业出现的问题不是单个企业的问题而是交织着复杂经济动因和心理动因的群体企业甚至行业问题,其对产业安全造成较大影响。在平台语境下,社会责任问题具有圈层性、虚拟性、复杂性等特征。[①] 网络平台企业的问题一旦爆发,便将涉及数量庞大的群体,影响迅速、波及广泛且极易形成社会焦点,其产生的原因也错综复杂,事件难以立即平息。由此,平台企业的社会责任受到了前所未有的关注。人们意识到,在新兴的互联网企业中还需要确立正确的意识、态度和行动去承担相应的社会责任;[②] 人们也开始逐步探讨互联网企业在垄断竞争[③]、信息安全管理[④]、舆论危机[⑤]、反诈工作[⑥]等领域的社会责任问题,因而无论是实践中的立法、行业规范和企业内部自律的既有问题应对,还是前瞻性的探讨都需要及时展开。特别是在网络空间安全治理的宏观视角下,如何界定网络企业的治理

---

① 宣博、易开刚:《互联网平台企业的社会责任治理》,《光明日报》2018 年 3 月 27 日,第 11 版。

② 刘佳月、侯大银:《拷问互联网企业:社会责任如何践行》,《互联网周刊》2010 年第 1 期,第 68~73 页。

③ 刘耀宏:《互联网企业的社会责任及实现途径——以 3Q 之争为例》,《重庆科技学院学报》(社会科学版)2011 年第 13 期,第 87~89 页。

④ 尚铁力:《互联网企业如何履行信息安全管理责任》,《中国电信业》2011 年第 6 期,第 54~56 页。

⑤ 余歌:《互联网企业舆论危机及其社会责任初探》,《新闻研究导刊》2015 年第 3 期,第 105~106 页。

⑥ 郝智超:《落实重点互联网企业反诈责任的几点思考》,《中国信息安全》2019 年第 9 期,第 66~67 页。

角色、行为模式以便使其更好地承担社会责任成为迫切需要解决的问题。

（二）网络平台企业的协作治理角色

互联网企业不仅是推动经济发展的重要力量，而且承担着超越传统企业的社会责任。互联网企业是重要的传播者，脸书、新浪微博、QQ 和微信等都发挥着越来越重要的传播作用，是重要的数据、信息收集和存储者，如阿里巴巴的平台服务信息、美团外卖的订单派送轨迹等汇聚着海量的出行、位置、联系方式等信息，而且更新更为及时、相对更为精准。根据卡罗尔提出的企业社会责任的四成分说，企业需要承担经济责任、法律责任、道德责任和慈善责任。由于互联网企业角色的多重性，无疑在承担道德责任和慈善责任方面人们对其有更高的要求，同时法律规制也会增强对互联网企业的关注，并随着互联网相关立法的不断健全而赋予其更多的法律责任。

首先，互联网企业承担社会责任的方式将更为多元、多样，其作为协作治理者的身份将日益凸显。在前文所述网络空间安全协作治理的主体结构中，互联网企业属于私权利主体或者非政府主体。因而，总体上说，互联网企业包括其中的平台企业并非网络空间安全治理的主导者、组织者而是协作治理的参与者。但是，由于网络空间协作治理的复杂性，宏观的治理角色安排会在微观的具体场景中有所调整，有时互联网平台企业由于其突出的集聚效应和传播能力，会成为重要的治理倡导者和组织者。这也是非政府治理主体在网络空间与现实空间的不同之处，特别是私权利主体在治理角色中的显著变化的体现。

其次，私权利主体的社会责任也有层级性的差异。由于公共性内容的凸显，网络平台企业将承担更多的社会责任，这意味着其在协作治理中扮演着介于公权力治理者与原子化的以广大个体公民或普通企业为代表的私权利主体之间的特殊治理角色。①网络平台企业具有强大的聚合性特点。以阿里巴巴及其淘宝平台为例，阿里巴巴集团 2019 年 6 月 30 日的季度业绩数据显示，该季度阿里巴巴中国零售平台的移动活跃用户达到 7.55 亿人，较上一季度增长 3400 万人；① 2019 年淘宝"双十二"期间，全国共有 60 多个产业带的商家开启了超过 1 万场直播，直播成交商品超过 800 万件②。这种聚合性带来了网络平台企业的公共性，可以说网络平台企业搭建的虚拟平台构成了虚拟的公共空间，基本安全和秩序的维护成为网络空间安全治理的重要内容，网络平台企业作为平台搭建者应扮演平台治理的核心角色。②网络平台企业的内外部关系具有复杂性和圈层性特点。基于网络平台企业的汇聚性特点，网络平台企业的内部关系包括企业内部的股东、员工之间的关系，企业外部关系包括与客户、合作伙伴、社会公益对象形成的关系，而且在外部关系中客户、合作伙伴数量众多且圈层效应明显。在网络平台企业形成的关系圈层中，网络平台企业是中心点，根据与平台企业关系的疏密程度，关系圈逐层扩散开来。因而，与传统企业不同，网络平台企业在治理中的中心角色效应将使其影响数量众多的独立客户、合作伙伴等，而且此种效应经由网络媒介效率更高。

综上，网络平台企业在协作治理中的角色具有多面性。在宏观架构上，网络平台企业是受公权力主体组织和引导的协调治理参与者，而且是其中的重要治理参与者，网络平台企业是公权力治理与网络平台企业搭建的虚拟平台中众多分散主体衔接的重要枢纽。在微观层面以及个别具体情境下，网络平台企业发挥治理核心作用，以自治的方式与平台中的分散主体协同完成虚拟平台的治理和秩序维护，甚至在某些特殊时点和情境下要扮演准公权力主体的角色，作为虚拟平台内部的监管者、纠纷调解者甚至裁决者。

### （三）网络平台企业协作治理行为模式

网络平台企业在协同治理框架内特殊的治理角色决定了其治理行为模式的多样性。为了阐释方便，暂对网络平台企业与公权力主体之间的协作

---

① 《2019 年 6 月淘宝最新用户规模已达 7.55 亿：第一季度大增 3400 万》，新科网，2019 年 8 月 16 日，http：//www.xker.com/a/24805.html。

② 孙宏超：《阿里巴巴公布双十二数字：成交过亿中小商家翻倍》，腾讯网，2019 年 12 月 31 日，https：//new.qq.com/omn/TEC20191/TEC2019121300844500.html。

治理行为和与私权利主体之间的交互治理行为进行区分，并分别描述。

**1. 与公权力主体之间的协作治理行为模式**

传统政府与企业之间的关系是管理者与被管理者的关系，而在新型治理模式中，政府与企业之间是协作治理的关系。政府当然要发挥主导者的作用，然而其主导者的行为模式中刚性强制的内容将减少或弱化，协作共治、突出企业参与的内容将逐步增多。政府与网络平台企业之间治理关系的基本结构也是如此，只是考虑到网络平台企业的治理角色特点，其协作治理行为模式会有一些特别的内容。概括来说，政府与网络平台企业之间的关系主要分为两类。一类是基于法定义务而形成的"命令—执行"模式，这种模式包括网络平台企业自觉遵守法定义务，采取有效措施，防范网络违法犯罪活动，以及接受监管部门、司法机关等相关公权力机关的指令而采取行动两个方面。这类行为是基于不平等地位和关系产生的自上而下的执行（控制）行为，仍然属于带有管理色彩的行为模式。另一类是协作治理模式下产生的网络平台企业与政府"共治"的行为模式，它是本部分的研究重点。

由于协作共治、私权利参与等理念深植网络空间治理过程中，立法也不断进行规则明确和责任固化，并在网络安全实践中不断地发展协作治理模式。虽然"命令—执行"模式在一定条件下和一定范围内对于特定事件仍然是必需的，然而，从管理到治理的发展也意味着"共治"的行为模式将越来越受推崇，越来越普遍存在，网络空间安全治理尤其如此。网络平台企业与公权力主体（主要是政府）的共治行为模式的发展大致可以划分出三个时期。

首先，网络空间发展前期，对网络平台企业的经济责任、法律责任、社会责任、道德责任等逐步划定界限和厘清关系，责任体系逐步形成。对于网络平台企业来说，其本质依旧是民事主体，由于其集聚效应而形成了基于平台的公共空间，需担负起更多的社会责任。但是，社会责任、道德责任的履行不可能一蹴而就，需要必要的引导，要规定法律义务、强化法律责任，形成社会舆论、社会环境，促进网络平台企业从自发到自觉、从外在动因到内在动力形成社会责任意识、道德责任意识。这一时期，在宏观方面，"共治"的主导者依旧是公权力机关。立法机关通过立法活动确立网络空间内的基本行为规范和治理框架，明确包括网络平台企业在内的网络运行者、经营者的权利、义务和责任；行政机关在刚性执法方面监督立法内容的实施并进行对违法者的行政处罚，在柔性执法方面引导网络平台企业树立社会责任意识，积极承担社会责任。而在微观方面，这一时期的立法相对于网络空间的迭代发展略显滞后，而且仅搭建起基本框架，在具体网络事务治理和事件应对方面仍需摸索，在公权力尚未或者无法触及的微观事务、具体事件方面，网络企业特别是网络平台企业应发挥切实的治理功能。尽管这种治理功能的发挥并不一定需要制度体系健全，有的甚至仅是被动的应对或无治理意识的举措，但是其切切实实地起到了或好或坏的实际"治理"作用。对于网络平台企业来说，所搭建的网络平台的"治理"在这一时期尚属于在公权力监管下的被动行为或者对未知领域的探索式治理。

其次，网络空间发展中期，公权力在治理体系中的立法搭建基本完成，相应地，网络平台企业的责任体系初步确立，公权力和网络平台企业"共治"模式的摸索也积累了丰富的治理经验。网络平台企业在"共治"模式中的参与度逐步提升，可以有效主导平台内的治理活动，落实"命令—执行"模式，不仅在微观方面可以在具体事务中主导平台"共治"；在宏观方面也能更进一步地在网络空间治理的框架确定、主题建议方面更有作为，发挥越来越积极的作用。

最后，网络空间发展的成熟时期，公权力在网络空间的"共治"中基本扮演立法制定者、关键领域监管者、司法适用者等角色。多数情形下，网络空间处于私主体的"自治"状态，而在"自治"过程中网络平台企业的主导作用日益突出。网络平台企业成为多数网络空间安全框架协议的倡导者、网络空间安全行为的监管者，并作为中心与其他私主体协同进行网络"共治"。

目前，因为不同行业与网络的融合度不同，网络平台企业成熟程度也不同，可以粗略地判断：多数网络平台企业处于网络空间发展早期，少数进入发展中期但仅处于中期的初步阶段。多数网络平台企业能够在政府督促和社会舆论压力下对个别和偶然的网络空间安全问题的治理发挥治理主导功能，但是基础性动力不足。少数网络平台企业可以在更广阔的范围内扮演平台的"共治"主导者角色，自觉承担社会责任、道德责任，然而尚处于主导功能发挥的初期，承担社会责任、道德责任的方式和手段尚有局限性，积极性和主动性并不明显，因而在"共治"过程中尚不能完全适应从公权力主体主导到网络平台企业主导的阶段转换，并且较难发挥制度和机制创新能力，有待新的动力推进网络平台企业角色转换和网络空间发展成熟。

### 2. 与私权利主体之间的交互治理行为模式

首先，网络平台企业与其他私权利主体之间存在平等的交互治理行为模式。网络平台企业与其他私权利主体在法律中的基本定位为平等的民事法律关系主体和行政法中同等的行政相对人身份，因而，网络平台企业与其他私权利主体之间的协作治理行为模式首先表现为平等的交互治理。治理过程表现为平等的参与权，二者共同参与公权力主体主导下的协作治理活动，交互进行治理，实现参与治理功能的互补。而在共同参与治理过程中，因为协作治理情境的不同，网络平台企业与其他私权利主体还可能形成合作关系或竞争关系。鼓励协作治理主体参与治理的方式是多元的，有时会以治理任务下达或者签订治理协议的方式将任务交给网络平台企业，而网络平台企业如果缺乏相应的技术力量或人力资源不足的话，可能会考虑寻找其他私权利主体合作伙伴共同进行治理或者以发包的方式分解治理任务；有时会以类似招标的方式进行，并提供一定经济利益或其他利益的补助，同类网络平台企业或网络平台企业与其他私权利主体如果都在招标领域有技术优势或者活动能力的话，就会形成就招标治理内容的竞争关系。此种平等的交互治理行为模式是传统非政府主体治理模式在网络空间安全治理运行过程中的直接运用，仅运行方式和运行环境主要在网络空间进行，基本行为关系和基本行为模式与现实空间的是相同的。随着协作治理参与意识的增强，治理任务、治理议题将越来越多地由私权利主体发起，并通过上传至公权力主体发动更多的参与治理主体回应，或者横向联合更多的私权利主体共同参与治理，而在此过程中网络平台企业由于其承担的平台责任、占有的数据信息优势将成为中坚力量。

其次，网络平台企业与其他私权利主体之间存在不平等的（监管式）交互治理行为模式。该种交互行为模式是伴随着网络平台企业这一新事物而产生的，并随着网络平台企业的升级换代而不断被强化。在网络平台企业构建的平台空间内，网络平台企业要承担监管的职能，是平台空间这一网络次级空间内的具体规则制定者、日常秩序维护者。在平台空间内，网络平台企业将代行政府的部分管理责任，因而，其治理行为模式类似公权力主体与私权利主体之间的治理模式，有"命令—执行"式的，也有协作共治式的。但是，基于平等主体间的关系，该行为模式仅形式上与之类似，而实质上并非公权力主体与私权利主体之间的治理模式。因为，网络平台空间内的其他私权利主体有进出平台空间的自由，网络平台企业与进入平台之中的私权利主体之间本质上还是平等主体之间的关系，如各种网约车平台，对于车主来说，其可以根据网约车平台设置的不同门槛条件和平台提供的各种优惠等内容选择是否进入网约车平台以及进入哪个网约车平台。网约车平台与平台车主交互治理中的"命令—执行"模式的前提是平台车主的自主进入选择权，因而其治理行为模式与公权力主体在主权国家内经法律授权的"命令—执行"模式在本质上是不同的。进入平台之后，网络平台企业与平台入驻者的交互行为模式会因为平台类型的不同而有差异。如果是与现实空间有更多关联的平台企业，如外卖平台、网购平台、网约车平台等，仅仅通过互联网平台企业促成现实交易，通常要将现实空间的规则直接植入平台管理中，近似"命令—执行"式的行为模式居多，互联网平台企业成为平台空间内新的略具刚性的管理者。所谓的"略具刚性"是指网络平台企业可以制定平台空间内的规则且有"新管理"者治理下的"命令—执行"的形式，但是规则本身是可以通过商讨或者说共治行为改变的，进入平台的消费者和服务者的参与态度、参与机制对网络平台企业是否制定规则、制定何种规则有影响。而且随着平台内治理机制的逐步成熟、参与者积极性的逐步增强，这种影响会越来越大，真正体现出交互性协作共治，而非单纯的"新管理"者治理下的"命令—执行"，如某网约车平台曾在社会舆论和政府监管部门的监督下，进行了部分关停、整改和规则调整，平台内部的投诉规则、调车规则、提成规则等也引发了社会大众的广泛关注和讨论，这就体现出网络平台企业的"治理"本质上是平等的交互共治，随着参与者越来越成熟，平台空间内的平等、交互共治会越发明显、有效。而且如果平台服务内容涉及虚拟空间内容或者现实中此内容即属于交互治理经验丰富领域的事务，则平台空间中的治理行为模式通常会表现出更多的民主参与性和柔性，包括更多的共商内容，甚至平台运行的框架式规则也会以共商共治的方式逐步制定和修正，其中交互性的协作共治行为模式体现得就更为明显。

综上，在网络平台企业参与下的网络空间治理行为模式可以简要概括成"网络平台企业协作共治行为模式"（见图7-1）。从前文阐述及对图7-1的分析中可见：其一，随着网络平台企业的发展，在网络安全治理过程中网络平台企业将发挥政府与加入平台的私主体之间的"缓冲区"和"连接点"的作用；其二，传统管理中的"命令—执行"模式因紧急事态下行政管理和国家安全、公共安全的需要仍将存在，但是其存在的时间范围和空间领域将不断被新发展的各个层次的协作治理模式压缩，由网络平台企业组成的新治理群落将不断柔化刚性的管理，并发展出多样化的协同治理方式。

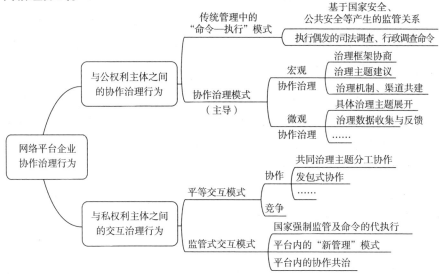

**图7-1 网络平台企业协作共治行为模式**

# 第八章

# 公共安全治理的实证调查与分析

人类状况的巨大改变与看待政府方式的变化相伴而来。

——欧内斯特·R. 梅[1]

21 世纪以来，公共安全逐渐成为全社会关注的热点问题，自然灾害、公共卫生事件、生产安全、食品药品安全等问题都对社会公众的心理产生了负面影响。社会不断发展使公共安全产生多样化需求，社会风险的无差别性决定了公共安全必然会涉及不同阶层、不同团体、不同人群的整体利益，但同时正是这些分化日益加速的群体差异产生了差异化的公共安全需求，对高效地满足多样化的公共安全需求来说单一政府供给模式已经难以为继。社会形势变迁的压力和社会公众能力的提升将协作共治模式提到了一个有益且可行的高度，政府公共安全治理的创新、回应和参与将是解决当前公共安全问题和消解社会公众不满的有效方法。为了解公共安全治理及其社会参与的现状，课题组专门进行了两项实证调查：2018 年初以"社会公众对公共安全治理现状的认知及对参与治理的评价"为主要调查内容，2018 年底至 2019 年初以"社会公众对青少年犯罪现状的认知及对参与青少年犯罪预防和矫治的评价"为主要调查内容。

---

① 〔美〕小约瑟夫·S. 奈、菲利普·D. 泽利科、戴维·C. 金编《人们为什么不信任政府》，朱芳芳译，商务印书馆，2015，第 28 页。

# 一　社会公众对公共安全治理现状的认知及对
# 参与治理的评价

　　了解社会公众对公共安全治理现状的认知及对参与治理的评价是建立公共安全协作共治模式的前提和基础，为此，课题组对当前公共安全治理的一些问题进行了问卷调查。

## （一）调查的组织与实施

### 1. 调查目的

　　了解社会公众对公共安全治理现状的认知及对参与治理的评价，为构建政府与社会协作共治模式提供实证基础。

### 2. 调查方式

　　本次调查采取移动终端和纸质问卷自填两种方式，共回收有效问卷 319 份，其中通过移动终端回收问卷 317 份，占 99.37%，回收纸质问卷 2 份。

### 3. 调查时间和地点

　　本次调查时间为 2018 年 1 月至 3 月。2018 年 1 月中旬以长春和沈阳为中心开始投放问卷，1 月回收问卷 312 份，2 月回收问卷 4 份，3 月回收问卷 3 份。

### 4. 调查内容

　　除调查对象的基本情况外，本次调查内容主要包括两大方面：其一，社会公众对公共安全治理现状的总体认知；其二，社会公众对社会治安、食品安全、网络和信息安全、校园安全等方面参与治理的评价。

## （二）调查结果与分析

### 1. 调查对象的基本情况

　　本次调查问卷第一部分设计了 4 个问题，分别对调查对象的性别、年龄、居住地和学历进行了信息采集。

（1）性别

本次接受调查的 319 人中，男性 139 人，占总数的 43.57%；女性 180 人，占总数的 56.43%。女性略多于男性（见图 8 - 1）。

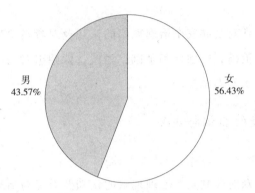

**图 8 - 1 调查对象的性别情况**

（2）年龄

本次接受调查的 319 人中，各年龄段人数分布情况如图 8 - 2 所示。其中，19～60 岁的中青年人数约占总人数的 89.03%，无论是在校还是已经走向社会，这个年龄段的调查对象都是社会的中坚力量，他们对公共安全治理的看法及评价会对公共安全协作共治模式的构建起到很重要的作用。

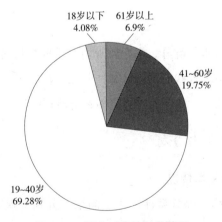

**图 8 - 2 调查对象的年龄情况**

（3）居住地

本次接受调查的 319 人中，城市居民占绝大多数，约 89.03%；乡镇和农村居民各占约 5%（见图 8-3）。也就是说，本次调查内容所反映的公共安全治理情况会更多限定在城市范围内。

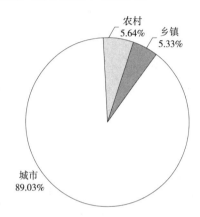

图 8-3　调查对象的居住地情况

（4）学历

本次接受调查的 319 人学历相对比较高，本科以上学历的约占 78.37%（见图 8-4）。学历的高低能够在一定程度上决定调查对象的社会地位、居住环境、认识和意识水平等，通常情况下，学历高的人会有更为体面的职业、更稳定安全的居住条件，认知和想法相对比较理性，公共安全参与意识和精力会更足，但同时对公共安全的需求程度也会更高。

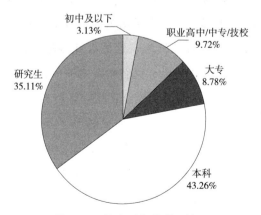

图 8-4　调查对象的学历情况

**2. 社会公众对公共安全治理现状的总体认知**

这部分调查主要考察当前社会公众对公共安全治理现状的总体认知，目的是初步掌握公共安全治理的主要矛盾和重点问题所在。

（1）公共安全现状总体满意度比较高

公共安全现状满意度调查一方面有助于了解社会公众对公共安全的主观感知和评价，另一方面能够在一定程度上反映社会公共安全的客观现状。当被问及"对目前居住地区的安全状况是否感到满意"时，超过90%的人感到"基本满意"和"非常满意"，只有不到7%的人"不满意"（见图8－5）。这说明当前社会公众对公共安全现状的满意度比较高，社会公共安全总体形势平稳。

在具体的性别区分上，男性中22.3%的调查对象选择"非常满意"，高于女性16.7%的比例，原因可能在于，相对于男性，女性在人身和财产等方面受到侵害的可能性更大，因此对一些公共安全的状态和信息更为敏感。

按居住地区划分，93.2%的城市调查对象对居住地区的安全状况感到"基本满意"和"非常满意"，远远高于乡镇的76.5%和农村的77.8%；相对地，只有6%的城市调查对象感到"不满意"，低于乡镇的11.8%和农村的11.1%，这说明城市的治安状况要好于乡镇和农村，居民安全感也更强。

按照学历划分，感到"基本满意"和"非常满意"的，研究生学历为94.6%、本科学历为93.5%、大专学历为89.3%、职业高中/中专/技校学历为74.2%、初中以下学历为50%，这显示出调查对象学历越高，对居住地区安全状况的满意度越高，这与我们调查之前所预想的高学历会伴随更稳定的生活、职业和社会关系及更安全的居住环境相符合。

按照年龄划分，41~60岁的调查对象感到"基本满意"和"非常满意"的比例为87.3%，18岁以下为92.3%、19~40岁为90.1%、61岁以上为95.5%，原因可能在于41~60岁人群人到中年，处于"上有老、下有小"的状态，同时也是社会中坚力量，无论是对家庭还是对社会都责任较大，因此对公共安全的需求更为强烈、预期也更高，满意度相对低一些。

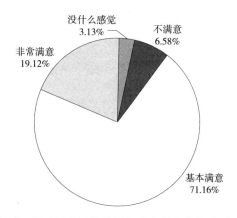

**图 8 - 5 您对目前居住地区的安全状况是否感到满意？**

（2）公共安全问题不同领域关注度悬殊

前文提到过，公共安全包含的内容范围非常广泛，自然环境、政治经济、人文社会等领域都可能出现公共安全问题，在调查中也不可能穷尽所有公共安全问题，我们选取了社会治安、食品药品安全、自然灾害、网络和信息安全、交通事故、环境污染、传染性疾病或疫情以及其他这 8 个方面供调查对象选择。结果显示，在公共安全这个大的公共事务范畴内，自然灾害的控制与应对属于公众比较有信心的领域，这可能源于国家和政府在应对自然灾害时运用公权力和调动救援力量的权威性比较强，也可能由于调查对象受居住地所限，在这方面接触和了解得相对比较少。在交通事故、传染性疾病或疫情、社会治安方面都约有 1/3 的人表示问题最多，而在食品药品安全、环境污染、网络和信息安全领域体现出失望和不满情绪的较多（见图 8 - 6）。

"绩效因领域和机构而各异。"① 在分析公共安全的总体治理状况的同时，各具体领域内社会公众对公共安全治理的认知、关注和参与肯定存在差异，应当在研究的范畴之内。因此，课题组选取了社会治安、网络和信息安全等领域进行深入研究，对协作共治的实践状态和发展趋势进行了具体分析。

---

① 〔美〕小约瑟夫·S. 奈、菲利普·D. 泽利科、戴维·C. 金编《人们为什么不信任政府》，朱芳芳译，商务印书馆，2015，第 12 页。

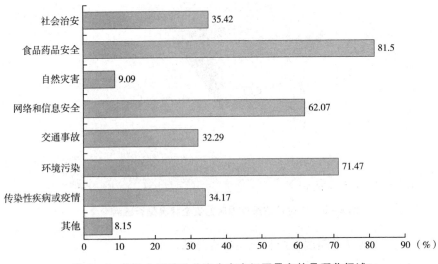

**图 8 - 6　您认为目前公共安全存在问题最多的是哪些领域?**

注:此题为多选。

(3) 政府管理被认为是公共安全问题存在的症结和改善关键

有关社会公众对公共安全问题原因的认知的调查能够展示非政府主体的基本想法,并能有针对性地促进社会公众参与公共安全治理。

在我们的调查中,有72.1%的调查对象认为"政府管理不到位"是公共安全问题存在的主要原因,遥遥"领先"于其他几个选项(见表8-1)。而在被问及"应当如何改善当前社会的公共安全环境"时,约78.68%的调查对象认为应当"加强政府的监管和执法力度",排名第一(见表8-2)。

**表 8 - 1　您认为存在公共安全问题的主要原因是什么?**

单位:%

| 选项 | 回答情况 |
| --- | --- |
| 社会发展到一定阶段必然产生的风险 | 41.38 |
| 社会和公民自身的安全防范意识和能力较差 | 49.84 |
| 政府管理不到位 | 72.1 |
| 社会经济政治体制转型的负面影响 | 42.32 |
| 有关公共安全的宣传和教育不够 | 35.11 |
| 其他原因 | 12.85 |

注:此题为多选。

表 8 - 2　您认为应当如何改善当前社会的公共安全环境？

单位：%

| 选项 | 回答情况 |
|------|----------|
| 不断完善高科技监控和防范手段 | 62.38 |
| 制定相关的法律法规 | 63.64 |
| 加强政府的监管和执法力度 | 78.68 |
| 提高社会和公民自身的安全防范意识和能力 | 66.14 |
| 社会组织和公众共同参与社会秩序和安全治理 | 58.93 |
| 加强公共安全知识的宣传和教育 | 51.1 |
| 其他 | 8.78 |

注：此题为多选。

但实际上，政府公共安全治理的客观绩效是否正在退化？并非如此。社会公众的预期与政府的实际绩效之间永远有差距，满意度不仅来自政府的实际绩效，而且来自绩效与预期的比例，而预期正在不断提高。这也在调查中有所印证，有62.7%的人认为政府在处理公共安全问题上的应对能力"逐步提高"，远远高于"没有改变"、"有所下降"、"很糟糕"和"说不清"（见表8-3）。

表 8 - 3　在处理公共安全问题上，您认为政府的应对能力如何？

单位：%

| 选项 | 回答情况 |
|------|----------|
| 没有改变 | 14.73 |
| 逐步提高 | 62.7 |
| 有所下降 | 4.39 |
| 很糟糕 | 7.21 |
| 说不清 | 10.97 |

但在不同性别方面，66.7%的女性调查对象认为政府在处理公共安全问题上的应对能力"逐步提高"，高于男性的57.6%；72.8%的女性调查对象认为"政府管理不到位"是存在公共安全问题的主要原因，男性这一比例为71.2%；79.4%的女性调查对象认同通过"加强政府的监管和执法力度"来改善当前社会的公共安全环境，男性这一比例则为77.7%。这表明，相对于男性，女性在公共安全治理问题上更为强调政府的作用。

在不同年龄方面，61岁以上人群中只有50%的调查对象认为政府在处理公共安全问题上的应对能力"逐步提高"，低于其他各年龄段人群：18岁以下为84.6%、19～40岁为62%、41～60岁为65.1%。95.5%的61岁以上调查对象认为"政府管理不到位"是存在公共安全问题的主要原因，其他年龄段人群的这一选择占比分别为：18岁以下为38.5%、19～40岁为68.8%、41～60岁为82.5%。认同通过"加强政府的监管和执法力度"来改善当前社会公共安全环境的，依然是61岁以上调查对象最多，占比为81.8%，其他分别是：18岁以下占比为69.2%、19～40岁占比为79.6%、41～60岁占比为76.2%。这说明61岁以上的老年人大多认为在公共安全问题上政府应负更大的责任，也对政府公共安全治理现状相对不满。

在不同居住地区方面，认为政府在处理公共安全问题上的应对能力"逐步提高"的在农村调查对象中占比最高，达83.3%，城市为61.6%，乡镇为58.8%。这表明农村地区对政府公共安全治理还是比较满意的。同样，农村调查对象认为"政府管理不到位"不是存在公共安全问题的最大原因，只有50%的调查对象选择，而对这一选项，城市有72.6%、乡镇有70.6%的调查对象选择，在所有选项中最多。相反，农村调查对象认为存在公共安全问题的主要原因中，"社会和公民自身的安全防范意识和能力较差"占72.2%，"社会发展到一定阶段必然产生的风险"占55.6%，"有关公共安全的宣传和教育不够"占50%，都多于"政府管理不到位"选项。在改善当前社会公共安全环境的措施上，差别更为明显，绝大多数城市调查对象认为"加强政府的监管和执法力度"是首要措施，占80.3%，随后是"提高社会和公民自身的安全防范意识和能力"（64.8%）和"制定相关的法律法规"（64.1%）；而乡镇调查对象选择的前三位分别是"加强安全知识的宣传和教育"（82.4%）、"提高社会和公民自身的安全防范意识和能力"（76.5%）、"不断完善高科技监控和防范手段"（70.6%），第四位才是"加强政府的监管和执法力度"（64.7%）；农村调查对象选择占比居前三位的分别是"提高社会和公民自身的安全防范意识和能力"，占77.8%；"社会组织和公众共同参与社会秩序和安全治理"，占77.2%；"制定相关的法律法规""加强政府的监管和执法力度""加强公共安全知识的宣传和教育"并列第三，占比都是66.7%。综合对比几个问题的选项比例，相对于政府管理，乡镇和农村对自身防范意识和能力以及公共安全知识的宣传和教育这两方面更为关注。

在不同学历方面，学历越高的人群，认为政府在处理公共安全问题上的应对能力"逐步提高"的比例越高，研究生学历占68.8%、本科学历占67.4%、大专学历占53.6%、职业高中/中专/技校学历占41.9%、初中及以下学历占20%。在"存在公共安全问题的主要原因"方面，"政府管理不到位"在各个学历人群中的选择占比均排名第一。但不同年龄段人群在改善当前社会公共安全环境措施的选择上有所差异，研究生学历的调查对象排名前三的选项分别是"加强政府的监管和执法力度"（83%）、"不断完善高科技监控和防范手段"（68.8%）、"社会组织和公众共同参与社会秩序和安全治理"（67.9%）；本科学历的调查对象排名前三的选项分别是"加强政府的监管和执法力度"（80.4%）、"提高社会和公民自身的安全防范意识和能力"（74.6%）、"制定相关的法律法规"（71%），科技手段选项占第四位，共同治理选项占第六位；大专学历的调查对象排名前三的选项分别是"加强政府的监管和执法力度"（78.6%）、"制定相关的法律法规"（67.9%）、"提高社会和公民自身的安全防范意识和能力"（50%），科技手段选项占第四位，共同治理选项占第五位；职业高中/中专/技校学历的调查对象排名前三的选项分别是"制定相关的法律法规"（71%）、"加强政府的监管和执法力度"（64.5%）、"提高社会和公民自身的安全防范意识和能力"（54.8%），科技手段和共同治理选项并列第四位；初中及以下学历的调查对象排名靠前的选项分别是"制定相关的法律法规"（60%）、"加强政府的监管和执法力度"和"提高社会和公民自身的安全防范意识和能力"（并列第二，50%），科技手段选项占第四位，共同治理选项占第六位。除了研究生学历之外，其他学历的调查对象的选择趋于一致，虽然顺序不同，但政府监管、完善法律、防范意识和科技手段牢牢占据前四位，这说明这些措施和手段在具有这些学历的调查对象观念中占有重要地位。而研究生学历调查对象的选择除了政府监管之外，科技手段和共同治理则明显地位更高，这说明调查对象知识水平越高，则越重视和认可科技手段在公共安全治理中的作用，同时也印证了调查前我们关于学历越高、公共安全参与意识和精力越足的预想。

### 3. 社会公众对参与公共安全治理的评价

除了对公共安全治理现状的总体考察之外，我们选取社会治安、食品安全、网络和信息安全、校园安全等 4 个切入点，考察社会公众对一些具体公共安全问题的看法、行为以及对参与公共安全治理的感受。

（1）绝大多数人认可多元主体参与公共安全治理

在社会力量参与公共安全治理的问题上，问卷调查的回答比较统一，绝大多数人了解并认可社会力量参与公共安全治理。在被问及"是否认为社会治安和警务活动（公安工作）都由公安机关（警察）提供，不会有其他公司和社会组织参与"时，79%的调查对象选择了"不是，有社会力量的参与"（见表 8-4）。在"有效维护校园安全应当采取哪些措施"方面，遥遥领先的前三位选项分别是"政府、家庭、社会与学校合作共同出力"（78.68%）、"提高学生自身的安全教育和防范意识"（77.74%）、"完善监控等技术手段"（75.24%）（见表 8-5）。这说明社会公众已经认识到整个社会共同参与公共安全维护能够达到更好的效果。

表 8-4　您是否认为社会治安和警务活动（公安工作）都由公安机关（警察）
提供，不会有其他公司和社会组织参与？

单位：%

| 选项 | 回答情况 |
| --- | --- |
| 是，全部由公安机关承担 | 15.05 |
| 不是，有社会力量的参与 | 79 |
| 不清楚 | 5.96 |

表 8-5　您认为有效维护校园安全应当采取哪些措施？

单位：%

| 选项 | 回答情况 |
| --- | --- |
| 完善监控等技术手段 | 75.24 |
| 增派警察力量进驻校园 | 43.57 |
| 政府、家庭、社会与学校合作共同出力 | 78.68 |
| 社工人员常驻学校 | 28.84 |

续表

| 选项 | 回答情况 |
|---|---|
| 依靠学校自身力量维护校园安全 | 29.47 |
| 应当由政府力量负责维护学校的安全环境 | 41.69 |
| 提高学生自身的安全教育和防范意识 | 77.74 |
| 其他 | 5.02 |

注：此题为多选。

但是，这种对共同参与程度的认识还略显不足甚至有相反的意见。在被问及"维护校园安全的主体"时，超过90%的调查对象认为学校是首要主体，政府其次，近80%，选择社会的占74.61%，家庭最少，只有59.25%（见表8-6）。在前文提到过的"应当如何改善当前社会的公共安全环境"方面，"社会组织和公众共同参与社会秩序和安全治理"在所有6个具体选项中的选择占比居第五位。这说明社会公众仍然认为政府是公共安全治理的绝对主体，家庭和社会的参与只是一种辅助的手段，其重要性没有超过其他的治理措施。而且，有一小部分人认为共同参与治理是一种可有可无的形式或带有一定的目的性。在"如何看待公民个人或组织参与警务活动"方面，"可以弥补警力不足""是公安机关与社会公众互动的表现""公民参与警务活动是参与公共权力行使"虽然居前三位，但都没有超过50%，而且还有一部分人认为这种参与活动"可以为自己或集团谋一些福利""完全是个人或组织的偏好，没有什么大的作用""完全是公安机关的作秀或走形式"，这三个选项均有超过10%的人选择（见表8-7）。

表8-6　您认为维护校园安全的主体有哪些？

单位：%

| 选项 | 回答情况 |
|---|---|
| 学校 | 91.22 |
| 政府 | 79.62 |
| 家庭 | 59.25 |
| 社会 | 74.61 |

注：此题为多选。

表8-7 您如何看待公民个人或组织参与警务活动?

单位: %

| 选项 | 回答情况 |
|------|---------|
| 完全是个人或组织的偏好,没有什么大的作用 | 15.99 |
| 可以为自己或集团谋一些福利 | 17.87 |
| 可以弥补警力不足 | 48.9 |
| 完全是公安机关的作秀或走形式 | 14.73 |
| 是公安机关与社会公众互动的表现 | 47.65 |
| 公民参与警务活动是参与公共权力行使 | 45.14 |
| 将来会是一个趋势 | 36.68 |

注: 此题为多选。

(2) 社会公众对公共安全治理有参与意愿但不强烈

社会公众的参与意愿决定协作共治的实施效果。在被问及 "是否志愿参与一些警务活动" 时, 表示 "愿意" 的调查对象只占 62.07%, 表示 "不愿意" 和 "不确定" 的近四成 (见图8-7), 参与意愿整体上并不算很强。而在地区的划分上, 农村调查对象的参与意愿更强烈, 选择 "愿意" 的占 83.3%, 远远高于城市的 60.6% 和乡镇的 64.7%, 这与前述改善当前社会公共安全环境措施问题的回答相印证。

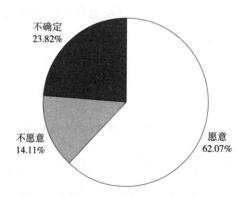

不确定 23.82%

不愿意 14.11%

愿意 62.07%

图8-7 您是否志愿参与一些警务活动?

社会公众在面对一些具体的公共安全问题时所采取的行动并不十分积极。比如, 在日常食品安全事件或消息的关注度方面, 只有 21.32% 的调查对象会 "积极关注有关食品安全的信息, 并会通过微信评论、网站发帖、公开电话检举举报、向新闻媒体投稿或参与一些公益性活动等方式发表自己的意见和建议"，绝大多数人只会偶尔关心，甚至毫不理会（见表8－8）。在对目前的食品安全问题的态度和行动问题上，只有差不多一半的调查对象选择"通过正规渠道监督和参与政府管理的活动"和"积极参与相关社会公益活动，尽己所能亲力亲为维护食品安全"，剩余调查对象会认为只要与己无关就不会关心，或者认为这些是政府的责任（见表8－9）。

表8－8　您日常是否关注有关食品安全的事件或消息？

单位：%

| 选项 | 回答情况 |
|---|---|
| 只有特别重大和涉及范围广的食品安全事件会特别关注 | 36.99 |
| 积极关注有关食品安全的信息，并会通过微信评论、网站发帖、公开电话检举举报、向新闻媒体投稿或参与一些公益性活动等方式发表自己的意见和建议 | 21.32 |
| 偶尔会关注一些食品安全信息并在日常生活中加以注意 | 39.5 |
| 一般不关注 | 2.19 |

表8－9　对于目前的食品安全问题，您的态度和行动是什么？

单位：%

| 选项 | 回答情况 |
|---|---|
| 这是政府的责任应当交给政府去应对和处理 | 29.47 |
| 积极参与相关社会公益活动，尽己所能亲力亲为维护食品安全 | 24.14 |
| 通过正规渠道监督和参与政府管理的活动 | 28.21 |
| 只有涉及自己利益的时候才会通过一定的途径反映问题 | 15.99 |
| 与己无关，不会考虑 | 2.19 |

（3）公共安全治理的共同参与行为相对比较被动

在参与公共安全治理的方式选择上，当个人遇到具体的公共安全问题时，绝大多数人会选择自认倒霉，积极主动地维权甚至为公益而行动的只有极少部分，如面对"买到或发现变质、过期、伪劣的食品"时，70.85%的调查对象选择"偶尔一次，扔掉就算了"，"向政府主管部门、消费者协会举报和投诉"与"向新闻媒体投稿"的只占32.29%和11.6%，向法院起诉维权的更少，只占3.76%（见表8－10）。这其实与目前消费者维权成本过高有直接关系。投诉举报需要拿出有力证据，根据中国消费者协会受理消费者投诉流程规则①，消费者投诉应提交文字材料或有消费者签字盖章认可的详细口述笔录。投诉材料应包含以下内容。①投诉方和被投诉方的基本信息，包括投诉方的姓名、身份证号码、家庭地址、邮政编码、联系电话等，被投诉方的单位名称、地址、邮政编码、联系人、联系电话等。②损害事实发生的时间、地点、过程及与经营者协商的情况。③有关证据。消费者应提供与投诉有关的证据，证明购买、使用商品或接受服务与受损害之间存在因果关系，法律法规另有规定的除外。② ④明确、具体的诉求。对投诉要件缺乏或情况不明的投诉，消费者协会应及时通知投诉方，待补齐所需材料后再受理。投诉举报对消费者而言已经是一项很大的负担，更不用提司法程序中较为复杂的证据链条及较长的诉讼周期了。

表 8-10　如果您买到或发现变质、过期、伪劣的食品，您会怎么做？

单位：%

| 选项 | 回答情况 |
| --- | --- |
| 向政府主管部门、消费者协会举报和投诉 | 32.29 |
| 向新闻媒体投稿 | 11.6 |
| 偶尔一次，扔掉就算了 | 70.85 |
| 向法院提起诉讼 | 3.76 |
| 在网上向社会揭露，提醒大家注意 | 26.02 |
| 直接向厂家或商家提出索赔 | 34.48 |
| 其他 | 3.76 |

注：此题为多选。

在遭遇刑事治安案件时，社会公众的态度则相对更为谨慎和积极。目前，随着互联网的普及，相关公共安全问题也更为突出。在我们的调查中，绝大多数调查对象都遭遇过网络安全问题。在被问及"遭遇过以下哪

---

① 此流程规则来自中国消费者协会网站，http：//www.cca.org.cn/tsdh/list/21.html。

② 通常情况下，相关证据包括购买商品或接受服务的日期、品名、牌号、规格、数量、计量、价格、受损害及与经营者交涉的情况以及凭证（发票、保修证件等复印件）和有关证明材料。

些网络安全问题"时，有差不多 80% 的人遭遇过"个人信息泄露"和"虚假中奖信息"，超过一半的人遭遇过"网络诈骗"（见图 8 - 8）。在处理网络诈骗这种刑事治安事件时，调查对象还是倾向于放弃维权，认为"如果金额较小则不会采取措施，如果金额较大才会采取维权措施"（43.26%），甚至有 20.38% 的人选择"自认倒霉，下次注意"而干脆放弃维权。但因为网络诈骗涉及比较严重的刑事治安，还是有相当一部分人选择举报和报警的积极行为，占选项的第二、三位的，分别是"向有关部门举报，要求加强监管"（42.63%）和"无论金额大小一定会通过报警或诉讼的方式维权"（33.23%）（见表 8 - 11）。

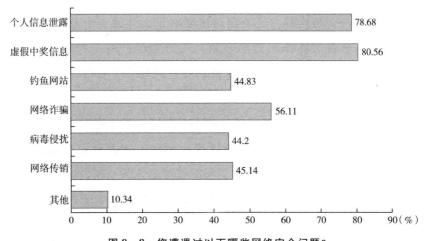

**图 8 - 8　您遭遇过以下哪些网络安全问题？**

注：此题为多选。

**表 8 - 11　当您遭遇网络诈骗时，您倾向于以下哪种解决方法？**

单位：%

| 选项 | 回答情况 |
| --- | --- |
| 自认倒霉，下次注意 | 20.38 |
| 无论金额大小一定会通过报警或诉讼的方式维权 | 33.23 |
| 如果金额较小则不会采取措施，如果金额较大才会采取维权措施 | 43.26 |
| 在网络上发表评论或发帖揭露骗局 | 26.02 |
| 向有关部门举报，要求加强监管 | 42.63 |
| 其他 | 7.21 |

注：此题为多选。

### （三）一些简单结论和建议

问卷调查为我们研究公共安全治理机制的变革与创新提供基本的实证支撑。通过对回收问卷的整理和分析，我们能够得出的一些简单结论如下。

第一，公共安全满意度调查的目的就是了解社会公众对当前公共安全治理行为和效果如何评价，当然，这种主观评价并不真正代表政府的真实或"客观"绩效。但是，对社会公众满意程度的分析为理解当前政府治理存在的问题提供了一种解释的角度和框架，同时也有助于寻求解决办法。根据调查结果，当前社会公众对公共安全治理现状的满意度比较高。具体来看，男性调查对象满意度要高于女性调查对象的；农村地区调查对象满意度要高于城市和乡镇调查对象的；调查对象学历越高，公共安全满意度也越高；41～60岁调查对象的满意度为所有年龄段调查对象最低。

第二，一些重点和新兴领域的公共安全问题仍然很突出，受到社会公众的重点关注。公共安全焦点问题随着社会的不断发展也会有所变化，2003年非典发生以来，公共安全焦点问题主要是公共卫生、煤矿安全、食品安全等问题，从此次我们的调查结果来看，食品药品安全仍然是社会公众关注的重点问题，而最近几年引起重视的环境污染与网络和信息安全问题成为新的关注重点，与食品药品安全一起排在前三位。

第三，政府管理问题仍然被认为是公共安全问题的核心和关键。调查结果显示，虽然大多数调查对象认为政府在处理公共安全问题上的应对能力逐步提高，但仍然将政府管理视为公共安全问题的症结以及改善当前社会公共安全环境的首要环节。我们认为，整个社会情势变迁包括风险社会来临和中国社会转型深化，加剧了公共安全问题，使之已经超出政府自身能力能够掌控的范围。而社会公众对此的认知则带有一定的错位、偏颇和盲目性，长期计划经济体制和政府行政垄断的一个必然结果就是社会公众对政府赋予过高的期望，而具有公共产品属性的公共安全治理传统上完全由政府来提供，这就决定了若出现公共安全问题，社会公众则可能比较片面地将责任归于政府管理的缺失，同时将公共安全治理的预期强加于政府身上。

第四，农村和乡镇安全防范意识和安全知识宣传教育亟待加强。在调查中我们发现，相对于城市调查对象将政府管理视为整个公共安全问题的绝对重心，农村和乡镇反而对自身安全防范意识和安全知识宣传教育更为重视，这一方面体现了农村和乡镇调查对象因自身教育水平相对不足，缺乏防范意识和安全知识，在社会交往中相对容易上当受骗；另一方面也反映了我们国家在公共安全宣传教育方面对农村和乡镇有所忽视，甚至可能存在盲区，这在今后的公共安全治理中亟待加强。

第五，高学历人群和农村人群的公共安全治理参与意愿更为强烈。在当前公共安全治理的变革中，社会公众和社会力量的地位上升，人们的观念不再被计划经济时代的政府管制等束缚和限制，对自身权利和平等地位的追求使更多的人敢于表达、乐于表达甚至愿意参与其中。我们的调查显示，高学历人群和农村人群更认可通过"社会组织和公众共同参与社会秩序和安全治理"这种方式改善当前公共安全环境，而农村人群还更愿意参与一些警务活动，我们必须重视这些人群的意愿并重点关注和吸收其加入公共安全共同治理队伍。

第六，社会公众对公共安全治理的实际参与行为略显消极。虽然当前政府、市场和社会共同参与公共安全治理只是初见端倪，很多参与理念和参与渠道尚未完全形成，但是，公民个体的行为将是未来协作共治的基本组成部分，考察他们目前参与公共安全治理的行为状态，可以从中发现优势和不足，并促进公共安全协作共治治理机制的完善。在调查中我们发现，在面对公共安全问题时，公民个体的维权行为和公益行动相对比较消极和被动。公民个体自身遭遇公共安全方面的侵害时，选择息事宁人、放弃维权的居多，这与当前我国消费者维权成本过高有直接的关系；公民个体选择积极主动参与公共安全治理活动和公益行动的比例不高，但在网络和信息安全方面态度相对积极。

# 二 社会公众对青少年犯罪现状的认知及对参与青少年犯罪预防和矫治的评价

青少年犯罪预防和矫治属于社会治安综合治理的内容。根据 1991 年《关于加强社会治安综合治理的决定》，社会治安综合治理主要有 6 项任务，其中第三项任务是加强对全体公民特别是青少年的思想政治教育和法制教育，第六项任务是深入开展对违法犯罪人员的教育、挽救、改造工作，包括对已经接受刑罚或行政处罚的重点人群和青少年等特殊群体的关注。2001 年《关于进一步加强社会治安综合治理的意见》提出了当前和今后一个时期要突出抓好的几项工作，其中一项为"加强法制和道德教育，进一步落实预防青少年违法犯罪的工作措施"。2018 年底到 2019 年初，课题组在某市进行了关于青少年犯罪预防和矫治的问卷调查、数据及案例收集。

## （一）调查的组织与实施

### 1. 调查目的

了解社会公众对青少年犯罪现状的认知及对参与青少年犯罪预防和矫治的评价，为政府与社会协同治理青少年犯罪问题提供实证基础。

### 2. 调查方式

本次调查采取纸质问卷自填方式，共回收有效问卷 103 份。

### 3. 调查时间

本次调查时间为 2018 年 11 月至 2019 年 1 月。

### 4. 调查内容

除调查对象的基本情况外，本次调查内容主要包括两大方面：其一，社会公众对青少年犯罪现状的总体认知；其二，社会公众对参与青少年犯罪预防和矫治的评价。

（二）调查结果与分析

**1. 调查对象的基本情况**

本次调查问卷第一部分设计了 4 个问题，分别对调查对象的性别、年龄、居住地和学历进行了信息采集。

（1）性别

本次接受调查的 103 人中，男性 40 人，占总数的 38.83%；女性 63 人，占总数的 61.17%。女性多于男性（见图 8 - 9）。

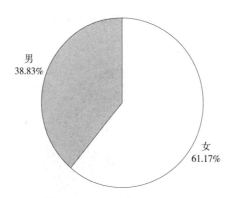

男
38.83%

女
61.17%

**图 8 - 9　调查对象的性别情况**

（2）年龄

本次接受调查的 103 人中，各年龄段人数分布情况如图 8 - 10 所示。其中，41 ~ 60 岁的中年人数约占总人数的一半，19 ~ 40 岁的中青年占近40%，两者合计几乎占 90%。这两个年龄段人群是社会的中坚力量，他们对青少年犯罪的看法及评价会对青少年犯罪预防和矫治工作起到很重要的作用。

（3）居住地

本次接受调查的 103 人中，乡镇居民约占 53.4%，占第一位；城市居民占 38.83%；农村居民占 7.77%（见图 8 - 11）。本次调查内容所反映的居住地情况相对均衡，能够比较全面地反映城市和乡村青少年犯罪的整体情况。

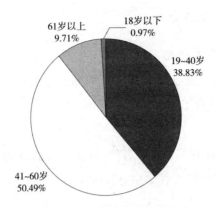

图 8 – 10 调查对象的年龄情况

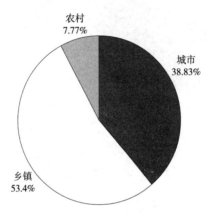

图 8 – 11 调查对象的居住地情况

（4）学历

本次接受调查的 103 人学历相对偏低，初中及以下学历占比接近
40%，大专及以上学历总计不到 44%（见图 8 – 12）。学历的高低能够在
一定程度上决定调查对象的社会地位、居住环境、认知和意识水平等，通
常情况下，学历高的人会有更为体面的职业、更稳定安全的居住条件，认
知和想法相对比较理性，社会参与意识和精力会更强。

**2. 社会公众对青少年犯罪现状的总体认知**

这部分调查主要考察社会公众对当前青少年犯罪现状的总体认知，目
的是初步掌握青少年犯罪预防和矫治的主要矛盾和重点问题所在。

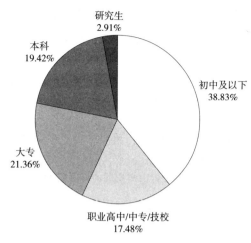

**图 8 - 12 调查对象的学历情况**

（1）对青少年犯罪趋势的整体关注度和认知度不高

对青少年犯罪趋势整体认知进行调查的目的是了解社会公众对青少年犯罪现状的主观感知和评价。

第一，社会公众对青少年犯罪的关注度一般。对青少年犯罪关注度的调查显示，55.34%的调查对象表示"很关注，看电视、报纸等都会特别注意"；其余44.66%的调查对象表示不常关注或一点也不关注（见图 8 - 13）。也就是说，只有差不多一半的人会特别关注青少年犯罪问题，关注度不算很高。

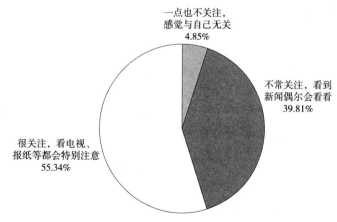

**图 8 - 13 您平时关注青少年犯罪的问题吗？**

在不同性别方面,男性调查对象对青少年犯罪问题的关注度明显要高于女性 (见表 8 - 12),这也从侧面说明了在对青少年犯罪趋势的认知上男性比女性更为准确。

在不同年龄方面,41 岁以上的调查对象对青少年犯罪问题的关注度要明显高于 19 ~ 40 岁年龄段 (见表 8 - 13),原因可能在于 41 岁以上的调查对象的子女或孙子女多处于青少年时期,故而其对此问题较年轻人更为关注。

表 8 - 12  您平时关注青少年犯罪的问题吗? (不同性别)

单位: %

| 性别 | 很关注,看电视、报纸等都会特别注意 | 不常关注,看到新闻偶尔会看看 | 一点也不关注,感觉与自己无关 |
|---|---|---|---|
| 男 | 62.5 | 35 | 2.5 |
| 女 | 50.79 | 42.86 | 6.35 |

表 8 - 13  您平时关注青少年犯罪的问题吗? (不同年龄)

单位: %

| 年龄 | 很关注,看电视、报纸等都会特别注意 | 不常关注,看到新闻偶尔会看看 | 一点也不关注,感觉与自己无关 |
|---|---|---|---|
| 18 岁以下 | 100 | 0 | 0 |
| 19 ~ 40 岁 | 42.5 | 55 | 2.5 |
| 41 ~ 60 岁 | 63.46 | 32.69 | 3.85 |
| 61 岁以上 | 60 | 20 | 20 |

在不同居住地方面,对青少年犯罪问题关注度最高的是乡镇调查对象,"很关注"的超过该区域调查对象的 70%;而农村调查对象则对此问题基本不关注;城市居民中,"很关注"的比例低于整体结果,但"偶尔关注"的占比最高 (见表 8 - 14)。原因可能在于,某市地理位置相对偏远,农村地区青少年人数本来就少,犯罪行为更是几乎没有,因此关注度不高;相对于城市更为井然的秩序,乡镇青少年犯罪行为更为引人注目,故而关注度最高。

表8-14　您平时关注青少年犯罪的问题吗？（不同居住地）

单位：%

| 居住地 | 很关注，看电视、报纸等都会特别注意 | 不常关注，看到新闻偶尔会看看 | 一点也不关注，感觉与自己无关 |
|---|---|---|---|
| 城市 | 45 | 52.5 | 2.5 |
| 乡镇 | 70.91 | 27.27 | 1.82 |
| 农村 | 0 | 62.5 | 37.5 |

　　第二，社会公众对青少年犯罪趋势的认知不准确。在"认为目前我国青少年犯罪呈什么样的趋势"方面，4个答案的选择占比比较平均，接近35%的调查对象认为呈"上升"趋势，26.21%的调查对象认为"下降"，17.48%的调查对象认为"持平"，21.36%的调查对象"不清楚"（见图8-14）。实际上，司法大数据显示，2009年至2017年，全国未成年人犯罪数量呈下降趋势，已经连续9年下降，其中，近5年犯罪人数下降幅度较大，平均降幅超过12%，2016年降幅更是达到18.47%。我国已成为世界上未成年人犯罪率最低的国家之一。[①] 同时，根据某市公安部门提供的未成年人违法犯罪数据，除了2014年，2011年至2017年未成年人犯罪率（以户

图8-14　您认为目前我国青少年犯罪呈什么样的趋势？

---

① 罗书臻：《司法大数据"揭秘"涉未成年人案件审判情况：我国已成为世界上未成年人犯罪率最低的国家之一》，《人民法院报》2018年6月2日，第1版。

籍人口统计）持续下降。这说明调查对象整体对青少年犯罪趋势的认知并不准确，这可能与对青少年犯罪问题的整体关注度不高相关。

在不同性别方面，男性调查对象中 32.5% 选择"下降"，占比最高，但女性调查对象中 39.68% 选择"上升"，占比最高。这说明在对青少年犯罪趋势的认识上，男性的认知要比女性更为理性，也更准确。

在不同年龄方面，40 岁以下的调查对象选择"下降"的在各年龄段中占比最高，而 41 岁以上的调查对象认为青少年犯罪呈"上升"趋势的人数最多。这说明 40 岁以下的调查对象对此问题的认知更为准确，而年龄偏大的人对待青少年犯罪问题则持更为悲观的态度，原因可能与他们自身年轻时的生存环境和现代急速变化的社会环境之间存在较大的差异有关。

在不同居住地方面，城市和乡镇的调查对象选择"上升"的占比最高，而农村调查对象没有选择"上升"的，选择"持平"和"不清楚"的占比较高。这说明相对于繁华的城镇，农村人口构成偏老龄化，而且环境相对封闭简单，青少年数量本来就不多，对青少年犯罪自然不敏感，或者所在地区本身违法犯罪活动就很少。

（2）媒体和网络的负面影响被认为是青少年犯罪问题存在的最主要原因

社会公众对青少年犯罪原因的认知调查有助于了解社会公众的基本想法以便有针对性地进行治理。在我们的调查中，"媒体和网络信息和环境的不良熏染"、"家庭环境的负面影响"和"青少年自身自制力和法律意识较差"成为调查对象选择最多的前三位选项，均超过了 50%（见图8－15）。

新时期，以数字信息技术为基础、以互动传播为特点的新媒体成为最热门的事物并不奇怪。当代社会，人们接收信息的方式已经大大改变，数字杂志、数字报纸、数字广播、手机短信、网络、桌面视窗、数字电视、数字电影、触摸媒体等是新的技术支撑体系下不断出现的新型媒体形态，新媒体发展之快、变化之多使人们至今对其仍没有一个清晰的、一致认可的定义，正因为如此，对新媒体的监管也呈现出被动性和滞后性，导致一些不良信息、广告欺诈、隐私泄露、信息茧房或舆论负面导向充斥其中。青少年正是接触新媒体的主要群体，其自身生理、心理发育都还不成熟，

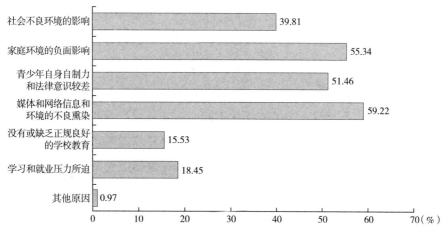

**图 8 – 15　您认为引发青少年犯罪的最主要原因是什么？**

注：此题为多选。

认知处于感觉、知觉占较大比例而思维较低级的状态，辨别是非、区分良莠的能力较差，很容易受到负面信息的熏染，这成为当前最为突出的社会热点问题之一。

家庭原因和自身原因是位居其次的两项重要原因，其实占比最高的受媒体和网络不良影响也可以最终归因于青少年自身自制力差和家庭没有正面引导，由此可见，在青少年犯罪原因的问题上，绝大多数人还是认为小范围内的家庭原因和自身原因为主要因素，而其他的外部原因，如社会环境、学习和就业压力以及学校管理被放在了次要的位置。

（3）对社会预防青少年犯罪措施的整体认知

第一，与青少年犯罪相关的社会预防体制不完善。对于当今社会体制对预防青少年犯罪的完善程度，只有17.48%的调查对象选择"已经非常完善"，其他三项"不是很完善，需要大规模更新"（44.66%）、"一般，重惩罚、轻预防"（27.18%）、"没有予以足够重视"（10.68%）（见图 8 – 16），占比超过80%，这说明如今社会公众对我国青少年犯罪预防方面的制度体系不是很满意，超过80%的调查对象认为相关制度不是很完善。在这一问题上认知与现实基本一致。目前我国与青少年犯罪预防相关的规范大多散见于各法律和司法解释中，如《最高人民法院关于办理未成年人刑事案件适用法律的若干问题的解释》，专门的有关未成年人的法律只有两部——

《未成年人保护法》和《预防未成年人犯罪法》，虽然立意很好，但操作性不强，影响了立法初衷的实现。在我国，未成年人危害社会的行为只有其到一定年龄、行为严重到一定程度时，《刑法》才予以介入，被禁止的行为在 14 周岁以前几乎为空白，① 而 16 周岁后又与成年人基本一致，这种法律处置与青少年行为发展的连续性不同步，缺乏对青少年禁止行为、违法行为甚至犯罪行为的系统规范；对青少年违法犯罪案件的管辖、审理程序、处置方式以及少年法院的设置和组织等缺乏全面系统规定；其他与青少年相关的针对家庭父母（或养育人）和社会干预的立法相对缺乏，如"业余教育法""青工条例""社会福利院条例""关于残疾儿童、少年及青年保护法""社会帮教条例""未成年人教育保护委员会组织条例"等。

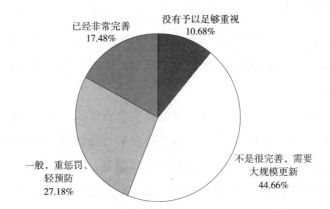

**图 8 - 16　您认为如今社会体制对预防青少年犯罪来说完善吗？**

第二，政府、学校和社会共同行动被认为是预防青少年犯罪的重点。在预防青少年犯罪的具体措施上，"学校加强对在校学生的规范管理和法治教育""政府、学校、社区加强对一些'问题家庭'的关注和帮扶""广泛组织青少年社会活动，丰富业余生活"居前三位，分别占 67.96%、

① 2020 年 10 月 13 日，《刑法修正案（十一）（草案）》提请十三届全国人大常委会进行二次审议。该草案规定："已满十二周岁未满十四周岁的人，犯故意杀人、故意伤害罪，致人死亡，情节恶劣的，经最高人民检察院核准，应当负刑事责任。"2020 年 12 月 26 日，《刑法修正案（十一）》通过。该修正案规定："已满十二周岁不满十四周岁的人，犯故意杀人、故意伤害罪，致人死亡或者以特别残忍手段致人重伤造成严重残疾，情节恶劣，经最高人民检察院核准追诉的，应当负刑事责任。"

66.99%、64.08%。从中可以看出，传统的学校教育、政府管理、社会帮扶等正面事前措施仍然是社会公众的首选，而公众对青少年犯罪的教化、打击和社工辅导等措施的反应相对冷淡（见图8－17）。实际上，政府、学校和社会的大规模普遍行为固然重要，但对犯罪青少年和社会边缘青少年的帮扶、教化和矫治工作可以将误入歧途的青少年这一小部分群体引导回正途，防止其再次犯罪或滑向深渊，这些做法同样有助于青少年犯罪预防的整体进步，而不是两极分化——"保住好的，放弃坏的"。需要注意的是，在这一问题上，男性调查对象的选择与整体结果一致，而女性调查对象则略有差异，其在"政府、学校、社区加强对一些'问题家庭'的关注和帮扶""针对社会边缘青少年和犯罪青少年，以帮扶和教化为主，预防其犯罪""派驻社会工作者进入学校、社区开展青少年犯罪预防与矫治的心理辅导"方面相较男性更为关注，而这些选项基本都与"问题青少年"、社会边缘青少年和犯罪青少年的帮扶、教化和矫治相关，也就是说，女性对这一小部分群体的关注度更高（见表8－15）。

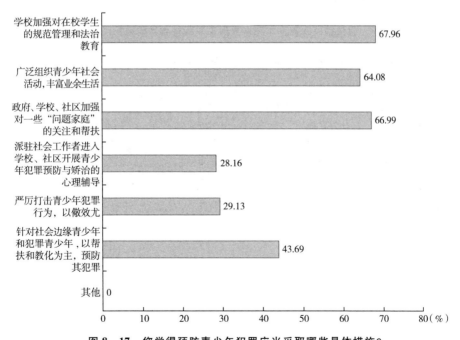

**图8－17　您觉得预防青少年犯罪应当采取哪些具体措施？**

注：此题为多选。

表 8 – 15　您觉得预防青少年犯罪应当采取哪些具体措施？（不同性别）

单位：%

| 性别 | 学校加强对在校学生的规范管理和法治教育 | 广泛组织青少年社会活动，丰富业余生活 | 政府、学校、社区加强对一些"问题家庭"的关注和帮扶 | 派驻社会工作者进入学校、社区开展青少年犯罪预防与矫治的心理辅导 | 严厉打击青少年犯罪行为，以儆效尤 | 针对社会边缘青少年和犯罪青少年，以帮扶和教化为主，预防其犯罪 | 其他 |
|---|---|---|---|---|---|---|---|
| 男 | 70 | 60 | 65 | 20 | 35 | 37.5 | 0 |
| 女 | 66.67 | 66.67 | 68.25 | 33.33 | 25.4 | 47.62 | 0 |

注：此题为多选。

在不同年龄方面，相比其他年龄段，61 岁以上的调查对象对"广泛组织青少年社会活动，丰富业余生活"和"针对社会边缘青少年和犯罪青少年，以帮扶和教化为主，预防其犯罪"两项相较其他年龄段调查对象更为关注，与整体结果不一致，原因可能在于年龄偏大的群体通常退休在家，与政府和学校接触较少，因此对社会方面的帮扶措施更为关注（见表 8 – 16）。

表 8 – 16　您觉得预防青少年犯罪应当采取哪些具体措施？（不同年龄）

单位：%

| 年龄 | 学校加强对在校学生的规范管理和法治教育 | 广泛组织青少年社会活动，丰富业余生活 | 政府、学校、社区加强对一些"问题家庭"的关注和帮扶 | 派驻社会工作者进入学校、社区开展青少年犯罪预防与矫治的心理辅导 | 严厉打击青少年犯罪行为，以儆效尤 | 针对社会边缘青少年和犯罪青少年，以帮扶和教化为主，预防其犯罪 | 其他 |
|---|---|---|---|---|---|---|---|
| 18 岁以下 | 0 | 0 | 100 | 0 | 0 | 0 | 0 |
| 19 ~ 40 岁 | 65 | 55 | 60 | 20 | 22.5 | 42.5 | 0 |
| 41 ~ 60 岁 | 76.92 | 69.23 | 73.08 | 36.54 | 38.46 | 42.31 | 0 |
| 61 岁以上 | 40 | 80 | 60 | 20 | 10 | 60 | 0 |

注：此题为多选。

第三，法律普及被认为是预防青少年犯罪的最重要措施。在预防青少年犯罪措施上，法律普及被认为是最应当加强的措施。最应当加强的预防青少年犯罪措施中，"法律普及"占 47.57%，具有绝对优势；"心理教育"居第二位，占 27.18%（见图 8 - 18）。在预防青少年犯罪的具体措施上，学校加强法治教育居所有选项第一位。

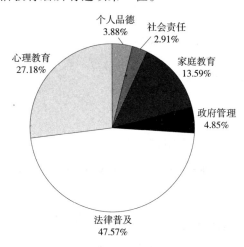

**图 8 - 18　为防止青少年犯罪，您认为哪项最该被加强？**

### 3. 社会公众对参与青少年犯罪预防和矫治的评价

这部分调查主要考察社会公众对青少年犯罪预防和矫治问题的接触程度及参与治理的意愿。

（1）社会公众对青少年犯罪预防和矫治问题的整体接触程度不高

社会公众对青少年犯罪问题的接触程度是其参与青少年犯罪预防和矫治治理的基础。在被问及"是否及以何种形式接触过青少年犯罪问题"时，57.28% 的调查对象表示从未直接接触过，27.18% 的调查对象从事与青少年犯罪相关的职业，只有 10.68% 的调查对象从事与青少年犯罪相关的社会公益活动或工作（见图 8 - 19）。本次调查有接近 30% 的调查对象从事与青少年犯罪相关的职业，原因在于问卷发放对象包括一些从事少年案件审判和检察院未检工作的人员。

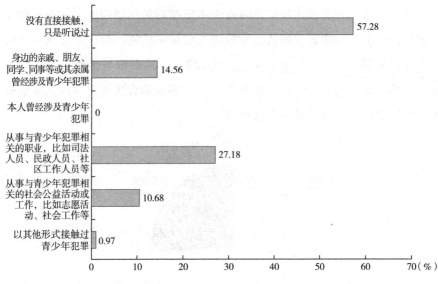

**图 8 - 19  您是否及以何种形式接触过青少年犯罪问题？**

注：此题为多选。

我们最为关注的从事与青少年犯罪相关的社会公益活动或工作的人员仅占约10%。这一调查结果表明，大多数人对青少年犯罪问题缺乏接触，这会导致认识不准确、参与治理意愿较弱。在性别、年龄和居住地方面，男性调查对象对青少年犯罪预防和矫治志愿参与治理的程度要高于女性（见表8 - 17）；19～40岁的调查对象在各年龄段中的参与程度最高（见表8 - 18）；城市调查对象要比乡镇、农村调查对象参与度更高，农村更是

**表 8 - 17  您是否及以何种形式接触过青少年犯罪问题？（不同性别）**

单位：%

| 性别 | 没有直接接触，只是听说过 | 身边的亲戚、朋友、同学、同事等或其亲属曾经涉及青少年犯罪 | 本人曾经涉及青少年犯罪 | 从事与青少年犯罪相关的职业，比如司法人员、民政人员、社区工作人员等 | 从事与青少年犯罪相关的社会公益活动或工作，比如志愿活动、社会工作等 | 以其他形式接触过青少年犯罪 |
|---|---|---|---|---|---|---|
| 男 | 57.5 | 20 | 0 | 25 | 15 | 0 |
| 女 | 57.14 | 11.11 | 0 | 28.57 | 7.94 | 1.59 |

注：此题为多选。

参与度为零（见表 8 – 19），原因可能在于青少年犯罪预防和矫治公益活动在乡镇和农村并不普及，因此参与人员较少。

表 8 – 18　您是否及以何种形式接触过青少年犯罪问题？（不同年龄）

单位：%

| 年龄 | 没有直接接触，只是听说过 | 身边的亲戚、朋友、同学、同事等或其亲属曾经涉及青少年犯罪 | 本人曾经涉及青少年犯罪 | 从事与青少年犯罪相关的职业，比如司法人员、民政人员、社区工作人员等 | 从事与青少年犯罪相关的社会公益活动或工作，比如志愿活动、社会工作等 | 以其他形式接触过青少年犯罪 |
|---|---|---|---|---|---|---|
| 18 岁以下 | 100 | 0 | 0 | 0 | 0 | 0 |
| 19 ~ 40 岁 | 72.5 | 15 | 0 | 12.5 | 17.5 | 2.5 |
| 41 ~ 60 岁 | 46.15 | 15.38 | 0 | 36.54 | 7.69 | 0 |
| 61 岁以上 | 50 | 10 | 0 | 40 | 0 | 0 |

注：此题为多选。

表 8 – 19　您是否及以何种形式接触过青少年犯罪问题？（不同居住地）

单位：%

| 居住地 | 没有直接接触，只是听说过 | 身边的亲戚、朋友、同学、同事等或其亲属曾经涉及青少年犯罪 | 本人曾经涉及青少年犯罪 | 从事与青少年犯罪相关的职业，比如司法人员、民政人员、社区工作人员等 | 从事与青少年犯罪相关的社会公益活动或工作，比如志愿活动、社会工作等 | 以其他形式接触过青少年犯罪 |
|---|---|---|---|---|---|---|
| 城市 | 65 | 25 | 0 | 12.5 | 15 | 0 |
| 乡镇 | 49.09 | 3.64 | 0 | 41.82 | 9.09 | 1.82 |
| 农村 | 75 | 37.5 | 0 | 0 | 0 | 0 |

注：此题为多选。

（2）绝大多数人愿意参与青少年犯罪预防和矫治的活动

虽然调查对象中实际参与与青少年犯罪相关的社会公益活动或工作的人员占比不高，但绝大多数人有参与青少年犯罪预防和矫治活动的意愿。在被问及"是否参加过或有意愿参与青少年犯罪预防和矫治的社会公益活动"时，90.3%的调查对象表示曾经参加过或愿意参与青少年犯罪预防和矫治的社会公益活动，只有不到10%的调查对象表示根本不关心或不愿意参与此类活动（见图8-20）。

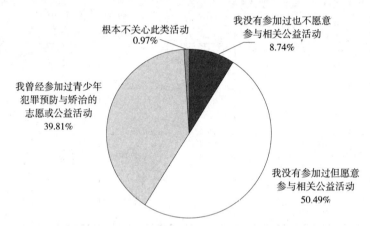

根本不关心此类活动
0.97%

我没有参加过也不愿意
参与相关公益活动
8.74%

我曾经参加过青少年
犯罪预防与矫治的
志愿或公益活动
39.81%

我没有参加过但愿意
参与相关公益活动
50.49%

图8-20　您是否参加过或有意愿参与青少年犯罪预防和矫治的
社会公益活动？

在不同性别方面，男性相较于女性不论是行动还是态度都更为积极，55%的男性调查对象参与过此类公益活动，而女性只有30.16%，男性调查对象没有参与意愿的有7.5%，根本不关心此类活动的人数为0，而女性调查对象中没有参与意愿和根本不关心的占11.11%，高于男性，原因可能在于女性的家庭事务负担更重，参与公益活动在时间和精力上受限（见表8-20）；在不同年龄方面，41~60岁的调查对象实际参与此类公益活动的比例最高，超过了平均数约10个百分点，近50%；在不同居住地方面，乡镇调查对象实际参与公益活动的比例最高，达到56.36%，这说明整体上乡镇一级青少年犯罪预防和矫治的公益活动搞得比较好，社会公众参与度也较高（见表8-21）；在不同学历方面，高学历和低学历调查对象对此类公益活动的实际参与度最高，远高于中间学历调查对象，本科以上调查对象的参与意愿最高，因此，在组织此类公益活动时，这类群体应当是重点动员和组织对象，而对其他学历群体，则需要加强公益活动的宣传教育（见表 8 - 22）。

**表 8 - 20　您是否参加过或有意愿参与青少年犯罪预防和矫治的社会公益活动？（不同性别）**

单位：%

| 性别 | 我曾经参加过青少年犯罪预防与矫治的志愿或公益活动 | 我没有参加过但愿意参与相关公益活动 | 我没有参加过也不愿意参与相关公益活动 | 根本不关心此类活动 |
|---|---|---|---|---|
| 男 | 55 | 37.5 | 7.5 | 0 |
| 女 | 30.16 | 58.73 | 9.52 | 1.59 |

**表 8 - 21　您是否参加过或有意愿参与青少年犯罪预防和矫治的社会公益活动？（不同居住地）**

单位：%

| 居住地 | 我曾经参加过青少年犯罪预防与矫治的志愿或公益活动 | 我没有参加过但愿意参与相关公益活动 | 我没有参加过也不愿意参与相关公益活动 | 根本不关心此类活动 |
|---|---|---|---|---|
| 城市 | 25 | 70 | 2.5 | 2.5 |
| 乡镇 | 56.36 | 34.55 | 9.09 | 0 |
| 农村 | 0 | 62.5 | 37.5 | 0 |

**表 8 - 22　您是否参加过或有意愿参与青少年犯罪预防和矫治的社会公益活动？（不同学历）**

单位：%

| 学历 | 我曾经参加过青少年犯罪预防与矫治的志愿或公益活动 | 我没有参加过但愿意参与相关公益活动 | 我没有参加过也不愿意参与相关公益活动 | 根本不关心此类活动 |
|---|---|---|---|---|
| 研究生 | 66.67 | 33.33 | 0 | 0 |
| 本科 | 25 | 70 | 5 | 0 |
| 大专 | 22.73 | 68.18 | 4.55 | 4.55 |
| 职业高中/中专/技校 | 22.22 | 66.67 | 11.11 | 0 |
| 初中及以下 | 62.5 | 25 | 12.5 | 0 |

（3）社会公众对青少年犯罪所持态度多为惋惜且谨慎

社会公众对已犯罪的青少年所持的心理态度会影响其外在行动。在被问及"对犯罪青少年所持的态度是什么"时，66.99%的调查对象持"同情惋惜"的态度，占比最高；23.3%的调查对象相对理性和中立，选择"区别看待"；而其余的小部分则更为疏离或带有敌意（见图8-21）。

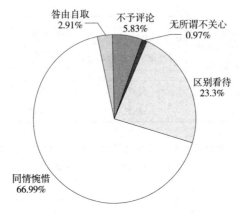

**图8-21　您对犯罪青少年所持的态度是什么？**

更进一步，被问及"愿意雇用青少年时期有违法犯罪史的人吗"时，绝大多数调查对象持更为谨慎的态度，76.7%的调查对象表示"要看具体情况"，12.62%的调查对象愿意给予有犯罪史的青少年悔过自新、融入社会的机会，而有6.8%的调查对象持"极度不愿意"这种极端态度（见图8-22）。在具体区分上，男性、中青年和高学历人群选择"愿意"的更多，

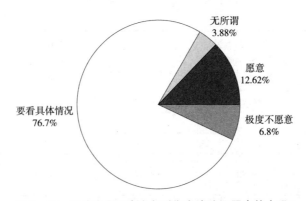

**图8-22　您愿意雇用青少年时期有违法犯罪史的人吗？**

更为宽容（见表8-23、表8-24、表8-25），原因可能在于男性和中青年的身体素质更强，高学历人群思想更为开明，因此对待犯罪青少年有更高的接受度。

表8-23　您愿意雇用青少年时期有违法犯罪史的人吗？（不同性别）

单位：%

| 性别 | 愿意 | 极度不愿意 | 要看具体情况 | 无所谓 |
|---|---|---|---|---|
| 男 | 17.5 | 7.5 | 70 | 5 |
| 女 | 9.52 | 6.35 | 80.95 | 3.17 |

表8-24　您愿意雇用青少年时期有违法犯罪史的人吗？（不同年龄）

单位：%

| 年龄 | 愿意 | 极度不愿意 | 要看具体情况 | 无所谓 |
|---|---|---|---|---|
| 18 岁以下 | 0 | 100 | 0 | 0 |
| 19～40 岁 | 17.5 | 5 | 72.5 | 5 |
| 41～60 岁 | 9.62 | 5.77 | 80.77 | 3.85 |
| 61 岁以上 | 10 | 10 | 80 | 0 |

表8-25　您愿意雇用青少年时期有违法犯罪史的人吗？（不同学历）

单位：%

| 学历 | 愿意 | 极度不愿意 | 要看具体情况 | 无所谓 |
|---|---|---|---|---|
| 研究生 | 33.33 | 0 | 66.67 | 0 |
| 本科 | 20 | 15 | 65 | 0 |
| 大专 | 13.64 | 4.55 | 77.27 | 4.55 |
| 职业高中/中专/技校 | 11.11 | 5.56 | 83.33 | 0 |
| 初中及以下 | 7.5 | 5 | 80 | 7.5 |

## （三）一些简单结论和建议

此次在某市进行的问卷调查、数据及案例收集工作为我们研究青少年犯罪现状及社会公众共同参与治理提供了一些实证支撑。通过对回收问卷的整理和分析，我们能够得出一些简单结论和建议。

第一，需要加强青少年犯罪相关知识的宣传和教育工作。社会公众对青少年犯罪问题的关注和了解程度是我们治理此问题的前提和基础。对青少年犯罪问题，只有全社会共同关注，营造社会共识，才有可能在此基础上采取控制这一问题的有效方法。而调查结果显示，只有略微超过一半的调查对象（55.34%）会经常关注青少年犯罪问题，关注度不高的结果就是社会公众对青少年犯罪现状的认识不准确，只有26.21%的调查对象准确选择目前青少年犯罪呈现"下降"趋势，占总数的约1/4。这说明我们迫切需要加强青少年犯罪相关知识的宣传和教育工作。

第二，需要将对网络和媒体的管理和监督提升到新的高度。很长时间以来，青少年犯罪都是一个世界各国十分突出的社会问题和社会现象，但是，相对于家庭、自身和社会三大传统成因，当前网络和媒体的负面影响已经被认为是青少年犯罪最主要的原因。应当说，这是信息社会发展所产生的不可避免的消极和负面影响。21世纪开始，互联网才真正在全世界范围内普及起来，至今不过20年左右，但是，其对人类社会的影响是前所未有的广泛和深远。简单地说，互联网为人类相互交流沟通提供了一个互动平台，但是，其消极影响也显而易见，如虚假信息、网络欺诈、恶意软件、色情与暴力、侵犯隐私、数据丢失等，特别是对初入或尚未进入社会的青少年而言更是一把"双刃剑"，"根据公安机关的初步统计，被抓获的青少年罪犯当中，有近80%的人曾受到网络不良信息的诱惑"[1]，而且，"在我国青少年犯罪中，在押青少年犯中80%以上有不良上网记录，60%的犯罪活动牵扯到互联网和网吧"[2]。面对青少年犯罪问题的新形势，在应对和治理措施上同样应当与时俱进，将对网络和媒体的管理和监督提升到新的高度。

第三，法律和社会体制的完善仍然是政府和社会的首要任务。社会公众普遍认为目前我国与青少年犯罪预防相关的制度并不完善，而预防青少年犯罪的最重要措施是加强法律普及。这说明法律在社会公众心目中仍然是与青少年犯罪相关的最重要因素，而目前，青少年犯罪社会体制的完善

---

① 何春中：《近八成青少年犯罪受网络诱惑》，《中国青年报》2007年4月19日。

② 沈望舒：《建立健康的网络文化生态》，《瞭望》2007年第22期。

仍然是政府和社会的重要任务，特别是青少年犯罪的具体行为规范、青少年犯罪案件的专门管辖、具有可操作性的案件审理详细流程以及青少年权益保护等方面都需要加以完善。法律普及最重要，心理教育位居其次，而家庭教育、政府管理和社会责任等其他因素与前两者差距明显，虽然内因是一个人行为方式的决定因素，但是绝对不能忽视外在因素对内在因素的影响，我们认为，应当加强整个社会的联合行动，从正面关注青少年自身及其家庭，以及将"问题青少年"、社会边缘青少年和犯罪青少年的教化、社工辅导等工作相结合，多管齐下，共同行动。

第四，加强对青少年社会公益组织和公益活动的重视和培育。根据调查，受访者中有62人没有参加过青少年犯罪预防和矫治社会公益活动，其中有52人有参与的意愿，占比接近84%，这说明绝大多数人还是愿意为青少年犯罪预防和矫治贡献自身的力量的。同时，在受访者中有41人曾经参加过青少年犯罪预防和矫治的志愿或公益活动，但其中从事与青少年犯罪相关的职业的人员就有28人，剩余只有11人曾经从事过与青少年犯罪相关的社会公益活动或工作，比如志愿活动、社会工作等，占比只有不到30%。这说明虽然社会公众的参与意愿强烈，但是真正能够参与到青少年犯罪预防和矫治活动中的人少之又少。这种社会公众对青少年犯罪预防和矫治的参与意愿与真正接触和参与情况的矛盾现象表明，我们在青少年犯罪预防和矫治这一领域除了政府干预和学校管理，社会领域内的帮扶无论是公益组织建设还是公益活动开展都仍有很大的欠缺。实际上，社会公益组织是连接政府与社会的桥梁，相对于一盘散沙的社会个体，社会组织有更强的组织性和行动力，能够形成更为完整和有效的青少年犯罪预防和矫治的参与力量。面对这种情况，政府必须承认活跃的社会组织是合法且必不可少的，而且在必要的情况下要承担起积极扶持、引导和鼓励的责任，并且积极推进青少年犯罪预防和矫治的社会公益活动，给予有参与意愿的人群真正实践的机会。

# 调查问卷（2018）

您好！感谢您在百忙之中帮助我们回答这份问卷。

公共安全连着千家万户，关系着你我他，社会公共安全的维护需要全体社会成员的协作和互助，公共安全事关人民群众生命财产安全，事关改革发展稳定大局。本次调查采取无记名方式，不涉及个人隐私，请您认真如实填写。再次感谢您的支持！

1. 您的性别：

A. 男          B. 女

2. 您的年龄：

A. 18 岁以下     B. 19~40 岁     C. 41~60 岁     D. 61 岁以上

3. 您目前的居住地：

A. 城市         B. 乡镇         C. 农村

4. 您的学历：

A. 研究生                B. 本科

C. 大专                  D. 职业高中/中专/技校

E. 初中及以下

5. 您对目前居住地区的安全状况是否感到满意？

A. 非常满意             B. 基本满意

C. 不满意               D. 没什么感觉

6. 您认为目前公共安全存在问题最多的是哪些领域？（可多选）

A. 社会治安　　　　　　　　　　B. 食品药品安全

C. 自然灾害　　　　　　　　　　D. 网络和信息安全

E. 交通事故　　　　　　　　　　F. 环境污染

G. 传染性疾病或疫情

H. 其他（可举例＿＿＿＿＿＿）

7. 您认为存在公共安全问题的主要原因是什么？（可多选）

A. 社会发展到一定阶段必然产生的风险

B. 社会和公民自身的安全防范意识和能力较差

C. 政府管理不到位

D. 社会经济政治体制转型的负面影响

E. 有关公共安全的宣传和教育不够

F. 其他原因（可举例说明＿＿＿＿＿＿）

8. 在处理公共安全问题上，您认为政府的应对能力如何？

A. 没有改变　　　B. 逐步提高　　　C. 有所下降　　　D. 很糟糕

E. 说不清

9. 您认为应当如何改善当前社会的公共安全环境？（可多选）

A. 不断完善高科技监控和防范手段

B. 制定相关的法律法规

C. 加强政府的监管和执法力度

D. 提高社会和公民自身的安全防范意识和能力

E. 社会组织和公众共同参与社会秩序和安全治理

F. 加强安全知识的宣传和教育

G. 其他（可举例＿＿＿＿＿＿）

10. 您是否认为社会治安和警务活动（公安工作）都由公安机关（警察）提供，不会有其他公司和社会组织参与？

A. 是，全部由公安机关承担　　　　B. 不是，有社会力量的参与

C. 不清楚

11. 如果警务活动可以有社会其他主体参与，您认为下列哪些主体可

以参与警务活动？（可多选）

    A. 保安公司               B. 志愿者团体和社会公益组织

    C. 街道和社区             D. 物业公司

    E. 机关事业单位          F. 其他（可举例_____）

12. 就您所了解的范围内，您认为目前的警察数量对于维持社会治安：

    A. 很充足，足够完成警务活动

    B. 有协警辅助，基本还是够用的

    C. 有些忙不过来，需要进行一定补充

    D. 警察该管的事务太多，急需补充

13. 您如何看待公民个人或组织参与警务活动？（可多选）

    A. 完全是个人或组织的偏好，没有什么大的作用

    B. 可以为自己或集团谋一些福利

    C. 可以弥补警力不足

    D. 完全是公安机关的作秀或走形式

    E. 是公安机关与社会公众互动的表现

    F. 公民参与警务活动是参与公共权力行使

    G. 将来会是一个趋势

14. 参与警务活动并要求获得一定报酬，您如何评价？

    A. 应该，按劳取酬

    B. 应该，可以适当奖励，以示鼓励

    C. 不应该，属于见义勇为、学雷锋

15. 您是否志愿参与一些警务活动？

    A. 愿意         B. 不愿意         C. 不确定

16. 您认为维护校园安全的主体有哪些？（可多选）

    A. 学校               B. 政府

    C. 家庭               D. 社会

17. 您认为有效维护校园安全应当采取哪些措施？（可多选）

    A. 完善监控等技术手段

    B. 增派警察力量进驻校园

C. 政府、家庭、社会与学校合作共同出力

D. 社工人员常驻学校

E. 依靠学校自身力量维护校园安全

F. 应当由政府力量负责维护学校的安全环境

G. 提高学生自身的安全教育和防范意识

H. 其他（可举例＿＿＿＿＿＿）

18. 您平时有关食品安全的信息主要来源于？（可多选）

A. 电视、报纸、新闻网站等公共媒体

B. 微博、微信、贴吧等私人提供的信息或转发信息

C. 听周围人的谈论

D. 平时自己会参与一些社区、社会团体组织的食品安全方面的志愿宣传活动

E. 因自身权益受到损害而特别进行调查和了解

F. 其他途径（可举例＿＿＿＿＿＿）

19. 如果您买到或发现变质、过期、伪劣的食品，您会怎么做？（可多选）

A. 向政府主管部门、消费者协会举报和投诉

B. 向新闻媒体投稿

C. 偶尔一次，扔掉就算了

D. 向法院提起诉讼

E. 在网上向社会揭露，提醒大家注意

F. 直接向厂家或商家提出索赔

G. 其他（可举例＿＿＿＿＿＿）

20. 您日常是否关注有关食品安全的事件或消息？

A. 只有特别重大和涉及范围广的食品安全事件会特别关注

B. 积极关注有关食品安全的信息，并会通过微信评论、网站发帖、公开电话检举举报、向新闻媒体投稿或参与一些公益性活动等方式发表自己的意见和建议

C. 偶尔会关注一些食品安全信息并在日常生活中加以注意

D. 一般不关注

21. 您在微信、QQ、微博收到有关食品安全的未经证实的信息会怎么处理？

A. 果断无视

B. 随手转发

C. 详细了解并举报该信息

D. 告诉发信息的人不要轻信轻传

22. 对于目前的食品安全问题，您的态度和行动是什么？

A. 这是政府的责任应当交给政府去应对和处理

B. 积极参与相关社会公益活动，尽己所能亲力亲为维护食品安全

C. 通过正规渠道监督和参与政府管理的活动

D. 只有涉及自己利益的时候才会通过一定的途径反映问题

E. 与己无关，不会考虑

23. 您遭遇过以下哪些网络安全问题？

A. 个人信息泄露                    B. 虚假中奖信息

C. 钓鱼网站                        D. 网络诈骗

E. 病毒侵扰                        F. 网络传销

G. 其他（可举例_____）

24. 当您遭遇网络诈骗时，您倾向于以下哪种解决方法？（可多选）

A. 自认倒霉，下次注意

B. 无论金额大小一定会通过报警或诉讼的方式维权

C. 如果金额较小则不会采取措施，如果金额较大才会采取维权措施

D. 在网络上发表评论或发帖揭露骗局

E. 向有关部门举报，要求加强监管

F. 其他（可举例_____）

感谢您在百忙之中抽出时间帮助我们的调研工作。感谢您的积极参与！祝您学习和生活愉快！

# 调查问卷（2018～2019）

　　您好！预防和减少青少年犯罪是世界各国十分重视的一个社会问题。为了了解青少年犯罪问题的现状，我们设计了这份问卷。感谢您在百忙之中帮助我们回答这份问卷。本次调查采取无记名方式，不涉及个人隐私，请您认真如实填写。

1. 您的性别：

A. 男　　　　　　　　　B. 女

2. 您的年龄：

A. 18 岁以下　　　　B. 19～40 岁　　　　C. 41～60 岁　　　　D. 61 岁以上

3. 您目前的居住地：

A. 城市　　　　　　　B. 乡镇　　　　　　C. 农村

4. 您的学历：

A. 研究生　　　　　　　　　　　B. 本科

C. 大专　　　　　　　　　　　　D. 职业高中/中专/技校

E. 初中及以下

5. 您认为目前我国青少年犯罪呈什么样的趋势？

A. 上升　　　　　B. 下降　　　　　C. 持平　　　　　D. 不清楚

6. 您认为引发青少年犯罪的最主要原因是什么？（可多选）

A. 社会不良环境的影响

B. 家庭环境的负面影响

C. 青少年自身自制力和法律意识较差

D. 媒体和网络信息和环境的不良熏染

E. 没有或缺乏正规良好的学校教育

F. 学习和就业压力所迫

G. 其他原因＿＿＿＿＿＿（可填写）

7. 您平时关注青少年犯罪的问题吗？

A. 很关注，看电视、报纸等都会特别注意

B. 不常关注，看到新闻偶尔会看看

C. 一点也不关注，感觉与自己无关

8. 您是否及以何种形式接触过青少年犯罪问题？（可多选）

A. 没有直接接触，只是听说过

B. 身边的亲戚、朋友、同学、同事等或其亲属曾经涉及青少年犯罪

C. 本人曾经涉及青少年犯罪

D. 从事与青少年犯罪相关的职业，比如司法人员、民政人员、社区工作人员等

E. 从事与青少年犯罪相关的社会公益活动或工作，比如志愿活动、社会工作等

F. 以其他形式接触过青少年犯罪＿＿＿＿＿＿（可填写）

9. 您对犯罪青少年所持的态度是什么？

A. 咎由自取　　　　　　　　B. 同情惋惜

C. 区别看待　　　　　　　　D. 无所谓不关心

E. 不予评论

10. 您认为如今社会体制对预防青少年犯罪来说完善吗？

A. 已经非常完善　　　　　　B. 一般，重惩罚、轻预防

C. 不是很完善，需要大规模更新　　D. 没有予以足够重视

11. 您是否参加过或有意愿参与青少年犯罪预防和矫治的社会公益活动？

A. 我曾经参加过青少年犯罪预防与矫治的志愿或公益活动

B. 我没有参加过但愿意参与相关公益活动

C. 我没有参加过也不愿意参与相关公益活动

D. 根本不关心此类活动

12. 您觉得预防青少年犯罪应当采取哪些具体措施？（可多选）

A. 学校加强对在校学生的规范管理和法治教育

B. 广泛组织青少年社会活动，丰富业余生活

C. 政府、学校、社区加强对一些"问题家庭"的关注和帮扶

D. 派驻社会工作者进入学校、社区开展青少年犯罪预防与矫治的心理
辅导

E. 严厉打击青少年犯罪行为，以儆效尤

F. 针对社会边缘青少年和犯罪青少年，以帮扶和教化为主，预防其
犯罪

G. 其他_____（可填写）

13. 为防止青少年犯罪，您认为哪项最该被加强？

A. 心理教育        B. 法律普及

C. 政府管理        D. 家庭教育

E. 社会责任        F. 个人品德

14. 您愿意雇用青少年时期有违法犯罪史的人吗？

A. 愿意        B. 极度不愿意

C. 要看具体情况        D. 无所谓

感谢您的积极参与！祝您学习和生活愉快！

# 参考文献

## 一 中文著作

[1] 俞可平：《治理与善治》，社会科学文献出版社，2000。

[2] 俞可平：《增量民主与善治》，社会科学文献出版社，2005。

[3] 俞可平：《敬畏民意：中国的民主治理与政治改革》，中央编译出版社，2012。

[4] 罗豪才等：《软法与公共治理》，北京大学出版社，2006。

[5] 周光辉：《论公共权力的合法性》，吉林出版集团有限责任公司，2007。

[6] 金耀基编著《行政生态学》，台湾商务印书馆，1967。

[7] 金耀基：《从传统到现代》，中国人民大学出版社，1999。

[8] 苏力：《法治及其本土资源》，中国政法大学出版社，2004。

[9] 何显明：《信用政府的逻辑——转型期地方政府信用缺失现象的制度分析》，学林出版社，2007。

[10] 竺乾威主编《公共行政理论》，复旦大学出版社，2008。

[11] 金硕仁：《政府经济调控与市场运行机制》，经济管理出版社，2000。

[12] 潘开灵、白烈湖：《管理协同理论及其应用》，经济管理出版社，2006。

[13] 苏曦凌等：《广西社会治理政社协同机制的理论模型与实证研究》，中国政法大学出版社，2017。

[14] 何精华：《网络空间的政府治理——电子治理前沿问题研究》，上海社会科学院出版社，2006。

[15] 张影强等：《全球网络空间治理体系与中国方案》，中国经济出版

社，2017。

［16］宋慧宇：《食品安全政府治理能力现代化的制度保障研究》，吉林人民出版社，2017。

［17］唐皇凤：《社会转型与组织化调控——中国社会治安综合治理组织网络研究》，武汉大学出版社，2008。

［18］马玉生：《中国近代中央警察机构建立、发展与演变》，中国政法大学出版社，2015。

［19］张兆端：《警察哲学》，中国人民公安大学出版社，2008。

［20］曹诗权主编《2017 年新型网络犯罪研究报告》，中国人民公安大学出版社，2018。

## 二 中文译著

［1］〔美〕罗伯特·D. 帕特南：《使民主运转起来：现代意大利的公民传统》，王列、赖海榕译，江西人民出版社，2001。

［2］〔美〕B. 盖伊·彼得斯：《政府未来的治理模式》，吴爱明、夏宏图译，中国人民大学出版社，2001。

［3］〔美〕凯斯·R. 孙斯坦：《自由市场与社会正义》，金朝武、胡爱平、乔聪启译，中国政法大学出版社，2002。

［4］〔美〕乔治·弗雷德里克森：《公共行政的精神》，张成福、刘霞、张璋等译，中国人民大学出版社，2003。

［5］〔美〕H. 乔治·弗雷德里克森：《新公共行政》，丁煌、方兴译，中国人民大学出版社，2011。

［6］〔美〕P. 诺内特、P. 塞尔兹尼克：《转变中的法律与社会：迈向回应型法》，张志铭译，中国政法大学出版社，2004。

［7］〔美〕马克·E. 沃伦编《民主与信任》，吴辉译，华夏出版社，2004。

［8］〔美〕小约瑟夫·S. 奈、菲利普·D. 泽利科、戴维·C. 金编《人们为什么不信任政府》，朱芳芳译，商务印书馆，2015。

［9］〔美〕理查德·C. 博克斯：《公民治理：引领 21 世纪的美国社区》，

孙柏瑛等译，中国人民大学出版社，2005。

[10] 〔美〕戴维·奥斯本、特德·盖布勒：《改革政府：企业家精神如何改革着公共部门》，周敦仁等译，上海译文出版社，2006。

[11] 〔美〕戴维·奥斯本、彼得·普拉斯特里克：《再造政府》，谭功荣、刘霞译，中国人民大学出版社，2010。

[12] 〔美〕查尔斯·沃尔夫：《市场，还是政府——不完善的可选事物间的抉择》，陆俊、谢旭译，重庆出版社，2007。

[13] 〔美〕罗伯特·阿格拉诺夫、迈克尔·麦圭尔：《协作性公共管理：地方政府新战略》，李玲玲、鄞益奋译，北京大学出版社，2007。

[14] 〔美〕曼瑟·奥尔森：《国家的兴衰：经济增长、滞胀和社会僵化》，李增刚译，上海人民出版社，2007。

[15] 〔美〕曼瑟尔·奥尔森：《集体行动的逻辑》，陈郁、郭宇峰、李崇新译，格致出版社、上海三联书店、上海人民出版社，2011。

[16] 〔美〕凯斯·R. 桑斯坦：《权利革命之后：重塑规制国》，钟瑞华译，中国人民大学出版社，2008。

[17] 〔美〕珍妮特·V. 登哈特、罗伯特·B. 登哈特：《新公共服务：服务，而不是掌舵》，丁煌译，中国人民大学出版社，2010。

[18] 〔美〕约翰·克莱顿·托马斯：《公共决策中的公民参与》，孙柏瑛等译，中国人民大学出版社，2010。

[19] 〔美〕朱迪·弗里曼：《合作治理与新行政法》，毕洪海、陈标冲译，商务印书馆，2010。

[20] 〔美〕埃莉诺·奥斯特罗姆：《公共事物的治理之道》，余逊达、陈旭东译，上海译文出版社，2012。

[21] 〔美〕G. 沙布尔·吉玛、丹尼斯·A. 荣迪内利编《分权化治理：新概念与新实践》，唐贤兴、张进军等译，格致出版社、上海人民出版社，2013。

[22] 〔美〕梅里利·S. 格林德尔编《打造一个好政府——发展中国家公共部门的能力建设》，孟华、李彬译，商务印书馆，2015。

[23] 〔美〕E. S. 萨瓦斯：《民营化与公私部门的伙伴关系》，周志忍等译，

中国人民大学出版社，2017。

[24]〔美〕劳伦斯·莱斯格：《代码 2.0：网络空间中的法律》，李旭、沈伟伟译，清华大学出版社，2018。

[25]〔英〕安东尼·吉登斯：《现代性的后果》，田禾译，译林出版社，2000。

[26]〔英〕罗伯特·雷纳：《警察与政治》，易继苍、朱俊瑞译，知识产权出版社，2008。

[27]〔英〕克里斯托夫·鲍利特：《重要的公共管理者》，孙迎春译，北京大学出版社，2011。

[28]〔英〕杰米·巴特利特：《暗网》，刘丹丹译，北京时代华文书局，2018。

[29]〔德〕乌尔里希·贝克：《风险社会》，何博闻译，译林出版社，2004。

[30]〔德〕赫尔曼·哈肯：《大自然成功的奥秘：协同学》，凌复华译，上海译文出版社，2018。

[31]〔澳〕欧文·E. 休斯：《公共管理导论》，张成福、王学栋、韩兆柱等译，中国人民大学出版社，2007。

[32]〔印〕哈斯·曼德、穆罕默德·阿斯夫编著《善治：以民众为中心的治理》，国际行动援助中国办公室编译，知识产权出版社，2007。

# 三　中文论文

[1] 俞可平：《治理和善治分析的比较优势》，《中国行政管理》2001 年第9 期。

[2] 俞可平：《全球治理引论》，《马克思主义与现实》2002 年第 1 期。

[3] 俞可平：《中国治理变迁 30 年（1978—2008）》，《吉林大学社会科学学报》2008 年第 3 期。

[4] 俞可平：《善治与幸福》，《马克思主义与现实》2011 年第 2 期。

[5] 姜明安：《新世纪行政法发展的走向》，《中国法学》2002 年第 1 期。

[6] 周光辉：《从管制转向服务：中国政府的管理革命——中国行政管理

改革 30 年》，《吉林大学社会科学学报》2008 年第 3 期。

[7] 朱德新：《民国保甲制度研究述评》，《安徽史学》1996 年第 1 期。

[8] 方福前：《"经济人"范式在公共选择理论中的得失》，《经济学家》
2001 年第 1 期。

[9] 杨雪冬：《要注意治理理论在发展中国家的应用问题》，《中国行政管
理》2001 年第 9 期。

[10] 李景鹏：《中国走向"善治"的路径选择》，《中国行政管理》2001
年第 9 期。

[11] 陈鸿彝：《宋代城市治安管理模式杂谈》，《公安大学学报》2001 年
第 2 期。

[12] 孙柏瑛：《当代政府治理变革中的制度设计与选择》，《中国行政管
理》2002 年第 2 期。

[13] 黎津平：《"治安承包"是社会治安综合治理的一种新形式》，《新疆
警官高等专科学校学报》2004 年第 3 期。

[14] 张义忠：《善治视野下的有限政府塑造》，《社会科学战线》2005 年
第 1 期。

[15] 薛晓源、刘国良：《全球风险世界：现在与未来——德国著名社会学
家、风险社会理论创始人乌尔里希·贝克教授访谈录》，《马克思主
义与现实》2005 年第 1 期。

[16] 杨毅：《转型时期我国社会治安综合治理的新视角》，《湖北警官学院
学报》2005 年第 1 期。

[17] 钟广静：《论准公共产品非政府供给的可行性与途径——以社会治安
综合治理为例》，《台声·新视角》2005 年第 5 期。

[18] 笪素林：《社会治理与公共精神》，《南京社会科学》2006 年第 9 期。

[19] 夏保成：《西方国家公共安全管理的理论与原则刍议》，《河南理工大
学学报》（社会科学版）2006 年第 1 期。

[20] 余红梅、宋奇飞：《社会治安综合治理与社区警务的比较研究》，《江
西公安专科学校学报》2006 年第 5 期。

[21] 田先红：《废弃抑或存留——村民组长制的困境与前瞻》，《求实》

2006 年第 1 期。

[22] 唐皇凤:《社会成长与国家治理——以中国社会治安综合治理为分析对象》,《中南大学学报》(社会科学版) 2007 年第 2 期。

[23] 郭太生、寇丽平:《公共安全危机管理的社会背景分析》,《中国人民公安大学学报》(社会科学版) 2007 年第 3 期。

[24] 蔡如鹏:《威胁潜于何处》,《中国新闻周刊》2007 年第 33 期。

[25] 沈望舒:《建立健康的网络文化生态》,《瞭望》2007 年第 22 期。

[26] 陈瑞林、张薇:《转型社会与社会治安综合治理工作的转型》,《太平洋学报》2008 年第 1 期。

[27] 张维迎:《理解经济危机》,《读书》2009 年第 5 期。

[28] 唐贤兴:《政策工具的选择与政府的社会动员能力——对"运动式治理"的一个解释》,《学习与探索》2009 年第 3 期。

[29] 韩国明、何春奇、王慈刚:《西方公共安全管理历程及理论对我国的启示——以美国为例》,《河南社会科学》2009 年第 3 期。

[30] 郑孟望、邱煜:《美国警务民营化改革及其启示》,《中国人民公安大学学报》(社会科学版) 2009 年第 3 期。

[31] 严晓、刘霞:《探析我国突发公共卫生危机治理的路向选择》,《兰州学刊》2009 年第 12 期。

[32] 张丽:《新时期公共卫生治理结构的转型与重塑》,《中国卫生事业管理》2009 年第 8 期。

[33] 陈涌清:《中国古代基层乡村治安主体的演变》,《中国人民公安大学学报》(社会科学版) 2009 年第 1 期。

[34] 刘安媛:《评析英美警务社会化发展》,《湖南公安高等专科学校学报》2009 年第 1 期。

[35] 朱武雄:《转型社会的公共安全治理——从公民社会的维度分析》,《东北大学学报》(社会科学版) 2010 年第 5 期。

[36] 张芳山:《美国公共安全管理模式及其启示》,《云南行政学院学报》2010 年第 1 期。

[37] 张康之、程倩:《网络治理理论及其实践》,《新视野》2010 年第

6 期。

[38] 刘佳月、侯大银:《拷问互联网企业:社会责任如何践行》,《互联网周刊》2010 年第 1 期。

[39] 陈泽伟:《本刊专访中央综治委副主任、中央政法委副秘书长、中央综治办主任陈冀平 社会治安综合治理新策》,《〈瞭望〉新闻周刊》2010 年第 16 期。

[40] 陈华:《合作视野下的政府信任关系研究》,《学术论坛》2011 年第 3 期。

[41] 张海波:《社区在公共安全管理中的角色整合与能力建设》,《江苏社会科学》2011 年第 6 期。

[42] 刘耀宏:《互联网企业的社会责任及实现途径——以 3Q 之争为例》,《重庆科技学院学报》(社会科学版)2011 年第 13 期。

[43] 尚铁力:《互联网企业如何履行信息安全管理责任》,《中国电信业》2011 年第 6 期。

[44] 刘锦涛:《18 世纪以前英国旧警察制度的演进轨迹》,《广西警官高等专科学校学报》2011 年第 6 期。

[45] 包国宪、王学军:《以公共价值为基础的政府绩效治理——源起、架构与研究问题》,《公共管理学报》2012 年第 2 期。

[46] 姚尚建:《政府发展与社会治理创新》,《甘肃社会科学》2012 年第 4 期。

[47] 饶志华:《论政府治理的公共性》,《商业时代》2012 年第 3 期。

[48] 杜玉华:《社会转型的结构性特征及其在当代中国的表现》,《华东师范大学学报》(哲学社会科学版)2012 年第 5 期。

[49] 董纯朴:《中国当代治安历史特点研究》,《广州市公安管理干部学院学报》2012 年第 1 期。

[50] 王焱:《社会治安综合治理理论和工作模式的重新审视》,《江苏警官学院学报》2012 年第 1 期。

[51] 李富声:《论社会治安综合治理工作创新——从〈治安管理处罚法〉第六条谈起》,《江西警察学院学报》2012 年第 3 期。

［52］王大伟：《新警察专业化论——第五次警务革命向何处去》，《中国人民公安大学学报》（社会科学版）2012 年第 6 期。

［53］曾润喜、郑斌、张毅：《中国互联网虚拟社会治理问题的国际研究》，《电子政务》2012 年第 9 期。

［54］宋慧宇：《食品安全激励性监管方式研究》，《长白学刊》2013 年第 1 期。

［55］宋慧宇：《论协作共治视角下食品安全政府治理机制的完善》，《当代法学》2015 年第 6 期。

［56］彭会：《略论专业化精确打击——第五次警务革命的有益探索》，《公安研究》2013 年第 9 期。

［57］谢子传：《基于公共治理理论的社会治安综合治理治道变革研究》，《福建警察学院学报》2013 年第 1 期。

［58］金自宁：《风险决定的理性探求——PX 事件的启示》，《当代法学》2014 年第 6 期。

［59］陈周旺：《社会公共安全的公众参与》，《探索与争鸣》2014 年第 8 期。

［60］范如国：《复杂网络结构范型下的社会治理协同创新》，《中国社会科学》2014 年第 4 期。

［61］范如国：《"全球风险社会"治理：复杂性范式与中国参与》，《中国社会科学》2017 年第 2 期。

［62］顾昕：《中国公共卫生的治理变革：国家—市场—社会的再平衡》，《广东社会科学》2014 年第 6 期。

［63］游祥斌、李祥：《反思与重构：基于协商视角的社会治安综合治理体制改革研究》，《中国行政管理》2014 年第 12 期。

［64］莫于川：《公法视野中的依法治国、依法执政、依法行政共同推进——十八届四中全会决定的战略意义、重大任务和现实课题解读》，《河南财经政法大学学报》2015 年第 2 期。

［65］马俊霞、陈爽：《中国社会治安综合治理历史探源》，《广州市公安管理干部学院学报》2015 年第 4 期。

[66] 张康之、向玉琼：《网络空间中的政策问题建构》，《中国社会科学》
2015 年第 2 期。

[67] 邹军：《全球互联网治理的新趋势及启示——解析"多利益攸关方"
模式》，《现代传播（中国传媒大学学报)》2015 年第 11 期。

[68] 余歌：《互联网企业舆论危机及其社会责任初探》，《新闻研究导刊》
2015 年第 3 期。

[69] 王占军：《社会治安综合治理机制建设解析》，《江西警察学院学报》
2016 年第 2 期。

[70] 刘家家：《关于英国公共警务私营化及其启示》，《黑龙江省政法管理
干部学院学报》2016 年第 2 期。

[71] 王迪、王汉生：《移动互联网的崛起与社会变迁》，《中国社会科学》
2016 年第 7 期。

[72] 何明升：《中国网络治理的定位及现实路径》，《中国社会科学》
2016 年第 7 期。

[73] 张新宝、许可：《网络空间主权的治理模式及其制度构建》，《中国社
会科学》2016 年第 8 期。

[74] 邸晓星：《社会协同治理的法治意涵探析》，《山西大学学报》（哲学
社会科学版）2017 年第 6 期。

[75] 张天民、艾晋、韩沛锟：《风险社会治理下网络理性参与机制构建》，
《现代管理科学》2017 年第 2 期。

[76] 任琳、吕欣：《网络安全治理：议题领域与权力博弈》，《社会科学文
摘》2017 年第 6 期。

[77] 胡颖廉：《行政吸纳市场：我国药品安全与公共卫生的治理困境——
以非法疫苗案件为例》，《广东社会科学》2017 年第 5 期。

[78] 赵环、徐选国：《"回归"抑或"超越"：社会工作与公益慈善的历
史—当代关系辨析》，《学海》2017 年第 2 期。

[79] 姜鹏：《美国私人警察法律规制及其对我国的启示》，《江苏警官学院
学报》2017 年第 6 期。

[80] 刘崧：《区域安全视角下陆地边境社会治安综合治理》，《辽宁警察学

院学报》2018 年第 6 期。

[81] 刘霞：《"互联网＋"时代社会治安综合治理信息化建设》，《产业与科技论坛》2018 年第 2 期。

[82] 罗超：《综治信息化带来的新机遇——评测天津普泰国信社会治安综合治理信息系统》，《中国公共安全》2018 年第 8 期。

[83] 舒林：《多主体情境下市民参与公共规划的路径》，《领导科学》2018 年第 19 期。

[84] 徐汉明、张新平：《网络社会治理的法治模式》，《中国社会科学》2018 年第 2 期。

[85] 许鑫：《西方国家网络治理经验及对我国的启示》，《电子政务》2018 年第 12 期。

[86] 金太军、鹿斌：《社会治理创新：结构视角》，《中国行政管理》2019 年第 12 期。

[87] 金华：《我国公共危机治理的挑战与回应——社会组织参与的视角》，《甘肃社会科学》2019 年第 4 期。

[88] 陈璐：《暗网犯罪与多元治理：挑战与出路》，《铁道警察学院学报》2019 年第 1 期。

[89] 焦俊峰、李晓东：《网络恐怖主义犯罪的治理路径选择》，《重庆大学学报》（社会科学版）2020 年第 6 期。

[90] 郝智超：《落实重点互联网企业反诈责任的几点思考》，《中国信息安全》2019 年第 9 期。

[91] 何艳玲：《中国行政体制改革的价值显现》，《中国社会科学》2020 年第 2 期。

[92] 王倩、危怀安：《城市社区微治理主体博弈逻辑与协同路径研究》，《西南民族大学学报》（人文社会科学版）2020 年第 5 期。

[93] 罗豪才、宋功德：《公域之治的转型——对公共治理与公法互动关系的一种透视》，载罗豪才等《软法与公共治理》，北京大学出版社，2006。

[94] 张明军、刘晓亮：《2015 年中国社会群体性事件分析报告》，载杜志淳主编《中国社会公共安全研究报告》（第 8 辑），中国编译出版

社，2016。

[95] 严冰、刘哲、吴杨：《灾难谣言 因何而起》，《人民日报》（海外版）2011 年 4 月 22 日，第 5 版。

[96] 谁在制定食品安全标准，《人民日报》2011 年 11 月 28 日，第 13 版。

[97] 余荣华：《北京开征施工扬尘排污费 按扬尘管理等级差别化收费》，《人民日报》2015 年 3 月 2 日，第 14 版。

[98] 白天亮：《协会"去行政化"的关键一步》，《人民日报》2015 年 7 月 9 日，第 2 版。

[99] 智春丽：《中国母婴健康专项基金成立》，《人民日报》2015 年 9 月 1 日，第 14 版。

[100] 杨洁勉：《构建人类命运共同体是人间正道》，《人民日报》2020 年 7 月 9 日，第 9 版。

[101] 谢地、郭进伟：《有效监管与政府公共服务和社会管理能力建设》，《光明日报》2004 年 9 月 28 日。

[102] 宣博、易开刚：《互联网平台企业的社会责任治理》，《光明日报》2018 年 3 月 7 日，第 11 版。

[103] 齐中熙、赵文君：《国家药监局负责人介绍长春长生疫苗案件》，《光明日报》2018 年 7 月 23 日，第 4 版。

[104] 王欢：《"三社联动"：社区治理创新的路径》，《中国社会科学报》2019 年 3 月 20 日，第 7 版。

[105] 周天楠：《推进政府治理能力现代化的关键》，《学习时报》2013 年 12 月 30 日，第 6 版。

[106] 陶希东：《政府治理能力现代化的衡量标准》，《学习时报》2014 年 12 月 8 日，第 6 版。

[107] 何春中：《近八成青少年犯罪受网络诱惑》，《中国青年报》2007 年 4 月 19 日。

[108] 林柳燕、董碧水：《李海市：做食品安全的民间守望者》，《中国青年报》2015 年 10 月 13 日，第 10 版。

[109] 丁元竹：《中国需要怎样的"志愿者文化"》，《解放日报》2008 年

5 月 2 日。

[110] 俞可平：《各级政府应营造官民共治的社会治理格局》，《北京日报》2013 年 6 月 13 日。

[111] 《坚持发展"枫桥经验"集民智护民利聚民心》，《检察日报》2018 年 11 月 14 日，第 2 版。

[112] 罗书臻：《司法大数据"揭秘"涉未成年人案件审判情况：我国已成为世界上未成年人犯罪率最低的国家之一》，《人民法院报》2018 年 6 月 2 日，第 1 版。

[113] 许小溯：《人类活动有可能引发地震》，《江南时报》2010 年 9 月 21 日，第 21 版。

[114] 郭炘：《人类活动也会引发地震吗?》，《深圳特区报》2011 年 5 月 9 日，第 D1 版。

[115] 张有义：《公报首提"推进国家治理体系和治理能力现代化" 国家治理主体更加多元化》，《第一财经日报》2013 年 11 月 14 日。

[116] 朱敏：《浙江省首家专注食品安全的 NGO 成立》，《青年时报》2013 年 9 月 3 日，第 A08 版。

[117] 贾磊：《奶业困境如何破解》，《现代快报》2015 年 1 月 11 日，第 F6 版。

[118] 李庆：《〈社会组织蓝皮书：中国社会组织报告（2018）〉发布 2017 年社会组织增速创近年新高》，《公益时报》2018 年 5 月 22 日，第 2 版。

[119] 马燕：《激励疫情防控阻击战参与人员担当作为》，《开封日报》2020 年 1 月 30 日，第 2 版。

[120] 周立民、戴浩：《阜阳因劣质奶粉事件被撤职开除人员仍在上班》，新华网，2004 年 6 月 29 日，http：//news. sohu. com/2004/06/29/23/news220762307. shtml。

[121] 《一年后反思：日本福岛核事故发生的主要原因有哪些》，新华网，2012 年 5 月 4 日，http：//news. xinhuanet. com/tech/2012－05/04/c_123078571. htm? prolongation＝1。

［122］ 王茜、曹雪盟：《公安部："净网 2018"行动侦破网络犯罪案件 5.7
万余起》，新华网，2019 年 3 月 17 日，http：//www. xinhuanet. com/
legal/2019 –03/07/c_1124205639. htm。

［123］《前苏联切尔诺贝利核泄漏事件》，人民网，2001 年 12 月 24 日，ht-
tp：//www. people. com. cn/GB/huanbao/56/20011224/633746. html。

［124］ 张文婷：《银保监会等 4 部委出台长春长生问题疫苗赔偿方案：受
害者每人最高获赔 65 万》，人民网，2018 年 10 月 17 日，http：//
finance. people. com. cn/n1/2018/1017/c1004 –30347035. html。

［125］ 王名：《中国公益慈善：发展、改革与趋势》，人大新闻网，2016
年 5 月 3 日，http：//npc. people. com. cn/n1/2016/0503/c14576 –
28321122. html。

［126］ 郭声琨：《以改革创新的精神加强和改进公安队伍建设 着力提升公
安队伍正规化专业化职业化水平》，中华人民共和国公共部网站，
2016 年 6 月 23 日，http：//www. mps. gov. cn/n2253534/n2253535/
n2253536/c5408481/content. html。

［127］ 张晶：《发挥社会组织作用 推进社会管理创新》，吉林省民政厅网
站，2011 年 5 月 26 日，http：//mzt. jl. gov. cn/llyj/201105/t2011
0526_995408. html。

［128］ 刘柳：《国内公益组织致信两会代表就食品安全提出建议》，环球
网，2014 年 2 月 28 日，http：//hope. huanqiu. com/domesticnews/
2014 –02/4867223. html。

［129］《西部地区首家基地医院正式挂牌》，环球网，2015 年 7 月 23 日，
https：//finance. huanqiu. com/article/9CaKrnJNIC4？ qq –pf –to = pc-
qq. c2c。

［130］ 陈郁：《〈中国工业发展报告 2014〉发布：中国步入工业化后期》，
中国经济网，2014 年 12 月 15 日，http：//www. ce. cn/xwzx/gnsz/
gdxw/201412/15/t20141215_4125196. shtml。

［131］《受过处分也能升官？ 被问责的官员都去了哪儿》，凤凰网，2016
年 6 月 8 日，http：//news. ifeng. com/a/20160608/48944079_0.

shtml。

[132] 王才亮：《2015 年中国拆迁年度报告》，中华网，2016 年 2 月 29
日，http：//news. china. com/domestic/945/20160229/21626869.
html。

[133] 俞建拖、夏天：《民间组织在新冠肺炎疫情下的担当》，《公益时报
网站》，2020 年 5 月 12 日，http：//www. gongyishibao. com/html/go-
ngyizixun/18698. html。

[134] 李佩嘉：《切尔诺贝利事故影响全球 20 亿人》，新浪网，2011 年 4 月
13 日，http：//news. sina. com. cn/w/2011 – 04 – 13/073122283108.
shtml。

[135] 安卓：《方便面垄断涨价 新法剑指行业协会》，新浪网，2007 年 9 月
6 日，http：//finance. sina. com. cn/review/20070906/16373953498. sht-
ml？qq – pf – to = pcqq. c2c。

[136]《专家称沈阳不降价房产联盟涉嫌操纵市场价格》，新浪网，2008
年 11 月 18 日，http：//news. sina. com. cn/c/2008 – 11 – 18/1143166
76556. shtml。

[137] 胡笑红：《"电子监管码"遭质疑 19 家食品企业上书反对》，搜狐网，
2008 年 3 月 25 日，http：//news. sohu. com/20080325/n255889098.
shtml？qq – pf – to = pcqq. c2c。

[138] 焦雅辉：《卫健委：重公卫轻诊疗，必须扭转！》，搜狐网，2018 年
5 月 28 日，https：//www. sohu. com/a/233171778_739335？_f = in-
dex_chan24news_77。

[139] 孙宏超：《阿里巴巴公布双十二数字：成交过亿中小商家翻倍》，腾
讯网，2019 年 12 月 31 日，https：//new. qq. com/omn/TEC20191/
TEC2019121300844500. html。

[140]《2018 年中国疫苗行业发展现状及未来发展趋势分析》，中国产业信
息网，2018 年 1 月 18 日，http：//www. chyxx. com/industry/201801/
605274. html。

[141]《连云港"反核废料"事件始末》，北极星电力网，2016 年 8 月 8

日，http：//news. bjx. com. cn/html/20160808/759562. shtml。

[142] 《这些年有毒食品教给我们的化学知识》，"百度文库"，2014 年 4
月 11 日，http：//wenku. baidu. com/link？ url ＝ SHVDpG － R8kbpf-
RRXma4NPF － wwwJhsi0xwSF70Kd1hWGghHvnkQYT5flZnbyc78Xth5G-
7kqnb8Y3ULyCy1JLK6gDL8F8IYI25y3d0sXEUgaC。

[143] 《2019 年 6 月淘宝最新用户规模已达 7. 55 亿：第一季度大增 3400
万》，新科网，2019 年 8 月 16 日，http：//www. xker. com/a/24805.
html。

[144] 全球安全食品联盟网，http：//www. gsfa. com/。

[145] 公羊会网站，http：//www. ramunion. org/facts。

[146] 深圳市南山区政府采购及招标中心网站，http：//www. szns. gov. cn/
cgzx/cgzx_ page_ key/index. html。

[147] 中国消费者协会网站，http：//www. cca. org. cn/tsdh/list/21. html。

[148] 世界卫生组织官网，https：//www. baidu. com/link？ url ＝ ynt6wxtRxsY
a5CQDCDTBCclUQe5eNqqAZVe11dGZp95zDOKsLKEZ － B2nUq9njXsp_
rOIjwdzw79uXTiLqZ05YS1y7 － q6DJTiZmfmPWSnDBD6lIHX0z_ ewQSO
vY2DTZbp&wd ＝ &eqid ＝ c8b4809a004113ff000000035f164039。

## 四　中文译文

[1] 〔美〕哈米德·豪斯塞尼：《不确定性与认知欠缺导致欠发达国家的政
府失灵》，万田译，《经济社会体制比较》2004 年第 2 期。

[2] 〔美〕佩斯·威廉姆·罗林斯、权承旭：《警务服务私有化路线：效
率、问责与法院判例》，王冬芳译，《国际行政科学评论》（中文版）
2017 年第 1 期。

[3] 〔英〕R. A. W. 罗茨：《新的治理》，木易编译，《马克思主义与现实》
1999 年第 5 期。

[4] 〔英〕鲍勃·杰索普：《治理的兴起及其失败的风险：以经济发展为例
的论述》，漆芜译，《国际社会科学杂志》（中文版）1999 年第 1 期。

［5］〔英〕格里·斯托克：《作为理论的治理：五个论点》，华夏风译，《国际社会科学杂志》（中文版）1999 年第 1 期。

［6］〔英〕托尼·麦克格鲁：《走向真正的全球治理》，陈家刚编译，《马克思主义与现实》2002 年第 1 期。

［7］〔英〕马丁·米诺格、查里斯·波里达诺、大卫·休莫：《超越新公共管理》（上），闻道、吕恒立译，《北京行政学院学报》2002 年第 5 期。

［8］〔英〕马丁·米诺格、查里斯·波里达诺、大卫·休莫：《超越新公共管理》（下），闻道、吕恒立译，《北京行政学院学报》2002 年第 6 期。

［9］〔法〕玛丽-克劳德·斯莫茨：《治理在国际关系中的正确运用》，肖孝毛译，《国际社会科学杂志》（中文版）1999 年第 1 期。

［10］〔法〕让-彼埃尔·戈丹：《现代的治理，昨天和今天：借重法国政府政策得以明确的几点认识》，陈思译，《国际社会科学杂志》（中文版）1999 年第 1 期。

［11］〔瑞士〕彼埃尔·德·塞纳克伦斯：《治理与国际调节机制的危机》，冯炳昆译，《国际社会科学杂志》（中文版）1999 年第 1 期。

［12］〔瑞士〕弗朗索瓦-格扎维尔·梅里安：《治理问题与现代福利国家》，肖孝毛译，《国际社会科学杂志》（中文版）1999 年第 1 期。

［13］〔瑞士〕辛西娅·休伊特·德·阿尔坎塔拉：《"治理"概念的运用与滥用》，黄语生译，《国际社会科学杂志》（中文版）1999 年第 1 期。

［14］〔以色列〕埃瑞·维戈达：《从回应到协作：治理、公民与未来的公共行政》，孙晓莉摘译，《国家行政学院学报》2003 年第 5 期。

［15］〔美〕约翰·P. 巴洛：《网络独立宣言》，李旭、李小武译，载高鸿钧主编《清华法治论衡》（第 5 辑），清华大学出版社，2005。

## 五　英文资料

[1] R. Lucas and T. Sargent, *Rational Expectations and Econometric Practice*, University of Minnesota Press, 1981.

[2] Stiglitz, *Principles of Macroeconomics*, W. W. Norton & Company, New York, 1997.

[3] Lester Salamon, "The Rise of the Third Sector,"*Foreign Affairs*, 1994.

[4] Dunleavy Patrick, *Democracy, Bureaucacy and Public Choice: Economic Explanations in Political Science*, Harvester Wheatsheaf, 1991.

[5] David K. Leonard, "The Political Realities of African Management,"*Word Development*, 1987, 15(7).

[6] Henry Campbell Black, *Black's Law Dictionary*, West Publishing, 1891.

[7] Mark Button, *Private Policing*, Willan Publishing, 2002.

[8] Les Johnston, *The Rebirth of Private Policing*, Taylor & Francis E – Library, 2005.

[9] John Perry Barlow, A Declaration of the Independence of Cyberspace, Davos, Switzerland, February 8, 1996.

[10] Working Group on Internet Governance, Report from the Working Group on Internet Governance, Document WSIS – II/PC – 3/DOC/5 – E, August, 2005.

[11] Eva SØrensen and Jacob Torfing, "Theories of Democratic Network Governance,"*Public Administration*, 2008, 86(3).

图书在版编目（CIP）数据

协作共治视角下公共安全治理机制创新研究／宋慧
宇，刘铭著． -- 北京：社会科学文献出版社，2024.5（2025.1 重印）
ISBN 978 - 7 - 5228 - 3082 - 7

Ⅰ.①协…　Ⅱ.①宋…②刘…　Ⅲ.①城市 - 公共安
全 - 安全管理 - 研究 - 中国　Ⅳ.①D630.8

中国国家版本馆 CIP 数据核字（2024）第 019317 号

## 协作共治视角下公共安全治理机制创新研究

著　　者／宋慧宇　刘　铭

出 版 人／冀祥德
责任编辑／张丽丽
文稿编辑／齐栾玉
责任印制／王京美

出　　版／社会科学文献出版社·生态文明分社（010）59367143
　　　　　　地址：北京市北三环中路甲 29 号院华龙大厦　邮编：100029
　　　　　　网址：www.ssap.com.cn
发　　行／社会科学文献出版社（010）59367028
印　　装／唐山玺诚印务有限公司

规　　格／开 本：787mm×1092mm　1/16
　　　　　　印 张：17　字 数：257 千字
版　　次／2024 年 5 月第 1 版　2025 年 1 月第 2 次印刷
书　　号／ISBN 978 - 7 - 5228 - 3082 - 7
定　　价／98.00 元

读者服务电话：4008918866